CAMBRIDGE
UNIVERSITY PRESS

CW00918719

Panorama francophone 2
French ab initio for the IB Diploma
Teacher's Resource
Second edition
Irène Hawkes

CAMBRIDGE
UNIVERSITY PRESS

University Printing House, Cambridge CB2 8BS, United Kingdom

One Liberty Plaza, 20th Floor, New York, NY 10006, USA

477 Williamstown Road, Port Melbourne, VIC 3207, Australia

314–321, 3rd Floor, Plot 3, Splendor Forum, Jasola District Centre, New Delhi – 110025, India

79 Anson Road, #06–04/06, Singapore 079906

Cambridge University Press is part of the University of Cambridge.

It furthers the University's mission by disseminating knowledge in the pursuit of education, learning and research at the highest international levels of excellence.

Information on this title: www.cambridge.org/9781108774789

First published 2015
Second edition 2019

20 19 18 17 16 15 14 13 12 11 10 9 8 7 6 5 4 3 2

Printed in Great Britain by Ashford Colour Press Ltd.

A catalogue record for this publication is available from the British Library

ISBN 978-1-108-77478-9 Teacher's Resource with Cambridge Elevate
ISBN 978-1-108-70734-3 Coursebook
ISBN 978-1-108-70736-7 Coursebook Cambridge Elevate edition (2 Years)
ISBN 978-1-108-70735-0 Coursebook Digital edition
ISBN 978-1-108-70737-4 Workbook

Cambridge University Press has no responsibility for the persistence or accuracy of URLs for external or third-party internet websites referred to in this publication, and does not guarantee that any content on such websites is, or will remain, accurate or appropriate. Information regarding prices, travel timetables, and other factual information given in this work is correct at the time of first printing but Cambridge University Press does not guarantee the accuracy of such information thereafter.

This work has been developed independently from and is not endorsed by the International Baccalaureate (IB).

Table des matières | Page

Avant-propos

À qui s'adresse *Panorama francophone* ?

Panorama francophone a été conçu spécifiquement pour les élèves qui n'ont jamais fait de français auparavant. Ce cours vise à leur faire acquérir la langue nécessaire pour faire face à des situations pratiques dans la vie courante et à les sensibiliser aux cultures des différents pays francophones. À la fin des deux années d'études, l'élève devrait avoir acquis les compétences nécessaires pour se présenter aux épreuves de l'examen *ab initio* du Baccalauréat International et aussi pour poursuivre son apprentissage de la langue de façon plus autonome s'il le désire.

Panorama francophone se compose de deux volumes couvrant les deux années du cours de français *ab initio* et se conforme aux exigences du programme de langue *ab initio* de l'IB. Les manuels proposent des textes et des activités adaptés à l'âge et au niveau des élèves. Ces deux manuels peuvent être utilisés dans tous les contextes d'enseignement et dans tout type d'établissement scolaire national ou international.

Le professeur qui enseigne le français *ab initio* pour la première fois y trouvera le support nécessaire pour planifier son programme, ainsi que des conseils pour préparer ses élèves aux différentes épreuves de l'examen.

Le professeur expérimenté qui recherche du matériel nouveau y trouvera des ressources supplémentaires pour complémenter son enseignement.

Comment ce cours reflète-t-il l'esprit du programme du Baccalauréat International ?

Le but du Baccalauréat International est de préparer les élèves aux études supérieures mais aussi de former des citoyens du monde informés, instruits et responsables, à l'esprit ouvert et indépendant.

Panorama francophone est un manuel axé sur une approche résolument internationale. Il propose des textes authentiques issus d'une variété de pays francophones. Les thèmes abordés ont été choisis non seulement pour couvrir le programme du français *ab initio* mais aussi pour l'intérêt qu'ils peuvent susciter chez les jeunes et pour leur permettre de développer une véritable compréhension interculturelle.

Les activités sont conçues pour permettre à l'élève de développer progressivement ses compétences linguistiques tout en favorisant la réflexion personnelle, le développement de la pensée critique (notamment par les liens avec le programme de théorie de la connaissance) et l'implication de l'élève dans son apprentissage.

Les élèves devraient être encouragés dès le début à faire preuve d'autonomie dans leur apprentissage de la langue. Ils peuvent élargir leur vocabulaire en cherchant dans le dictionnaire non seulement les mots d'un texte qu'ils étudient mais aussi d'autres mots sur le même thème. Ils peuvent répertorier tous les mots nouveaux qu'ils apprennent dans un fichier électronique ou dans un petit carnet de vocabulaire où ils peuvent classifier le vocabulaire par sujet, ce qui leur facilitera les révisions avant l'examen.

Tous les aspects grammaticaux figurant au programme de français *ab initio* du Baccalauréat International sont abordés dans les manuels de l'élève, mais ces manuels ne sont pas des livres de grammaire. Il est donc conseillé de les accompagner d'un livre de grammaire de votre choix, écrit dans la langue d'instruction du lycée, pour expliquer en détail les points mentionnés dans la rubrique *Grammaire en contexte*. Il est également recommandé de donner aux élèves des exercices de grammaire en plus de ceux qui figurent dans les manuels et cahiers d'exercices ; ceci leur permettra de consolider les points particulièrement difficiles.

Comment est organisé ce cours ?

Le programme du français *ab initio* repose sur trois domaines d'études : la langue, les textes et cinq thèmes. Les cinq thèmes sont :

- Identités
- Expériences
- Ingéniosité humaine
- Organisation sociale
- Partage de la planète.

Ces cinq thèmes couvrent un certain nombre de sujets différents servant de base à l'apprentissage de la langue, à l'étude de différents types de textes et à la découverte de la culture francophone. Ils permettront aussi à l'élève de développer ses compétences réceptives, productives et interactives. Chaque chapitre de *Panorama francophone* se rapporte à un thème du programme et couvre un ou plusieurs sujets prescrits et un ou plusieurs éléments langagiers.

Panorama francophone comporte deux livres de l'élève, deux livres du professeur, deux cahiers d'exercices, une série d'extraits audio et du matériel supplémentaire (disponibles sur Cambridge Elevate).

Les extraits audio font partie intégrante des exercices *Écoutez*. Ces exercices sont une bonne préparation à l'épreuve de compréhension orale, car ils habituent les élèves à répondre à des questions sur un texte qu'ils entendent. Dans le livre 2, les exercices seront un peu plus difficiles, du même type et du même niveau que ceux de l'épreuve de compréhension orale.

Panorama francophone est organisé de la manière suivante :

- 14 chapitres (précédés d'un bref chapitre d'introduction) dans le livre 1
- 12 chapitres dans le livre 2.

Chaque chapitre comprend :

- des textes audio et écrits, simples et courts dans les premiers chapitres, suivis ensuite de textes authentiques plus longs et plus complexes qui permettront à l'élève de développer ses compétences linguistiques et sa compréhension interculturelle
- de nombreuses images pour illustrer certains points lexicaux, découvrir la culture des pays francophones ou s'entraîner à l'examen oral individuel
- des activités de compréhension conceptuelle, orale et écrite
- des activités orales
- des activités écrites
- des exercices de grammaire en contexte
- des activités de préparation aux épreuves orales et écrites de l'examen
- des listes de vocabulaire, des conseils de prononciation et des renseignements culturels dans la rubrique *Point info*
- des sujets de discussion se rapportant à la théorie de la connaissance
- des suggestions d'activités à faire dans le cadre du programme créativité, action, service (CAS).

La dernière page des chapitres 1–11 est consacrée à des révisions.

Le chapitre 12 (livre 2) est différent car il est entièrement consacré à la préparation aux épreuves de l'examen.

Icônes utilisées dans le livre de l'élève

 Écoutez

 Compréhension conceptuelle

Comment utiliser ce cours ?

Pour les élèves débutants qui n'ont jamais fait de français, il est préférable d'utiliser le premier volume en première année, puis le deuxième volume en deuxième année et de suivre l'ordre des chapitres du livre. Par contre, pour les élèves qui ont déjà une certaine connaissance de la langue française, le professeur est libre de concevoir et d'organiser son programme selon le niveau de sa classe et l'intérêt de ses élèves et peut utiliser le premier volume pour réviser ce que les élèves connaissent déjà.

Les cahiers d'exercices ont pour but de renforcer les connaissances acquises en classe et permettent aux élèves de faire les exercices en devoirs à la maison ; il est donc conseillé que chaque élève ait son propre cahier d'exercices. Les cahiers d'exercices sont conçus de façon à ce que les élèves puissent y inscrire leurs réponses.

Que trouve-t-on dans le livre du professeur et sur Cambridge Elevate ?

Le livre du professeur contient :

- les corrigés de tous les exercices

- la transcription des enregistrements

- des conseils d'exploitation

- des suggestions d'activités supplémentaires

- des conseils pour les épreuves écrites

- des conseils pour l'examen oral individuel.

De plus, le professeur trouvera électroniquement :

- un glossaire de tous les mots principaux qui apparaissent dans le livre de l'élève

- des fiches d'activités supplémentaires à imprimer à volonté et à utiliser en classe

- tous les enregistrements audio qui accompagnent les activités comportant la rubrique *Écoutez*.

Nous souhaitons que les élèves prennent plaisir à apprendre la langue française et à découvrir la culture francophone. Nous espérons aussi que *Panorama francophone* les aidera à mener à bien leurs études pour le Baccalauréat International et qu'ils auront le désir de continuer à apprendre la langue française de façon autonome.

Irène Hawkes, Danièle Bourdais, Sue Finnie, Geneviève Talon, Jenny Ollerenshaw

Panorama francophone 2 et le cours de français *ab initio* du diplôme de l'IB

Chapitres de *Panorama francophone 2*, livre de l'élève

		Thèmes et sujets	Aspects couverts	Grammaire
1	En route vers l'aventure	**Expériences** - Vacances **Partage de la planète** - Climat - Environnement **Ingéniosité humaine** - Transports	- Les activités - Les coutumes et traditions locales - L'hébergement - Le temps - L'écotourisme - Les voyages - Les explorateurs	- L'imparfait (rappel) - Le passé composé (rappel) - Les connecteurs logiques pour illustrer ou amplifier - L'impératif (rappel) - Le plus-que-parfait
2	Les médias : s'informer, s'amuser, réfléchir	**Ingéniosité humaine** - Médias - Technologie	- Les journaux, les magazines - La radio, la télévision - La publicité - Internet - Les réseaux sociaux en ligne	- Les adverbes de manière en *-ment* (rappel) - Le superlatif des adjectifs (rappel) - Les adjectifs démonstratifs - Les pronoms démonstratifs neutres - Le comparatif des adverbes - Les adverbes de lieu - La voix passive

		Thèmes et sujets	Aspects couverts	Grammaire
3	L'éducation pour tous	**Organisation sociale** • Éducation • Lieu de travail	• Un échange scolaire • Le portable en cours • Le meilleur système scolaire • Le droit à l'éducation • Les carrières et les débouchés • Les projets d'avenir	• La comparaison • Les verbes d'opinion suivis du subjonctif • Le verbe *être* au subjonctif • Exprimer une action future et un souhait pour l'avenir (rappel)
4	Arts francophones : traditions et modernité	**Ingéniosité humaine** • Divertissements **Expériences** • Loisirs	• Les différentes formes artistiques • La lecture, le cinéma • Le théâtre, la musique • Les beaux-arts • Fêtes et célébrations • Les fêtes folkloriques	• Les adjectifs indéfinis • Les pronoms personnels COD et COI (rappel) • Les pronoms personnels *y* et *en* (rappel) • La position des pronoms
5	Au travail	**Organisation sociale** • Lieu de travail • Problèmes sociaux	• Les professions, les métiers • Les carrières, les débouchés • Les conditions de travail • Les stages • Les qualifications, les diplômes • Le chômage	• Les temps des verbes (rappel) • Les expressions avec *avoir* (rappel) • Les connecteurs logiques pour exprimer la conséquence
6	Manger, bouger : vos choix	**Identités** • Aliments et boissons • Bien-être physique **Expériences** • Loisirs	• La nutrition • Les choix alimentaires • Le sport • Le sommeil et la santé	• *Pouvoir, vouloir, devoir* • *Depuis* (rappel) • Le gérondif • Les connecteurs logiques (rappel)
7	Protégeons notre environnement	**Partage de la planète** • Environnement **Expériences** • Habitudes quotidiennes	• Les différentes formes de pollution • Les énergies renouvelables • Les ressources naturelles • L'écologie, le recyclage • L'individu et l'engagement en faveur de l'environnement	• La négation (rappel) • Les connecteurs logiques pour exprimer la cause et la conséquence • Les phrases avec *si* (rappel) • Exprimer une cause et son effet
8	Vivre ensemble	**Identités** • Relations personnelles **Organisation sociale** • Voisinage **Expériences** • Fêtes et célébrations	• Les relations avec les amis et la famille • Les relations avec les voisins • La Fête des voisins • Les fêtes de famille	• Les adjectifs possessifs (rappel) • Les pronoms possessifs • La position des adjectifs (rappel) • Les adverbes irréguliers • Les prépositions (rappel)

	Thèmes et sujets	Aspects couverts	Grammaire
9 **La planète en danger**	**Partage de la planète** • Géographie physique • Climat • Environnement	• Les catastrophes naturelles • Le temps et la vie quotidienne • Les changements climatiques • Le réchauffement de la planète • Les ressources naturelles • Les espèces en voie de disparition	• Les familles de mots • Le genre : terminaisons typiques du masculin et féminin • Les temps du passé (rappel) • Les pronoms relatifs (rappel)
10 **Problèmes mondiaux**	**Organisation sociale** • Problèmes sociaux **Partage de la planète** • Questions mondiales	• La pauvreté infantile • L'aide au développement • La guerre • Les ONG • L'ONU et son travail • Les initiatives des jeunes en faveur de la paix et de la tolérance	• Les adverbes d'affirmation et de doute • L'impératif (rappel) • Les connecteurs logiques : présentation, conclusion • Les verbes pronominaux au passé composé (rappel) • La voix passive (rappel) • Le participe passé employé comme adjectif • Les verbes en -ir (rappel)
11 **Nouvelles technologies : le meilleur et le pire**	**Ingéniosité humaine** • Technologie • Médias • Divertissements	• Avant et après Internet • L'informatique à l'école • Les réseaux sociaux • Les relations virtuelles • Les jeux interactifs en ligne	• Les styles direct et indirect • Les phrases avec si (rappel) • Exprimer la durée : depuis (que), pendant (que) • Le double infinitif : (se) faire + infinitif • L'accord du participe passé (rappel)
12 **Faites vos preuves !**	**Organisation sociale** • Problèmes sociaux	• La discrimination • Les stéréotypes et préjugés • Les sans-abri • Le chômage	• Révision des temps

Thèmes et sujets prescrits dans le cours de français *ab initio* du diplôme de l'IB et traités dans les chapitres de *Panorama francophone 2*

Expériences	Chapitres	Identités	Chapitres	Ingéniosité humaine	Chapitres
Fêtes et célébrations	8	Aliments et boissons	6	Divertissements	4, 11
Habitudes quotidiennes	7	Bien-être physique	6	Médias	2, 11
Loisirs	4, 6	Caractéristiques personnelles		Transports	1
Vacances	1	Relations personnelles	8	Technologie	2, 11

Organisation sociale	Chapitres	Partage de la planète	Chapitres
Éducation	3	Climat	1, 9
Lieu de travail	3, 5	Environnement	1, 7, 9
Problèmes sociaux	5, 10, 12	Géographie physique	9
Voisinage	8	Questions mondiales	10

Points grammaticaux prescrits dans le programme grammatical du cours de français *ab initio* du diplôme de l'IB

En plus des chapitres mentionnés ci-dessous, les élèves auront aussi la possibilité de consolider dans d'autres chapitres les points grammaticaux de la liste. Ce manuel permet d'introduire ou de réviser les règles de grammaire de façon structurée, mais pour bien consolider les connaissances grammaticales des élèves il est conseillé de l'accompagner d'un livre de grammaire et de donner aux élèves des exercices de grammaire supplémentaires.

	Chapitres de *Panorama francophone 1*	Chapitres de *Panorama francophone 2*
Adjectifs	1, 2, 6, 8	2, 3, 4, 8, 10
Adverbes	5, 6	2, 3, 8, 10
Connecteurs logiques	3, 4, 7, 11, 13, 14	1, 5, 6, 7, 10
Localisation dans l'espace	*Introduction*, 3, 5, 6, 8	1, 2, 8
Localisation dans le temps	1, 3, 6, 7, 9, 10	6, 11
Négation	2, 3, 4, 11, 13	7
Noms et articles	*Introduction*, 1, 4	5, 9
Nombres	1, 3, 4, 9, 12	4
Phrases interrogatives / hypothétiques	3, 9, 13	7, 11
Prépositions et locutions prépositives	3, 4, 5, 8	8
Pronoms	1, 3, 6, 7, 9, 10, 12, 13, 14	2, 4, 8, 9
Quantité	1, 3, 4, 10, 12	2, 4

	Chapitres de *Panorama francophone 1*	Chapitres de *Panorama francophone 2*
Verbes		
• verbes pronominaux	3, 7	10
• verbes impersonnels	6	
• locutions verbales	10, 11, 13	5
Indicatif	1, 2, 3, 7, 9, 10	5, 6, 10
• présent	8	3, 5, 6, 10
• futur simple	4, 5, 6, 7, 11	1, 5, 6, 9, 10, 11
• passé composé	7, 11	1, 5, 6, 10
• imparfait	3	3, 5
• futur proche	10	
• présent continu	11	9
• passé récent	5, 12	1, 10
• plus-que-parfait*	1, 2, 3, 9, 10, 11, 12, 13	3, 6, 11
Impératif	9, 10	3, 5, 6, 10
• présent		6
Infinitif		1, 9
• présent		3
Conditionnel		2, 10
• présent		
Gérondif*		
Subjonctif*		
Voix passive*		

*Bien qu'on ne s'attende pas à ce que les élèves *ab initio* utilisent le gérondif, le plus-que-parfait, le subjonctif et la voix passive à l'oral ou à l'écrit, ils liront des textes authentiques où ces structures sont souvent utilisées. Il est donc important qu'ils sachent les reconnaître ; c'est la raison pour laquelle elles figurent dans ce manuel.

1 En route vers l'aventure

Thèmes et sujets	**Expériences** Vacances **Partage de la planète** Climat Environnement **Ingéniosité humaine** Transports
Aspects couverts	Les activités Les coutumes et traditions locales L'hébergement Le temps L'écotourisme Les voyages Les explorateurs
Grammaire	L'imparfait (rappel) Le passé composé (rappel) Les connecteurs logiques pour illustrer ou amplifier L'impératif (rappel) Le plus-que-parfait
Textes	**Réceptifs** Chanson, forum Internet, liste, interview, résumé d'un roman, jeu-test, page d'un site web, annonces (vacances solidaires), blog, articles de magazine Cahier d'exercices : infographie **Productifs** Poème, message pour forum Internet, liste, journal intime, résumé d'un roman, questions pour un jeu-test, brochure, blog, présentation orale / écrite
Coin IB	**Théorie de la connaissance** • Existe-t-il des coins de la planète encore inexplorés ? Doit-on tout explorer ? • Pourquoi va-t-on en vacances ? Quels sont les différents types de vacances ? Qu'est-ce qu'un touriste responsable ? • Pour ou contre les voyages à l'étranger ? • Les aspects positifs et négatifs de l'exploration • Les aspects positifs et négatifs du volontariat **Créativité, action, service (CAS)** • Créez un forum en ligne où les jeunes de votre école peuvent donner leur avis sur les endroits visités pendant les vacances. • Participez à des activités de volontariat. **Point de réflexion** • La notion de voyage a-t-elle évolué au fil des siècles et veut-elle dire la même chose pour tout le monde ? **Examen oral individuel** • Décrire une affiche • Présenter un stimulus visuel • Interviewer quelqu'un sur ses vacances • Interviewer un explorateur **Épreuve d'expression écrite** • Écrire un message pour un forum de discussion sur les vacances • Écrire le résumé d'un roman ou d'un film d'aventures • Écrire un blog • Écrire une page d'un journal intime

Ce chapitre a trait aux thèmes *Expériences, Partage de la planète* et *Ingéniosité humaine*. Il couvre le vocabulaire se rapportant aux vacances, au climat, à l'environnement ainsi qu'aux transports, à l'exploration et au volontariat. Seront aussi couverts les points grammaticaux suivants : l'imparfait, le passé composé, le plus-que-parfait, l'impératif et les connecteurs logiques utilisés pour illustrer ou expliquer une idée ou quelque chose. Les élèves découvriront une chanson française, un écrivain français célèbre et deux explorateurs français. Ils pourront aussi exprimer leurs opinions sur l'importance du tourisme responsable et le volontariat.

1   Mise en route

Les élèves écrivent une liste de ce que contient la valise. Cette activité permet de réviser le vocabulaire qu'ils ont déjà appris et d'apprendre du vocabulaire nouveau.

Ils peuvent ensuite classer les mots de la liste selon différentes catégories, par exemple : transports, pays, objets, activités... Ils peuvent ajouter leurs propres mots ou associer chaque nom à un lieu de vacances ou à un type de vacances.

Réponse

un palmier / un arbre, une fleur, un appareil photo, un monument, un dauphin, un avion, un hippocampe, une boussole, un lit, une pagode, un bateau, une valise, une fourchette et une cuillère, un verre, un poteau indicateur, une étoile, un papillon, un soleil, une tente, des tongs, un chameau, un coquillage

2   Parlez

Activité à deux à livre fermé. L'élève A dit ce qu'il y a dans la valise sur l'image, l'élève B prend note, puis vérifie et attribue un point pour chaque réponse correcte. Ils inversent ensuite les rôles. Ils peuvent aussi dessiner une valise avec des mots qui représentent leurs propres vacances et leur partenaire doit deviner ces mots.

3   Parlez

Les élèves engagent une discussion en classe sur le but des vacances et les différents types de vacances. Encouragez les élèves à utiliser le vocabulaire appris dans les chapitres 6 et 8 du livre 1 (par exemple : *pendant des vacances à l'étranger, on découvre une nouvelle culture, un climat différent et une autre cuisine*).

Mentionnez les différents types de tourisme : le tourisme vert, le tourisme blanc, le tourisme jaune, le tourisme gris, le tourisme bleu. Discutez avec les élèves de leurs avantages et inconvénients, puis demandez-leur de dire quel type de vacances ils préfèrent et pourquoi. Pour aller plus loin, les élèves peuvent écrire un acrostiche avec des mots qui représentent ce qu'ils aiment quand ils sont en vacances, par exemple : *V = vie tranquille, A = au bord de la mer, C = canicule, A = amis, N = nager, C = cuisine délicieuse, E = en France, S = soleil*.

A. *Souvenirs de vacances*

1   Lisez

1   Les élèves lisent le texte *Les vacances au bord de la mer* et identifient la catégorie et le type de texte et justifient leur réponse.

2   Les élèves relisent le texte et identifient trois membres de la famille, un moyen de transport et quelque chose à manger.

Réponse

1   catégorie de texte : médias de masse

   type de texte : poème ou chanson

   justification : rimes / refrain, etc.

2   mon père, ma sœur, ma mère

   les bateaux

   des glaces à l'eau

2   Compréhension

Cette activité permet d'approfondir la compréhension du texte et de s'entraîner au genre d'exercices que les élèves auront à l'épreuve de compréhension de l'examen.

Réponse

1   **VRAI** (Avec mon père, ma sœur, ma mère)

2   **FAUX** (On allait au bord de la mer)

3   **VRAI** (On regardait les autres gens, Comme ils dépensaient leur argent / Quand on avait payé le prix d'une location, Il ne nous restait pas grand-chose / Les palaces, les restaurants, On ne faisait que passer devant)

4   **FAUX** (Les palaces, les restaurants, On ne faisait que passer devant)

5   **FAUX** (On avait le cœur un peu gros, Mais c'était quand même beau)

Pour aller plus loin, demandez aux élèves de relever toutes les expressions qui montrent que cette famille n'était pas très riche.

Réponse

On regardait les autres gens, Comme ils dépensaient leur argent ; Nous, il fallait faire attention ; Il ne nous restait pas grand-chose ; Les palaces, les restaurants, On ne faisait que passer devant...

Rappel grammaire

L'imparfait

Avant de commencer l'activité qui suit, révisez avec les élèves la conjugaison et l'usage de l'imparfait qu'ils ont appris dans le chapitre 11 du livre 1.

3 Lisez

Les élèves relèvent les verbes à l'imparfait dans la chanson et indiquent pourquoi l'auteur a mis ces verbes à l'imparfait.

Réponse

une description : les vagues étaient, on avait, c'était
une action habituelle : on allait, on regardait, ils dépensaient, il fallait, il ne nous restait pas, on regardait, on suçait, on ne faisait que, on regardait, on se réveillait, on prenait, on allait, on passait, on pouvait, on regardait, on suçait

Cahier d'exercices 1/1

Les exercices permettent aux élèves de mettre en pratique l'imparfait.

Réponse

1 voyageaient, 2 partait, allait, 3 avions, 4 s'ennuyaient, avaient, 5 écoutait, 6 existaient, avait, 7 avaient, 8 étaient, 9 étions, 10 était, préférais

....

Vous pouvez aussi demander aux élèves de justifier l'utilisation de l'imparfait dans ces phrases.

Les élèves expliquent à un(e) autre élève oralement ou par écrit pourquoi ils sont d'accord ou non avec les déclarations.

4 Écrivez

Les élèves imaginent être une des personnes riches que l'auteur du texte regardait quand il était en vacances. Ils écrivent un petit poème pour expliquer comment se passaient leurs vacances.

B. *Récits de vacances*

1 Lisez

1   Les élèves lisent les messages et identifient les conventions associées à ce type de texte : date, heure, nom de l'auteur et registre qui est familier.

2   Les élèves trouvent ensuite dans les messages les phrases qui se rapportent aux photos **A–C**.

Réponse

2   **A** : lire un bon livre (j'ai lu au moins cinq romans cette année !)

B : nous avons fait de la planche à voile, et même du surf

C : où ils jouaient tous les jours sur les toboggans de la piscine

2 Écrivez

Pour montrer qu'ils ont bien compris les messages, les élèves écrivent les réponses aux questions.

Réponse

1   Patrick

   1   Je suis allé au Québec.

   2   Je suis parti avec mon copain Daniel.

   3   C'était au mois d'août.

   4   Je suis resté / Nous sommes restés trois semaines.

   5   J'ai fait des sports nautiques, j'ai exploré de nombreux lacs et rivières, j'ai loué un bateau à moteur, j'ai fait de la planche à voile / du surf.

   6   Il faisait beau et chaud presque tous les jours.

   7   Oui, je me suis bien amusé. C'était génial, c'était très « fun ».

   8   Le temps : chez nous (à Saint-Pierre et Miquelon), en été, c'est brumeux, en général.

2   Zoé

   1   Je suis allée à Canet-Plage, une station balnéaire près de Perpignan (dans un terrain de camping immense au bord de la mer).

   2   Je suis partie / Je suis allée en vacances avec mes parents et mes deux petits frères.

   3   C'était en août / fin juillet-août.

   4   Je suis restée un mois.

   5   J'ai nagé dans la mer, je me suis fait bronzer, j'ai lu des romans.

   6   Il faisait beau, avec seulement deux ou trois jours de pluie.

   7   Je me suis un peu ennuyée.

   8   Le paysage était un peu monotone et plat par rapport aux montagnes suisses.

Rappel grammaire

Le passé composé

Avant de faire les activités qui suivent, révisez avec les élèves la conjugaison et l'usage du passé composé qu'ils ont appris dans les chapitres 4, 6 et 7 du livre 1. Dites ensuite aux élèves de relever les verbes au passé composé dans les messages et de trouver l'infinitif de ces verbes. Révisez aussi la forme négative des verbes au passé composé. L'accord du participe passé sera traité dans le chapitre 11.

3 Parlez

Activité à deux : un(e) élève en interviewe un(e) autre sur ses vacances. Pour ce faire, ils utilisent les questions de l'activité 2 ou inventent leurs propres questions (par exemple : *Tu t'es fait de nouveaux amis ?*).

Si l'équipement est disponible, ils peuvent enregistrer ou filmer leur interview et la partager ensuite avec le reste de la classe qui prend des notes pour écrire ensuite un compte-rendu sur les vacances de l'élève interviewé(e) ; s'il n'y a pas d'équipement vidéo, la classe prend des notes pendant l'interview. Demandez ensuite à quelques élèves de lire leur compte-rendu au reste de la classe.

Ils peuvent aussi reproduire cette activité, soit en interviewant le professeur, soit en imaginant que l'élève interviewé(e) est une personne célèbre. Le but de cette activité est de leur faire utiliser la deuxième personne du pluriel au lieu de la deuxième personne du singulier.

Cahier d'exercices 1/2

Cette activité permet aux élèves de consolider à l'écrit leur connaissance de l'imparfait et du passé composé.

Réponse possible

Cet été, je suis allé en Tunisie avec mon frère. Nous sommes partis le 30 juillet et il pleuvait quand nous avons quitté Paris. Nous avons pris l'avion pour Tunis. C'était pratique parce que c'était rapide – le voyage n'a duré que deux heures environ. Nous sommes allés dans un hôtel qui était vieux mais assez confortable. Nous y sommes restés 10 jours.

Nous avons visité la vieille ville de Tunis, qu'on appelle la médina, et les marchés arabes, les souks. C'était intéressant mais il y avait trop de monde pour moi. Un jour, nous avons fait une excursion en car. Nous avons vu un village pittoresque appelé Sidi Bou Saïd, et plus tard, nous avons visité le site historique de Carthage. Nous avons aussi pris le train pour aller à Hammamet, une ville au bord de la mer. Là, comme il y avait du soleil et qu'il faisait très chaud, nous sommes allés à la plage. J'ai bien aimé la cuisine tunisienne, surtout les repas typiques. J'ai mangé du couscous presque tous les soirs et j'ai bu beaucoup de thé à la menthe.

4   Écrivez

Les élèves écrivent un message de 100–150 mots pour répondre à Lucie. Rappelez-leur d'utiliser les conventions propres à ce type de texte. Encouragez-les à répondre aux questions de l'activité 2 et à utiliser le passé composé et l'imparfait.

C. *Faire le tour du monde, ça vous dit ?*

1   Mise en route

Cette section permet aux élèves de réviser les noms de pays. Pour les aider avant la conversation à deux, demandez-leur de trouver un nom de pays pour

chaque lettre de l'alphabet, attribuez-leur ensuite un point par pays si le genre et l'orthographe sont corrects et trois points si personne d'autre n'a mentionné ce pays. Révisez ensuite les prépositions utilisées avec les noms de pays (livre 1, chapitre 8).

Pour aller plus loin et réviser les pourcentages et les comparaisons, après la conversation, demandez aux élèves de dire dans quel continent se trouvent la plupart des pays sur leur liste et de faire une comparaison avec la liste des pays visités par les voyageurs français (la plupart des pays sur la liste des pays visités par les voyageurs français sont en Asie ou en Amérique du Sud).

2   Lisez

1   Les élèves identifient la catégorie et et le type de texte. Puis ils notent les conventions associées à ce type de texte.

2   Pour montrer leur compréhension du texte, les élèves complètent les phrases dans l'interview de Florence.

Réponse

1   catégorie de texte : texte des médias de masse

type de texte : une interview

2   1   voyager.

2   aux États-Unis.

3   une famille sympa près de Seattle.

4   une personne pratique.

5   découvrir d'autres pays, d'autres cultures, d'autres paysages, d'autres modes de vie.

6   animaux sauvages.

3   Écrivez et parlez

Activité à deux qui peut se faire à livre fermé pour les élèves les plus doués. Elle leur permet de manipuler à l'écrit et à l'oral le vocabulaire et les structures de l'interview. Encouragez-les à utiliser le passé dans leurs phrases.

Pour approfondir l'étude du vocabulaire dans l'interview, les élèves peuvent faire les activités suivantes.

....

 Voir Fiche d'activité 1

Les mots de la colonne de gauche sont dans l'interview « Globe-trotteuse à 19 ans ». Trouvez, pour chaque mot de la colonne de gauche, le mot dans la colonne de droite dont la signification est la plus proche. Attention : il y a plus de mots dans la colonne de droite que dans la colonne de gauche.

Exemple : 1 B

1	*perfectionner*	**B**	A	permettre
			B	*améliorer*
2	sympa	☐	C	faire
			D	rivières
3	cours	☐	E	immédiatement
			F	accueillants
4	rentrer	☐	G	maintenant
			H	leçons
5	tout de suite	☐	I	repartir
			J	revenir
6	vaste	☐	K	peu
			L	énorme
7	plein	☐	M	beaucoup
			N	chauds
8	entreprendre	☐	O	prendre
			P	tué
9	mort	☐	Q	gentil
			R	décédé
10	chaleureux	☐	S	minuscule
			T	ennuyeux

Réponse

1 **B**, 2 **Q**, 3 **H**, 4 **J**, 5 **E**, 6 **L**, 7 **M**, 8 **C**, 9 **R**, 10 **F**

....

📄 *Voir Fiche d'activité 2*

Trouvez dans le texte de l'interview « Globe-trotteuse à 19 ans » les mots qui signifient le contraire des mots dans la liste suivante.

1 prochain
2 vieux
3 arriver
4 soir
5 grand
6 laid
7 silencieuse
8 raccourcir
9 ordinaire
10 jamais
11 entrer
12 détesté

Réponse

1 dernier, 2 jeune, 3 partir, 4 matin, 5 petit, 6 beau,
7 bavarde, 8 prolonger, 9 extraordinaire, 10 toujours,
11 sortir, 12 adoré

Grammaire en contexte

Les connecteurs logiques pour illustrer ou amplifier

Après avoir expliqué aux élèves que ces connecteurs logiques sont utilisés pour illustrer ou amplifier des faits ou une idée, demandez-leur de trouver des exemples dans l'interview. Par exemple :

... comme je ne voulais pas rentrer tout de suite...

... comme je suis plutôt bavarde...

... en effet, c'est à ce moment-là que...

... d'autres pays, c'est-à-dire d'autres cultures...

Par exemple, en Europe je suis tombée amoureuse de l'Irlande...

Vous pouvez ensuite leur donner des débuts de phrases et leur demander de les terminer en utilisant l'un de ces connecteurs. Par exemple : *J'ai visité plusieurs pays d'Asie...* et l'élève ajoute : *par exemple, la Chine, le Japon et la Corée. J'ai bien aimé la cuisine...* et l'élève ajoute : *comme le couscous et les tagines.*

4 Parlez

Les élèves discutent à deux des avantages et inconvénients des voyages à l'étranger, ce qui leur permet de consolider le vocabulaire nouveau et le vocabulaire déjà acquis, ainsi que de réviser l'expression d'opinions personnelles. Encouragez-les à utiliser les connecteurs qu'ils viennent d'apprendre.

Après leur discussion, les élèves peuvent, à deux ou en groupe, faire une liste d'informations et de conseils utiles à une personne qui a l'intention de faire le tour du monde. Ils pourraient aussi discuter des méthodes possibles pour financer un voyage autour du monde.

D. *Voyager à travers les livres*

1 Lisez

1 Les élèves identifient le but du texte et ils notent ensuite les conventions utilisées pour ce type de texte.

2 Pour montrer leur compréhension du texte, les élèves répondent aux questions soit oralement soit par écrit ; puis, ils peuvent discuter de Jules Verne, dont les livres ont été traduits en de nombreuses langues et adaptés à l'écran (par exemple : ont-ils lu un roman de Jules Verne ou vu un film inspiré de l'un de ses romans ?). Ils peuvent également faire des recherches sur Jules Verne sur Internet et présenter les résultats de leurs recherches à la classe.

Vous pouvez aussi leur demander pourquoi le nom de Passepartout est un nom approprié pour un serviteur.

Ce texte peut aussi être utilisé pour réviser les transports, d'abord en demandant aux élèves de relever les moyens de transports utilisés par Phileas Fogg et d'indiquer quels autres moyens de transport il aurait pu utiliser à son époque, puis en leur demandant d'imaginer quels moyens de transport ils utiliseraient s'ils devaient eux-mêmes faire le tour du monde en 80 jours.

Réponse

1 but : donner ses impressions d'un livre

2 1 Il dit : « Mon auteur préféré, c'est l'écrivain français Jules Verne. »

2 C'est un roman d'aventures.

3 Parce qu'il avait parié avec les membres de son club qu'il était capable de le faire en 80 jours.

4 Avec son domestique Passepartout.

5 Parce qu'il l'a sauvée du bûcher / il lui a sauvé la vie.

6 Il a voyagé en train, en paquebot, en voiture, en yacht, en traîneau, à dos d'éléphant.

7 Parce qu'il a gagné 24 heures sur le calendrier comme il avait voyagé d'ouest en est.

8 Parce que la princesse indienne est devenue sa femme. / Parce qu'il a trouvé l'amour / une femme.

2 Lisez

Cette activité permet de tester la compréhension du vocabulaire.

Réponse

1 **A**, 2 **F**, 3 **C**

Pour s'entraîner davantage, les élèves peuvent faire les activités suivantes.

 Voir Fiche d'activité 3

Trouvez, pour chaque mot de la colonne de gauche (tiré du texte de Théo), le mot dans la colonne de droite dont la signification est la plus proche. Attention : il y a plus de mots dans la colonne de droite que dans la colonne de gauche.

Exemple : 1 D

1	*domestique*	D
2	pendant	
3	emprunter	
4	multitude	
5	paquebot	
6	voiture	
7	de retour	
8	cru	
9	femme	

A fille
B garçon
C épouse
D *serviteur*
E depuis
F durant
G yacht
H train
I auto
J bateau
K prêter
L multiple
M revenu
N pensé
O vu
P arrivé
Q utiliser
R grande quantité

Réponse

1 **D**, 2 **F**, 3 **Q**, 4 **R**, 5 **J**, 6 **I**, 7 **M**, 8 **N**, 9 **C**

 Voir Fiche d'activité 4

Trouvez, pour chaque mot de la colonne de gauche (tiré du texte de Théo), le mot dans la colonne de droite qui signifie le contraire. Attention : il y a plus de mots dans la colonne de droite que dans la colonne de gauche.

Exemple : 1 I

1	*riche*	I
2	fin	
3	retard	
4	heureusement	
5	gagné	
6	départ	
7	dépensé	

A reçu
B économisé
C retour
D perdu
E avance
F trouver
G conclusion
H tard
I *pauvre*
J début
K arrivée
L malheureux
M finalement
N malheureusement

Réponse

1 **I**, 2 **J**, 3 **E**, 4 **N**, 5 **D**, 6 **K**, 7 **B**

3 Parlez

Les élèves engagent une discussion en classe ou à deux, d'abord sur le roman dont parle Théo, puis sur d'autres romans de voyages ou d'aventures qu'ils ont lus. Ils peuvent ensuite écrire un résumé sur le livre qu'ils ont lu et en donner leur opinion. S'ils préfèrent les films à la lecture, ils peuvent baser cette activité sur un film plutôt qu'un livre.

Pour s'entraîner davantage, les élèves peuvent faire l'activité suivante.

 Voir Fiche d'activité 5

Remplissez les blancs dans le résumé suivant en utilisant les mots exacts du texte de Théo.

Le Tour du Monde en 80 jours est le titre d'un [1] écrit par Jules Verne. Ce livre raconte l'[2] de Phileas Fogg, un [3] Anglais qui avait [4] qu'il pouvait faire le tour du monde en 80 jours. Il est d'abord allé à [5] en [6] avec Passepartout, son [7]. Après beaucoup d'[8] il est revenu à [9] à temps pour gagner son [10]. Son voyage ne lui a pas apporté d'[11], mais grâce à lui il a trouvé sa future [12].

Réponse

1 roman, 2 histoire, 3 riche, 4 parié / affirmé, 5 Paris, 6 train, 7 domestique, 8 aventures, 9 Londres, 10 pari, 11 argent, 12 femme

4 Écrivez

Les élèves écrivent une page dans leur journal intime pour parler de leur auteur / livre préféré. Rappelez-leur d'utiliser les conventions appropriées à ce type de texte.

E. *Le tourisme responsable*

Êtes-vous un voyageur écolo ?

1 Lisez

Les élèves identifient le type de texte et ses conventions ainsi que le destinataire et le but.

Réponse

type de texte : article de presse

conventions : titre, introduction, date de publication, nom du magazine, nom de l'auteur et une photo

destinataire : des (jeunes) voyageurs

but : poser des questions / un questionnaire à choix multiple pour faire réfléchir sur le tourisme responsable

2 Lisez et parlez

Avant de répondre aux questions, les élèves peuvent discuter pour définir l'attitude révélée par chaque réponse.

Réponse

Un voyageur écolo aurait plus de réponses **C**.

Un voyageur qui aime connaître d'autres cultures aurait plus de réponses **B**.

3 Parlez

Les élèves engagent une discussion en classe sur la popularité de l'éco-tourisme dans leur pays et sur l'importance pour l'avenir de l'éco-tourisme. Cette activité permet de mettre en pratique le vocabulaire se rapportant à ce sujet, d'exprimer des opinions et de faire des comparaisons.

4 Écrivez

En se basant sur le texte et leur discussion, les élèves écrivent une présentation pour des enfants du primaire sur l'importance du tourisme écolo. Rappelez-leur d'utiliser les conventions appropriées à ce type de texte.

Pour plus de pratique, les élèves peuvent inventer d'autres questions pour le jeu-test.

Comment être un touriste responsable ?

5 Compréhension

1 Les élèves identifient le type de texte ainsi que les conventions, le ton et le but.

2 Ils relient ensuite les suggestions 1–7 aux points a ou b de l'introduction.

Réponse

1 type de texte : une brochure

conventions : un titre, liste à puces, colonnes, registre formel

ton : persuasif

but : convaincre le lecteur d'être un touriste responsable en donnant des idées de comportements

2 a 1, 3, 4

 b 2, 5, 6, 7

6 Lisez

Pour une compréhension plus approfondie, les élèves répondent aux questions.

Réponse

1 Pour avoir du respect non seulement pour ses hôtes mais aussi pour leur environnement et leur culture / pour éviter d'avoir un impact négatif sur les communautés qu'on visite.

2   S'embrasser en public.

3   Afin d'économiser de l'eau, du produit de lessive et de l'électricité.

4   Ils vous permettent d'entrer en contact avec les gens du pays.

5   L'importation et l'exportation des animaux sauvages / le commerce de leur peau, fourrure, ivoire, etc.

6   Pour ne pas gaspiller l'eau.

Les élèves peuvent ensuite avoir une discussion pour établir quels sont les conseils les plus utiles.

Pour s'entraîner davantage, ils peuvent faire l'activité suivante.

 Voir Fiche d'activité 6

Parmi les affirmations **A–P**, choisissez celles qui sont correctes selon le texte « Comment être un touriste responsable ? ».

Pour être un touriste responsable il faut…

A   ignorer les communautés qu'on visite.

B   respecter l'environnement et la culture de ses hôtes.

C   se renseigner sur le pays visité.

D   ne pas se soucier des comportements des gens du pays visité.

E   faire changer ses draps et ses serviettes de bain chaque jour.

F   choisir un hôtel écolo.

G   se déplacer en voiture.

H   entrer en contact avec les gens du pays.

I   ne jamais entrer dans un lieu religieux.

J   respecter le patrimoine historique.

K   ne pas s'approcher des animaux.

L   caresser les animaux.

M   économiser l'eau.

N   prendre un bain tous les jours.

O   recycler les poubelles.

P   mettre ses déchets dans une poubelle.

Réponse

B, C, F, H, J, K, M, P

Rappel grammaire

L'impératif

L'impératif a été traité dans le chapitre 5 du livre 1, et le texte dans cette section permet aux élèves de réviser cette forme du verbe utilisée pour donner des ordres ou des conseils. Rappelez-leur la forme à l'impératif des verbes réguliers et des verbes *prendre* et *faire* ; présentez-leur aussi l'impératif des verbes irréguliers *avoir* et *être* : *aies / ayez, sois / soyez.*

---

7   Lisez et parlez

Activité à deux : les élèves identifient tous verbes à l'impératif dans le texte.

Réponse

faites, renseignez-vous, choisissez, ne demandez pas, utilisez, respectez, n'y entrez jamais, n'achetez pas, observez, ne les effrayez pas, ne les touchez jamais, n'importez et n'exportez jamais, n'encouragez pas, ne la gaspillez pas, prenez, utilisez, choisissez, conservez, continuez

---

8   Recherchez et écrivez

Pour mettre en pratique l'impératif, les élèves ajoutent des conseils à la liste.

Les deux exercices qui suivent permettent aux élèves de consolider l'impératif.

Cahier d'exercices 1/3

Réponse

1 Partez, 2 Limitez, 3 roulez, 4 Faites, 5 Prenez, 6 Recyclez, 7 Soyez, 8 ayez

---

Cahier d'exercices 1/4

Réponse

1   S'il y a un bon site web, consultez-le.

2   S'il y a des moyens de transports en commun, prenez-les.

3   S'il y a une douche, choisissez-la.

4   S'il y a des vélos, utilisez-les.

5   S'il y a un vieux journal, recyclez-le.

6   S'il y a des sacs en plastique, évitez-les.

---

9   Écrivez

Les élèves écrivent une brochure pour encourager les touristes francophones à être responsables dans leur ville ou région. Rappelez-leur d'utiliser les conventions appropriées à ce type de texte.

Les élèves peuvent ensuite avoir une discussion en groupe sur l'importance d'être un touriste responsable.

F. *Joignez l'utile à l'agréable : avez-vous déjà pensé au travail solidaire ?*

1   Lisez

1   Les élèves regardent les annonces A, B et C au début de la section F, et ils notent les conventions de ce type de texte. Puis ils identifient le registre et les destinataires.

2   Les élèves lisent ensuite les textes et trouvent la mission idéale pour Max, Zoé et Ali.

Réponse possible

1   registre : soutenu

destinataires : des jeunes qui cherchent des missions humanitaires

2   Max : **C**. Comme il aime bien jardiner, il aimerait probablement les travaux agricoles. Son caractère entreprenant et sociable serait idéal pour la recherche de débouchés pour les produits sur les marchés.

Zoé : **B**. Le programme de reboisement et la participation aux animations d'éducation environnementale lui permettraient de travailler en plein air et de faire quelque chose pour la planète.

Ali : **A**. Il pourrait gagner de l'expérience dans la cuisine de l'orphelinat, ce qui lui sera utile plus tard. Il serait en même temps en contact avec les enfants.

2   Écrivez

Cette activité permet d'utiliser à l'écrit le vocabulaire des textes et d'exprimer des opinions. Pour cette activité, les élèves peuvent, s'ils le préfèrent, choisir un travail de volontariat autre que ceux mentionnés dans les annonces. Rappelez-leur d'utiliser les conventions appropriées à ce type de texte.

3   Compréhension

1   Les élèves repèrent les conventions de ce type de texte.

2   Les élèves identifient le ton du texte puis ils trouvent trois phrases qui montrent que Nicolas est content de sa mission.

Réponse

1   date : lundi 3 mars
heure : 18:10
nom de l'auteur : Nicolas / Nico
titre : Nico à INIGO
salutation : Salut les amis
introduction : premier paragraphe
information et conclusion : paragraphes 2 à 6
salutation finale : Allez, j'y vais. À une prochaine fois !

2   Le ton est positif.

Toutes ces activités sont pour moi une expérience très enrichissante. J'apprends énormément dans le domaine de l'informatique et j'ai la chance de travailler avec beaucoup de monde. Ces activités me permettent aussi de mieux comprendre comment vivent les Béninois, comment ils s'organisent, comment ils travaillent.

Vous pouvez ensuite leur demander de relever les expressions positives dans ces phrases (par exemple : *très enrichissante, énormément, j'ai la chance, mieux comprendre*) et de dire quelles auraient pu être ces expressions si l'expérience avait été négative (par exemple : *très mauvaise, très peu de choses, je n'ai pas la chance*).

4   Lisez

Cette activité demande une lecture plus approfondie du texte.

Réponse

1   **VRAI** (Il nous raconte son expérience de volontariat de solidarité internationale en tant qu'animateur-formateur en informatique.)

2   **VRAI** (Je m'occupe… de la création d'un site Internet pour le CREC et d'un autre pour la communauté Jésuite.)

3   **FAUX** (je donne des cours de soutien en mathématiques à des étudiants principalement de Terminale S.)

4   **FAUX** (J'ai la chance de travailler avec beaucoup de monde.)

5   **VRAI** (Je me rends aussi compte qu'il existe certains problèmes que nous n'avons plus en Europe, tels que les coupures d'électricité ou d'Internet.)

5   Parlez

Les élèves engagent une discussion en classe ou à deux sur les bénéfices du volontariat.

6   Écrivez

Les élèves écrivent un blog en se basant sur les notes de Charlotte. Cette activité permet aux élèves de revoir le vocabulaire sur la routine quotidienne, de mettre en pratique le vocabulaire qu'ils ont appris dans ce chapitre et de s'exercer aux tâches productives de l'examen. Rappelez-leur aussi de respecter les conventions appropriées à ce type de texte.

Réponse possible

Charlotte : Bénévole au Bénin en Afrique

Lundi 3 juin, 20:00

Salut mes amis ! Ici Charlotte.

Ce matin, je me suis levée à cinq heures moins le quart. Je suis allée à vélo jusqu'aux champs où je travaille. Comme d'habitude, j'ai aidé dans les champs de tournesol et de millet. Vers six heures et quart, je suis retournée au village où j'ai pris mon petit déjeuner : j'ai mangé des bananes et j'ai bu du lait. Ensuite, j'ai fait la vaisselle avant de prendre une douche froide parce qu'il faisait chaud.

À huit heures, je suis repartie à vélo. J'ai fait les 16 kilomètres pour aller au travail. Mon objectif, c'est de mettre au point un système d'irrigation pour les agriculteurs. À midi, je suis allée au bureau, où j'ai travaillé jusqu'à cinq heures.

En rentrant, je me suis arrêtée au marché pour faire quelques courses. Comme d'habitude, il y avait beaucoup de monde. Ce soir, j'ai mangé à dix-neuf heures. Il faisait déjà nuit et j'ai dîné au clair de lune. Comme je me suis levée tôt, je suis fatiguée et je vais aller me coucher. À la prochaine fois !

G. *La vie, c'est fait pour vivre des aventures !*

1 Lisez

Les textes permettent aux élèves de découvrir deux aventuriers célèbres du XXᵉ siècle. Les activités qui suivent testent la compréhension générale et détaillée de ces textes.

Réponse

1   David-Néel : 2, 4 ; Cousteau : 1, 3, 5

2   1 D, 2 H, 3 F, 4 E, 5 G

3   1 à la fois, 2 cinéaste, 3 il s'est passionné, 4 les fonds sous-marins, 5 on ignorait, 6 il s'est rendu compte

Les élèves peuvent aussi faire l'activité suivante.

Trouvez dans les deux textes les mots ou expressions qui signifient le contraire des mots suivants.

Texte sur David-Néel : 1 après, 2 sans, 3 courte, 4 longtemps

Texte sur Cousteau : 5 à la fin, 6 derniers, 7 connaissait, 8 tôt, 9 peu, 10 passées

Réponse

1   après – avant

2   sans – avec

3   courte – longue

4   longtemps – peu de temps

5   à la fin – d'abord

6   derniers – premiers

7   connaissait – ignorait

8   tôt – tard

9   peu – beaucoup

10 passées – futures

Grammaire en contexte

Le plus-que-parfait

Il est important que les élèves sachent reconnaître le plus-que-parfait et comprennent pourquoi il est utilisé.

Après le leur avoir expliqué, demandez aux élèves de relever les verbes au plus-que-parfait dans les textes : *s'étaient aventurés, elle avait été, elle avait voyagé et travaillé, qu'il avait (d'abord) rêvé, qu'il avait inventée, avaient disparu.*

📖 Cahier d'exercices 1/5

Cet exercice permet de consolider le plus-que-parfait.

Réponse

1   Le voyage était long, mais j'avais apporté des sandwichs.

2   Le lendemain, on pouvait sortir car la pluie avait cessé.

3   Comme le chien avait disparu, Max est sorti le chercher.

4   Quand les derniers touristes étaient partis, le patron a fermé le café.

5   Lorsque la nuit était tombée, elle a dû retourner à l'auberge.

6   Quand Marie avait acheté des chaussures de marche, elle était prête à partir.

2 Lisez

Les élèves terminent chaque phrase en choisissant la fin appropriée.

Réponse

1   1 E, 2 A, 3 C

2   1 G, 2 A, 3 F

3 Recherchez et écrivez

Les élèves choisissent l'un des explorateurs de la liste et font des recherches sur Internet ou à la bibliothèque dans le but de faire ensuite une présentation à la classe sur cette personnalité. Rappelez-leur d'utiliser les conventions et le registre appropriés à ce type de texte et encouragez-les à utiliser les trois temps du passé qu'ils connaissent.

Après cette tâche, ils peuvent aussi imaginer une interview avec cette personne et écrire le texte de l'interview qu'ils peuvent ensuite lire à la classe avec un(e) autre élève.

4 Parlez

Les élèves présentent l'explorateur qu'ils ont choisi à la classe, en lisant le résumé ou l'interview qu'ils viennent d'écrire. Puis chaque auditeur mentionne une bonne chose et une chose qui, à son avis, pourrait être améliorée.

H. *Écouter et comprendre*

Dans cette section, les élèves vont apprendre à identifier et prononcer les différents sons et les liaisons. Un français neutre est utilisé dans les enregistrements, mais ces sons peuvent varier d'une région à une autre ou d'un pays francophone à un autre.

1   Les sons du français

1   Les élèves écoutent et répètent chaque son.

🔊 Audio

Les voyelles

[é]	= ét**é**, gagn**er**, **et**, gard**ez**, all**é**(e)(s), pi**ed**
[ai]	= ét**ais**, fr**è**re, **ê**tes, eff**et**, tr**ei**ze, v**er**se, vit**e**sse, diz**ai**ne
[eu ouvert]	= explorat**eur**, acc**ueil**, **œil**, c**œur**, j**eu**ne
[eu fermé]	= chant**euse**, j**eu**, mons**ieur**, vi**eux**
[u]	= s**ur**, s**û**r(e)
[ou]	= p**our**, c**oo**l, a**oû**t
[o ouvert]	= b**o**rd
[o fermé]	= ch**ose**, t**ô**t, rest**au**rant, bat**eau**(x)
[oi]	= m**oi**, s**oir**

Les voyelles nasales

[on]	= b**on**, n**om** (attention : bonne / automne)
[en]	= g**en**s, qu**and**, m**em**bre, ch**am**bre
[in]	= f**in**, t**im**bre, cop**ain**, f**aim**, pl**ein**
[un]	= **un**, empr**un**ter, parf**um**
[oin]	= m**oin**s, l**oin**

Les semi-voyelles

[ill]	= gasp**ille**, Ant**illes**
[ail]	= trav**ail**, méd**aille**
[eil]	= rév**eil**, bout**eille**

2   Les élèves écoutent les phrases enregistrées et choisissent la bonne option pour chaque phrase.

🔊 Audio

1   J'ai fait deux voyages en France.
2   Voyager seul ? J'ai peur de le faire !
3   Le guide touristique est sur la table.
4   Huit heures, c'est l'heure du réveil.
5   J'aimais les vacances à la montagne.
6   Tu as déjà voyagé seule ? C'est faux !

Réponse

1 deux, 2 j'ai peur de le, 3 sur, 4 réveil, 5 j'aimais, 6 faux

3   Les élèves écoutent et identifient le mot qu'ils n'entendent pas.

🔊 Audio

1   sans   saint   son
     Il ne voyage jamais sans son chien.

2   loin   lent   long
     Il ne voyage jamais loin parce qu'il trouve les trajets trop longs.

3   vont   vent   vingt
     Ils vont en vacances en France le 20 juin.

4   bain   bon   banc
     En vacances, j'aime les bains de mer et les bons restaurants.

5   moins   main   mon
     C'est moins drôle de voyager sans mon copain.

6   marrant   marron   marin
     C'est marrant, l'air marin me fatigue!

Réponse

1 saint, 2 lent, 3 vent, 4 banc, 5 main, 6 marron

2   Les liaisons

Expliquez aux élèves qu'en français on prononce parfois la consonne finale d'un mot quand il est suivi d'un mot qui commence par une voyelle. Le son de la consonne peut changer, par exemple après une voyelle, *s / x* se prononcent *z*, *d* se prononce *t*, et *f* se prononce *v*.

1   Les élèves écoutent les expressions pour repérer et répéter les liaisons.

🔊 Audio

on (n)a, un (n)an, en (n)avion
un petit (t)ami, cet (t)homme
les (z)amis, dix (z)enfants
un grand (t)auteur
neuf (v)heures
un chien et [ø] un chat

Ensuite, pour plus de pratique, demandez aux élèves d'écrire des phrases avec des liaisons et de les lire à la classe ou à leur partenaire.

2   Les élèves écoutent les phrases et remplissent les blancs avec les mots qui manquent et notent la liaison.

🔊 Audio

1   Les vacances en famille, c'est ennuyeux.

2   La mer est trop agitée pour prendre le bateau.

3   On imagine des voyages toujours plus lointains.

4   Un bon ami du lycée fait le tour du monde.

5   Cette année, je ne pars ni en hiver ni en été.

6   À neuf ans, j'ai visité Paris.

7   New York ? Je ne veux jamais y aller.

8   J'aime lire ce grand auteur français.

Réponse

1 c'est $_{(t)}$ennuyeux, 2 trop $_{(p)}$agitée, 3 On $_{(n)}$imagine, 4 bon $_{(n)}$ami, 5 en $_{(n)}$hiver, 6 neuf $_{(v)}$ans, 7 jamais $_{(z)}$y, 8 grand $_{(t)}$auteur

Encouragez les élèves à lire à voix haute et à écouter des textes, des conversations ou des programmes en français. Pour cela ils peuvent utiliser sur Internet, par exemple, les sites de TV5, de France Info TV, de RFI Savoirs, de France Bienvenue et de Canal Académie.

I. *À l'écoute : faites vos preuves !*

Les activités d'écoute qui suivent sont une bonne préparation à l'épreuve de compréhension orale, même si les rubriques ne sont pas exactement les mêmes que celles de l'examen.

Avant de faire les activités, expliquez aux élèves comment l'intonation peut les aider à mieux comprendre.

1   Écoutez

1   Les élèves écoutent la conversation entre Léa et Julien et choisissent la bonne option pour terminer chaque phrase.

2   Les élèves réécoutent l'enregistrement avec la transcription du texte pour vérifier leurs réponses et surligner les liaisons.

🔊 Audio

Julien	Salut, Léa. Alors, tu as bien aimé Paris ?
Léa	Oui, j'ai franchement adoré ! J'ai logé chez mon ami Manu, qui est chanteur à l'opéra. Il habitait au centre-ville, c'était génial ! Et toi, Julien, tu logeais où ?
Julien	Comme je ne connaissais personne à Paris, et que j'aime le contact avec les habitants, j'ai pris une chambre d'hôte ; elle était confortable et la famille très sympa.
Léa	Et qu'est-ce que tu as fait qui t'a plu le plus ?
Julien	J'ai aimé beaucoup de choses mais surtout faire des visites culturelles, manger dans de petits restaurants, aller faire des courses au marché et discuter avec les gens du quartier.
Léa	Et tu voudrais retourner à Paris l'été prochain ?
Julien	Disons que... j'aimerais mieux aller dans une ville que je ne connais pas, comme Rome ou Berlin.

Réponse

1 **A**, 2 **B**, 3 **C**, 4 **A**, 5 **C**

2 Écoutez

1 Les élèves écoutent l'enregistrement de Luc qui parle de ses vacances et complètent les phrases suivantes avec un mot du texte.

2 Les élèves réécoutent l'enregistrement avec la transcription du texte pour vérifier leurs réponses. Ils peuvent ici aussi surligner les liaisons.

🔊 Audio

Quand j'étais enfant, nous avions un animal de compagnie, et comme c'est difficile de prendre l'avion avec un animal alors nous prenions le train. Ce n'était pas vraiment l'idéal.

C'était plus cher et nous mettions dix heures au lieu de trois pour arriver à notre destination !

Mais bon, nous l'aimions, notre animal ! C'était un chien, qui s'appelait Riquet. C'était un gros, un très gros chien, alors nous réservions toujours un très grand appartement en bord de mer pour avoir de la place. Nous avions trouvé un endroit idéal, où il y avait un jardin.

Nous sommes allés dans le même appartement pendant neuf ans à cause du chien ! L'année où il est mort, nous avons décidé de ne pas retourner dans cet appartement mais de partir faire un voyage à l'étranger. Nous sommes allés dans un petit hôtel très sympa en Italie à côté de Rome. C'était bien, mais notre chien nous manquait...

Réponse

1 animal, 2 dix, 3 appartement, 4 neuf, 5 petit

3 Écoutez

1 Les élèves écoutent l'émission de radio sur les transports à Vannes et montrent leur compréhension du texte en répondant aux questions. Pour faciliter l'activité, vous pouvez faire quelques pauses ou faire écouter l'enregistrement plusieurs fois.

2 Les élèves réécoutent l'enregistrement avec la transcription du texte pour vérifier leurs réponses. Ils peuvent ici aussi surligner les liaisons.

🔊 Audio

Interviewer	Alors, nous recevons aujourd'hui Madame Le Goff, responsable des transports de la ville de Vannes. Madame Le Goff, bonjour.
Mme Le Goff	Bonjour.
Interviewer	Quel est selon vous le gros problème à Vannes en ce qui concerne les transports ?
Mme Le Goff	Le problème majeur à Vannes le matin, ce sont les embouteillages. Avant, les enfants allaient à l'école à pied ou à vélo mais de nos jours, les parents les y amènent en voiture. Et cela crée toutes sortes de problèmes aux alentours des écoles.
Interviewer	Pourtant, il y a un excellent service de bus scolaires !
Mme Le Goff	Exactement ! Il y a des bus qui circulent et desservent les établissements scolaires de six heures à dix-neuf heures trente.
Interviewer	Et vous avez aussi construit un nouveau parking, je crois.
Mme Le Goff	Tout à fait. Les visiteurs peuvent garer leurs véhicules dans le parking du port qui offre cinq cent places. De là, le centre-ville n'est qu'à une douzaine de minutes à pied.

Réponse

1 les embouteillages, 2 entre 6h00 et 19h30, 3 au port, 4 500, 5 une douzaine de minutes

Révisions

Voyagez utile !

1 Parlez

Cette activité est une bonne préparation à l'examen oral et permet aux élèves de mettre en pratique le vocabulaire appris dans ce chapitre.

Après les discussions en groupe ou à deux, les élèves font une présentation d'une à deux minutes pour décrire la photo. Dans cette présentation, ils mentionnent aussi le thème et ils font un lien avec le monde francophone ou leur connaissance du monde international.

Point de réflexion

Les élèves engagent une conversation sur la question posée :

« La notion de voyage a-t-elle évolué au fil des siècles et veut-elle dire la même chose pour tout le monde ? »

Invitez-les à considérer les points suivants :

Pourquoi et comment se déplaçait-on avant les transports modernes ? Qu'est-ce qui motive les voyages aujourd'hui ? Est-ce seulement le plaisir ? Pensez aux migrations de masse. Le voyage est-il toujours éthique ?

Autre sujet de discussion possible :

De nos jours, est-il nécessaire de se déplacer pour découvrir d'autres pays ?

 Cahier d'exercices 1/6

Rappel grammaire

Les exercices supplémentaires permettent aux élèves de consolider les points de grammaire couverts dans ce chapitre.

Les temps des verbes

1   En suivant l'exemple et la roue de révision, les élèves transforment chaque phrase.

Réponse

1   1 **a** et **b** On (ne) respecte (pas) toujours l'environnement. 2 **a** et **b** On (n') a (pas) toujours respecté l'environnement. 3 **a** et **b** On (ne) respectait (pas) toujours l'environnement. 4 **a** et **b** On (n') avait (pas) toujours respecté l'environnement.

2   1 **a** et **b** Ma copine (ne) se déplace (pas) généralement en bus. 2 **a** et **b** Ma copine (ne) s'est (pas) généralement déplacée en bus. 3 **a** et **b** Ma copine (ne) se déplaçait (pas) généralement en bus. 4 **a** et **b** Ma copine (ne) s'était (pas) généralement déplacée en bus.

3   1 **a** et **b** Mes parents (ne) partent (pas) souvent en vacances. 2 **a** et **b** Mes parents (ne) sont (pas) souvent partis en vacances. 3 **a** et **b** Mes parents (ne) partaient (pas) souvent en vacances. 4 **a** et **b** Mes parents (n') étaient (pas) souvent partis en vacances.

4   1 **a** et **b** Mon ami (ne) sort (pas) normalement seul. 2 **a** et **b** Mon ami (n') est (pas) normalement sorti seul. 3 **a** et **b** Mon ami (ne) sortait (pas) normalement seul. 4 **a** et **b** Mon ami (n') était (pas) normalement sorti seul.

5   1 **a** et **b** Vous (ne) vous renseignez (pas) toujours sur le pays. 2 **a** et **b** Vous (ne) vous êtes (pas) toujours renseignés sur le pays. 3 **a** et **b** Vous (ne) vous renseigniez (pas) toujours sur le pays. 4 **a** et **b** Vous (ne) vous étiez (pas) toujours renseignés sur le pays.

6   1 **a** et **b** J' (Je n') apprécie (pas) vraiment mon voyage. 2 **a** et **b** J' (Je n') ai (pas) vraiment apprécié mon voyage. 3 **a** et **b** J' (Je n') appréciais (pas) vraiment mon voyage. 4 **a** et **b** J' (Je n') avais (pas) vraiment apprécié mon voyage.

Les connecteurs logiques pour illustrer son propos

2   Après avoir révisé les connecteurs logiques, les élèves choisissent dans chaque phrase le connecteur approprié.

Réponse

2 ainsi que, 3 comme par exemple, 4 c'est-à-dire, 5 en effet, 6 comme par exemple, 7 ou plus exactement, 8 en effet

3   Les élèves traduisent les connecteurs dans la langue d'instruction du lycée.

4   Réponses personnelles

2   Les médias : s'informer, s'amuser, réfléchir

Thème et sujets	**Ingéniosité humaine** Médias Technologie
Aspects couverts	Les journaux, les magazines La radio, la télévision La publicité Internet Les réseaux sociaux en ligne
Grammaire	Les adverbes de manière en -*ment* (rappel) Le superlatif des adjectifs (rappel) Les adjectifs démonstratifs Les pronoms démonstratifs neutres Le comparatif des adverbes Les adverbes de lieu La voix passive
Textes	**Réceptifs** Article, infographie, affiche publicitaire, page de site web, interview, blog, forum en ligne **Productifs** Article, affiche, page de site web, prospectus, lettre ou e-mail de style soutenu, interview, message dans un forum en ligne
Coin IB	**Théorie de la connaissance** • Faut-il croire tout ce qu'on lit dans les journaux ? • Quelle est l'utilité de la presse gratuite ? • La presse écrite existera-t-elle encore dans 20 ans ? Y a-t-il des différences entre la presse écrite et la presse en ligne ? Laquelle préfèrent-ils et pourquoi ? • Est-il encore nécessaire de lire des journaux ? Pourquoi les jeunes lisent-ils moins la presse que les vieux et pourquoi la lisent-ils moins qu'avant ? Est-ce qu'un abonnement gratuit encouragerait les jeunes à lire la presse ? • Les informations sur Internet sont-elles aussi fiables que les informations dans la presse papier ? • Est-ce que la publicité est utile ou inutile ? • Pourquoi les gens regardent des émissions de télé-réalité ? • Pourquoi des gens acceptent d'y participer ? **Créativité, action, service (CAS)** • Votre lycée a un magazine en ligne en français pour lequel les élèves écrivent chaque semaine des articles sur différents sujets. Vous êtes responsable de la section actualités. Écrivez l'article que vous allez publier cette semaine et qui résume ce qui s'est passé récemment dans le lycée et dans la localité (ou dans le monde / dans votre pays / en France). • Organisez la publicité pour la vente d'articles fabriqués par les élèves du lycée. **Point de réflexion** • Est-ce qu'on est mieux informé maintenant qu'il y a 50 ans ? **Examen oral individuel** • Décrire une affiche • Décrire une photo • Exprimer une opinion sur les bienfaits et les méfaits de la publicité / des émissions de télé-réalité **Épreuve d'expression écrite** • Écrire un article sur les sources d'information utilisées par ses camarades • Rédiger la page d'accueil d'un site web • Écrire une lettre formelle à un magazine au sujet des annonces publicitaires dans le magazine • Écrire le texte d'une interview avec une star • Écrire un message sur un forum télé • Écrire un prospectus

Ce chapitre couvre le thème *Ingéniosité humaine* et traite des médias (en particulier des journaux, des magazines, de la radio, de la télévision et de la publicité) et de la technologie (en particulier Internet et les réseaux sociaux).

Dans ce chapitre, les élèves pourront lire différents types de texte : article, infographie, affiche publicitaire, page de site web, interview, blog, forum en ligne.

Ils réviseront les adverbes de manière en -ment et le superlatif des adjectifs et couvriront de nouveaux points grammaticaux comme les adjectifs démonstratifs, les pronoms démonstratifs neutres, le comparatif des adverbes, la voix passive et les adverbes de lieu.

Les différentes activités permettront aux élèves de s'entraîner à faire des tâches similaires à celles qu'ils auront à l'examen.

1   Mise en route

Les élèves associent les mots de la liste à la photo qui les représente le mieux. Faites remarquer aux élèves qu'il y a moins de photos que de mots et que certains mots peuvent être associés à plusieurs photos. Cette activité permet de familiariser les élèves avec le vocabulaire nouveau qu'ils rencontreront dans ce chapitre.

Informez les élèves que *Mediapart* est à la fois un journal en ligne et un site d'information.

Réponse

un quotidien : **F**

une station de radio : **E**

une BD : pas de photo

un magazine : **D**

un journal en ligne : **B**

un site d'information : **B**

un guide de voyage : pas de photo

une page d'un réseau social : **C**

une chaîne de télévision : **A**

un dépliant publicitaire : pas de photo

....

Pour approfondir leurs connaissances culturelles, les élèves recherchent sur Internet des exemples de média pour illustrer les termes de la liste. Ils peuvent aussi ajouter des exemples de leur culture et faire ensuite une comparaison.

Pour élargir leur vocabulaire sur le sujet des médias les élèves cherchent dans le dictionnaire en un temps donné d'autres mots de vocabulaire. Par exemple pour la presse écrite : *un hebdomadaire, un lecteur / une lectrice, un abonnement, gratuit, payant…* ; pour le web : *un moteur de recherche, un portail d'information, numérique, un internaute…* ; pour la télé : *un journal télévisé, un téléspectateur / une téléspectatrice, le public…* Ils partagent ensuite le fruit de leur recherche avec le reste de la classe et vous pouvez récompenser celui ou celle qui aura trouvé le plus de mots corrects.

Rappelez aux élèves que les mots en -al font leur pluriel en -aux, par exemple : *un journal, des journaux.*

 ## Cahier d'exercices 2/1

Cet exercice permet de tester la compréhension du vocabulaire nouveau.

Réponse

1	magazine	5	lectrice
2	quotidien	6	gratuite
3	hebdomadaire	7	en ligne
4	mensuel	8	ordinateur

2   Parlez

Activité à deux ou en groupe : les élèves engagent une discussion sur leurs sources d'information préférées.

A. *Qui s'informe où ? Il y a beaucoup de choix.*

La France est l'un des plus grands consommateurs de presse écrite du monde

1   Lisez

1   Après une première lecture du texte sur les Français et la presse écrite, les élèves identifient la catégorie de texte, le type de texte et ses conventions, c'est-à-dire le titre, la présentation, le nom de l'auteur, le registre, le ton et la date ; puis ils identifient le but et le destinataire.

2   Les élèves identifient les expressions de l'encadré *Vocabulaire* figurant dans l'article.

3   Les élèves mettent ensuite les expressions données dans un ordre croissant.

Réponse

1   catégorie de texte : médias de masse

type de texte : article
conventions :

titre : La France est l'un des plus grands consommateurs de presse écrite du monde
présentation : en colonnes
nom de l'auteur : R. Simonet
registre : formel
ton : neutre et impersonnel
date : 24 avril 2019
but : informer sur la situation de la presse écrite en France
destinataire : le grand public

2   La majorité, la proportion, environ, 38 %, plusieurs, total, la moyenne, la moitié, un… sur trois

3   le quart, le tiers / un… sur trois, 38 %, la moitié, les deux tiers, les trois quarts, le total

Cahier d'exercices 2/2

Cet exercice permet aux élèves de s'entraîner à utiliser le vocabulaire des statistiques.

Réponse

1   17 % = environ un sur six

2   20 % = un sur cinq

3   23 % = environ le quart

4   25 % = le quart

5   33 % = le tiers

6   48 % = environ la moitié

7   50 % = la moitié

8   66 % = les deux tiers

9   70 % = la majorité

10   75 % = les trois quarts

11   100 % = le total

Pour plus de pratique, vous pouvez leur donner des pourcentages oralement et les élèves doivent écrire les chiffres, ou même jouer au loto avec des pourcentages au lieu de simples chiffres.

2   Compréhension

Pour montrer qu'ils ont compris le sens général du texte, les élèves complètent les phrases de l'activité en utilisant les mots du texte.

Réponse

1   En France, beaucoup de personnes lisent tous les jours **un journal ou un magazine**.

2   La majorité des Français lisent seulement **la version papier / un journal ou un magazine**.

3   Un très petit pourcentage lit la presse sur **l'Internet mobile**.

4   Les personnes qui lisent plusieurs journaux différents ont souvent un ordinateur, **une tablette et un smartphone**.

3   Lisez

Cette activité teste une compréhension plus approfondie du texte.

Réponse

1 les personnes, 2 les personnes âgées entre 35 et 64 ans, 3 les jeunes, 4 un jeune Français

Les élèves peuvent aussi faire des recherches sur la situation dans leur propre pays et ensuite dans une discussion de classe comparer les statistiques de leur pays à celles du texte.

Vous pouvez aussi leur demander de réfléchir et ensuite d'engager une discussion sur les questions suivantes : *Quelle est l'utilité de la presse gratuite ? La presse écrite existera-t-elle encore dans 20 ans ? Y a-t-il des différences entre la presse écrite et la presse en ligne ? Laquelle préfèrent-ils et pourquoi ? Est-il encore nécessaire de lire des journaux ? Pourquoi les jeunes lisent-ils moins la presse que les vieux et pourquoi la lisent-ils moins qu'avant ?*

Activités supplémentaires sur le texte :

 ### Voir Fiche d'activité 7

Indiquez si les phrases suivantes sont vraies ou fausses selon l'article sur la France et la presse écrite. Justifiez vos réponses en utilisant des mots pris du texte. Ces deux exigences doivent être respectées pour obtenir un point.

1   La plupart des Français lisent la presse tous les jours. **VRAI** (La majorité des Français, (deux sur trois,) lisent quotidiennement un journal ou un magazine.)

2   En France, les journaux sont tous gratuits. **FAUX** (presse gratuite et payante)

3   La presse papier est plus populaire que la presse numérique. **VRAI** (57 % des lecteurs lisent uniquement la version papier.)

4   Les lecteurs préfèrent utiliser l'Internet mobile pour lire les journaux. **FAUX** (4 % l'Internet mobile)

5   Les jeunes sont moins intéressés par la presse que les plus vieux. **VRAI** (Les personnes âgées entre 35 et 64 ans sont les plus gros lecteurs / Les moins intéressés sont les jeunes âgés entre 15 et 24 ans)

6   Grâce à la technologie, les jeunes lisent plus qu'avant. **FAUX** (Dans les années 50, un jeune Français sur trois lisait habituellement un quotidien, mais seulement un sur cinq dans les années 80.)

 ### Voir Fiche d'activité 8

Faites correspondre chaque définition à un mot du premier paragraphe du texte sur la France et la presse écrite.

1   Les personnes qui lisent

2   Plus que la moyenne

3   Tous les jours

4   Des journaux qui paraissent tous les jours

5   Des publications qui paraissent une fois par semaine

6   Une chose qui n'est pas payante

Réponse

1 (les) lecteurs, 2 (la) majorité, 3 quotidiennement, 4 (des) quotidiens, 5 (des) (magazines) hebdomadaires, 6 gratuite

Rappel grammaire

Les adverbes de manière en *-ment*

Ce point grammatical a été couvert dans le chapitre 6 du livre 1, mais comme il y a dans le texte un certain nombre d'adverbes de manière, c'est une bonne occasion de les réviser et de rappeler aux élèves de les utiliser dans leurs travaux d'expression écrite.

4 Lisez

Les élèves relèvent les deux autres adverbes de manière utilisés dans le texte et donnent la forme adjectivale.

Réponse

généralement – général, habituellement – habituel (Il y a aussi dans le texte les trois autres adverbes de l'encadré *Rappel grammaire* : quotidiennement [quotidien], uniquement [unique] et seulement [seul].)

....

Vous pouvez aussi leur demander de relever les adjectifs du texte et de les changer en adverbes, par exemple : *mensuel → mensuellement, gratuit → gratuitement.*

Cahier d'exercices 2/3

Cet exercice permet de travailler à nouveau les adverbes de manière.

Réponse

Adjectif	Adverbe
efficace	efficacement
facile	facilement
franc	franchement
fréquent	fréquemment
général	généralement
gratuit	gratuitement
habituel	habituellement
normal	normalement
principal	principalement
quotidien	quotidiennement
rapide	rapidement
récent	récemment
seul	seulement
unique	uniquement
vrai	vraiment

À l'ère numérique, comment les Québécois s'informent-ils ?

5 Lisez et parlez

1 Les élèves identifient la catégorie et le type de texte ainsi que les conventions de ce type de texte.

2 Les élèves identifient le destinataire, le contexte et le but du texte.

3 Les élèves relisent le texte et répondent aux questions.

Réponse

1 catégorie de texte : professionnel

   type de texte : un graphique

   conventions : statistiques, dessin linéaire

2 destinataire : professionnels des médias

   contexte : l'information au Québec

   but : fournir des informations sur la façon dont les Québecois s'informent

3   1 télévision, Internet, presse écrite, radio

     2 la télévision

     3 la radio

     4 les élèves donnent leur réaction aux chiffres sur le graphique et leur opinion personnelle

Rappel grammaire

Le superlatif des adjectifs

Ce point grammatical a été couvert dans le chapitre 8 du livre 1. Les statistiques mentionnées dans ce chapitre ainsi que le graphique permettent aux élèves de le réviser.

....

Activité supplémentaire :

 Voir Fiche d'activité 9

Réécrivez chaque phrase en mettant les adjectifs au superlatif.

*Exemple : J'ai fait un voyage **intéressant**. → J'ai fait le voyage **le plus intéressant / le moins intéressant**.*

1 Il a obtenu une bonne note.

2 J'ai visité un grand musée.

3 Elle a acheté une robe chic.

4 Nous habitons dans une jolie maison.

5 Cette église est vieille.

6 Cet hôtel est moderne.

7 J'ai reçu de beaux cadeaux.

8 Ces élèves sont jeunes.

9 Cet homme est intelligent.

10 Ses amis sont gentils.

Réponse

1 Il a obtenu la meilleure / la moins bonne note.

2 J'ai visité le plus grand / le moins grand musée.

3 Elle a acheté la robe la plus chic / la moins chic.

4 Nous habitons dans la plus jolie / la moins jolie maison.

5 Cette église est la plus vieille / la moins vieille.

6 Cet hôtel est le plus moderne / le moins moderne.

7 J'ai reçu les plus beaux / les moins beaux cadeaux.

8 Ces élèves sont les plus jeunes / les moins jeunes.

9 Cet homme est le plus intelligent / le moins intelligent.

10 Ses amis sont les plus gentils / les moins gentils.

6 Parlez

Activité à deux, dans laquelle les élèves formulent des phrases en utilisant les informations sur le graphique. Encouragez-les à utiliser des adjectifs au superlatif dans leurs réponses.

7 Parlez

Les élèves font un sondage dans la classe ou le lycée sur les sources d'informations utilisées par leurs camarades. Avant de le faire, ils peuvent écrire la liste des questions qu'ils ont l'intention de poser.

8 Écrivez

Après avoir fait un sondage, les élèves rédigent un article pour donner les résultats de ce sondage pour faire une comparaison avec les statistiques du Québec. Encouragez-les à utiliser des adjectifs au superlatif dans leur comparaison. Expliquez-leur que dans un article doivent figurer un titre, la date et le nom de l'auteur. Le registre doit être formel et le ton neutre (voir l'appendice *Conseils pour l'examen : L'épreuve d'expression écrite*).

Ils peuvent ensuite réfléchir sur ces différences lors d'une discussion de classe.

B. *Information : comment exercer son esprit critique*

Presse : votre abonnement gratuit !

1 Mise en route

1 Les élèves identifient le type de texte, les conventions de ce type de texte, les destinataires, le but et le contexte. Puis, ils engagent une discussion pour voir s'ils sont tous d'accord.

2 Les élèves décident en groupe si le texte est persuasif ou pas et justifient leur opinion.

Réponse

1 type de texte : une affiche

conventions : un titre, une photo, une typographie qui accroche, un registre formel

destinataires : jeunes Français entre 18 et 24 ans

but : persuader les jeunes de s'inscrire pour un abonnement gratuit

contexte : les jeunes français et la presse

2 réponse possible : Je trouve le texte persuasif. Il explique bien pourquoi il est important de lire la presse. Ça me donne envie de lire un journal régulièrement.

Je ne trouve pas le texte persuasif. Le journal que lit l'homme sur la photo n'a pas l'air intéressant.

2 Lisez

Cette activité teste la compréhension du vocabulaire du texte sur l'affiche.

Réponse

1 **H**, 2 **D**, 3 **F**

3 Parlez

Activité à deux, dans laquelle les élèves discutent la publication (pas forcément francophone) qu'ils choisiraient si on leur offrait un abonnement gratuit et pourquoi. Pour les encourager à réfléchir un peu plus, demandez-leur si une telle initiative serait possible ou souhaitable dans leur pays et pourquoi. Vous pouvez aussi leur demander de rechercher sur Internet les publications mentionnées dans le *Point info* et de dire laquelle ils préfèrent et pourquoi.

4 Écrivez

Les élèves créent une affiche pour un journal ou un magazine de leur choix. Rappelez-leur de suivre les conventions pour ce type de texte mentionnées dans l'activité 1.

Trouver des informations fiables

5 Lisez

1 Les élèves identifient sur le premier document le type de texte, ses conventions, son but, ses destinatires et son contexte.

2 Les élèves identifient sur le second document le destinataire et la caractéristique la plus importante d'un site fiable et justifient leur réponse. Discutez ensuite avec eux comment évaluer la qualité et l'objectivité d'un site web. Par exemple : Est-ce qu'un site qui semble présenter des informations factuelles essaie en fait de vendre ou de promouvoir un produit ? Est-ce que l'auteur du site est neutre, ou est-ce qu'il semble prendre parti et défendre un point de vue ?

3   Après avoir relu les deux documents, les élèves travaillent en groupe pour expliquer dans la langue d'instruction du lycée la signification des mots listés.

Réponse

1   type de texte : un blog

conventions : heure, date, nom de l'utilisateur

but : mettre en garde le lecteur contre les informations fausses dans les médias

destinataires : les utilisateurs de médias

contexte : les médias en France

2   des élèves et des parents d'élèves

6   Parlez

Cette activité où les élèves jugent ensemble de la fiabilité des sites qu'ils ont selectionnés devrait les aider à choisir des ressources appropriées et fiables lorsqu'ils font des recherches. Pour cette tâche ils peuvent travailler avec des copies papier de plusieurs pages web ou si le professeur peut accéder à Internet et disposer d'un projecteur dans sa classe, les pages web peuvent être projetées sur le tableau ou un écran.

7   Écrivez

Cette activité permet aux élèves de consolider ce qu'ils viennent d'apprendre sur la fiabilité des sites Internet. Les élèves rédigent la page d'accueil ou la page *Qui sommes nous ?* du site web de Sam.

Grammaire en contexte

Les adjectifs démonstratifs

L'adjectif démonstratif est utilisé devant un nom pour montrer la personne, l'animal ou la chose dont on parle. Il y a deux formes au masculin : *ce* si le mot qui suit commence par une consonne et *cet* si le mot qui suit commence par une voyelle ou un *-h* muet.

L'adjectif démonstratif est souvent renforcé par les particules adverbiales *-ci* ou *-là*, qui se placent après le nom et s'y rattachent par un trait d'union. Par exemple : *Cette page-ci est plus fiable que cette page-là* ; *-ci* indique une idée de proximité et *-là* une idée d'éloignement.

📖 Cahier d'exercices 2/4

Cet exercice permet de mettre en pratique les adjectifs démonstratifs.

Réponse

1	Cet éditeur	6	cette affiche
2	ces opinions	7	ce magazine
3	Cette publication	8	ces titres
4	Ce quotidien	9	cet hebdomadaire
5	cet abonnement		

C. *Tous en réseau : une chance et un risque*

1   Parlez

Activité à deux, dans laquelle les élèves ont une discussion sur le concept d'identité numérique.

2   Écrivez et parlez

1   Après avoir étudié le document, les élèves écrivent leurs réponses aux questions.

2   Les élèves se servent de leurs réponses pour présenter leur identité numérique au reste de la classe. Ils peuvent ensuite avoir une discussion sur les dangers de partager des informations personnelles sur Internet et comment se protéger.

Réponse possible

1   1   Mes amis disent que je publie trop de photos de chats et de chiens. Moi, ça m'amuse !

2   Je parle de beaucoup de choses, par exemple de musique, de la vie au collège ou des choses qui me mettent en colère, comme la cruauté envers les animaux.

3   Ma famille, mes amis et aussi des gens que je n'ai jamais rencontrés, mais qui aiment la même musique que moi, ou qui tchatent dans des forums ; sur mon blog et sur plusieurs sites.

4   Tous mes amis du collège, et aussi les membres de ma famille avec qui je suis connecté(e).

5   Des photos, des vidéos, des articles, des liens ; sur tous les sites où je vais, et bien sûr sur mon blog.

6   Oui, sur plusieurs réseaux, sur des forums et aussi sur mon blog.

7   Surtout sur les sites de musique ! Quand j'apprends quelque chose de nouveau sur la musique, je le mets sur mon blog ou sur un réseau social. La publicité commerciale cherche à vendre : il y a en général un produit à acheter. La propagande est une forme de publicité, qui cherche à persuader ou à vendre des idées. L'information, quand elle est bonne, ne cherche pas à vendre. Elle explique et laisse le lecteur libre de se former une opinion.

8   La musique, le cinéma, et aussi la protection des animaux.

9   On peut me joindre facilement sur les réseaux sociaux et laisser des messages sur mon blog, mais je ne publie pas mon adresse postale ni mon numéro de téléphone.

10   Je publie des photos des endroits que je visite quand je suis en vacances et je change souvent ma photo de profil ; en ce moment, mon avatar, c'est mon chien.

11   Des jeux, de la musique ; surtout sur eBay.

Grammaire en contexte

Les pronoms démonstratifs neutres

Expliquez aux élèves que *ce, c', ceci, cela, ça* sont des pronoms démonstratifs neutres employés uniquement au singulier pour désigner des choses ou des idées.

3   Écrivez

Les élèves créent un prospectus pour donner des conseils à des élèves plus jeunes sur leur identité numérique. Rappelez-leur les conventions pour ce type de texte (un titre, des sous-titres, une liste à puces, une introduction, une illustration, un style formel et un ton persuasif).

L'avenir des réseaux sociaux : interview avec Alima Kidjo, sociologue

4   Lisez

Les élèves montrent leur compréhension du texte en répondant aux questions et en justifiant leurs réponses.

Réponse

1   **VRAI** (Facebook a connu un succès phénoménal)

2   **FAUX** (maintenant, les jeunes vont moins souvent sur Facebook / l'âge moyen des utilisateurs est plus élevé)

3   **VRAI** (les jeunes préfèrent des réseaux simples, juste pour échanger des photos)

4   **VRAI** (Ils aiment mieux les réseaux de microblogage, pour diffuser des messages très courts)

5   **FAUX** (on a plus facilement accès à un téléphone portable qu'à des services de base)

6   **VRAI** (les 15–24 ans utilisent leur portable pour tout)

7   **VRAI** (beaucoup de jeunes Africains n'aiment pas beaucoup la presse)

8   **FAUX** (créé au Kenya par des gens ordinaires)

Grammaire en contexte

Le comparatif des adverbes

Faites remarquer aux élèves que la formation du comparatif de l'adverbe est la même que celle de l'adjectif.

Cahier d'exercices 2/5

Cet exercice permet aux élèves de travailler le comparatif des adverbes de manière.

Réponse

1   Je connais mieux mon identité numérique que l'an dernier.

2   Elle lit moins fréquemment le journal que l'an dernier.

3   Il contacte sa famille aussi facilement cette année que l'an dernier.

4   Je regarde moins souvent la télévision que l'an dernier.

5   On se connecte plus vite à Internet que l'an dernier.

6   Les ados restent aussi longtemps en ligne que l'an dernier.

5   Lisez

1   Les élèves repèrent les cinq questions posées à Alima Kidjo lors de son interview.

2   Les élèves identifient les conventions de ce type de texte ainsi que le but, le contexte et le destinataire.

Réponse

1   Quel est l'avenir pour ces réseaux ?

    Pourquoi ce changement ?

    Quels types de réseaux ?

    Est-ce qu'on utilise les réseaux sociaux aussi régulièrement dans votre pays qu'ailleurs ?

    Qu'est-ce que c'est, Ushahidi ?

2   conventions : questions-réponses, un titre, le nom ou les initiales de l'auteur, la date

    but : informer les lecteurs sur l'évolution des réseaux sociaux

    contexte : les réseaux sociaux

    destinataire : les lecteurs de la publication où figure l'entretien

6   Parlez et écrivez

Les élèves interviewent un(e) camarade de classe, un professeur ou un membre de leur famille sur leur utilisation des réseaux sociaux virtuels et rédigent ensuite le texte de l'entretien. Rappelez-leur d'utiliser le registre et les conventions appropriés à ce type de texte.

D. *La publicité : informer, amuser ou manipuler ?*

1   Mise en route

Cette activité invite les élèves à réfléchir sur la signification de cette affiche et à donner leur opinion. L'affiche représente un homme qui regarde un panneau publicitaire, sur lequel une publicité pour une boisson bien connue est cachée par une affiche anti-publicité.

2   Lisez

1   Les élèves identifient la catégorie de texte.

2   Les élèves identifient le type de texte et ses conventions.

3   Les élèves relisent le texte et remplissent les blancs dans le résumé avec les mots de l'encadré.

Réponse

1   catégorie de texte : texte des médias de masse

2   type de texte : messages sur un réseau social

conventions : date, heure, nom de l'auteur, registre informel

3   1 techniques, 2 jeunes, 3 négative, 4 utile, 5 artistiques, 6 manipule, 7 vendre

3   Recherchez et parlez

Après avoir lu les messages, les élèves réfléchissent à la situation dans leur pays (ils auront peut-être besoin de faire quelques recherches préalables), puis ils engagent une discussion sur le sujet en groupe ou avec un(e) partenaire et comparent leur situation à celle de la France ou d'un autre pays francophone.

4   Parlez et écrivez

Les élèves continuent à travailler sur le sujet de la publicité d'abord à travers une discussion sur les spots publicitaires à la télé qui encouragent les gens à manger des aliments gras et sucrés plutôt que des aliments sains, puis ils résument les points de vue des élèves de la classe pour un réseau social. Rappelez aux élèves les conventions pour ce type de texte (le nom de l'auteur, l'heure, la date et un registre informel mais courtois).

5   Parlez

Les élèves engagent une discussion sur les bienfaits et les méfaits de la publicité. Pour les aider, avant d'entamer la discussion, les élèves pourraient peut-être faire une liste des arguments pour et contre la publicité. Par exemple :

Pour	Contre
C'est une industrie qui emploie beaucoup de personnes.	Elle est parfois mensongère.
Elle permet d'avoir des journaux ou des magazines à un prix abordable, voire même des journaux gratuits.	Elle est manipulatrice. Elle peut être dangereuse.
Elle permet aux gens de savoir quelles sont les nouveautés sur le marché.	Son but est de faire acheter les produits aux gens.

6   Écrivez

Cette activité permet aux élèves d'être créatifs et de mettre en pratique à l'écrit le vocabulaire qu'ils ont appris et les points qu'ils viennent de discuter, ainsi que de se préparer à l'épreuve d'expression écrite. Rappelez aux élèves les exigences d'une lettre formelle : date, salutation et formule d'adieu formelles, et registre formel (on utilise *vous* et non pas *tu* quand on s'adresse au correspondant). (Voir l'appendice *Conseils pour l'examen : L'épreuve d'expression écrite*.)

Les élèves peuvent aussi faire des recherches sur Internet pour identifier les différences et les similarités entre les publicités dans leur pays et celles dans un pays francophone. Par exemple : En France, la publicité pour les cigarettes est interdite : est-ce que c'est la même chose dans leur pays ? Est-ce qu'une publicité pour des céréales en France est semblable à une publicité pour des céréales dans leur pays ?

7   Écrivez

Pour plus de pratique à l'expression écrite, les élèves rédigent un texte pour faire connaître leur produit. Avant d'écrire le texte, ils engagent une discussion pour décider quel type de texte sera le plus approprié à cette tâche et quelles en seront les conventions. Les élèves peuvent ensuite échanger les textes ou les lire à voix haute et voter pour le meilleur.

Vous pouvez aussi demander aux élèves de faire des recherches sur Internet pour comparer la publicité d'un même produit dans différents pays.

E. *La télévision, la meilleure et la pire des choses*

1   Lisez

Ces activités permettent de tester la compréhension des trois premiers messages. Mais avant de faire l'activité, vous pouvez réviser le vocabulaire que les élèves ont appris sur ce sujet dans le livre 1 chapitre 7, en leur demandant d'exprimer leurs points de vue sur la télévision.

Réponse

1   1   dans deux maisons à Montréal, une pour les hommes, une pour les femmes

   2   les participants sont agriculteurs / ils cherchent une compagne / ils invitent une femme à vivre à la ferme pendant une semaine

   3   les participants ne sont pas superficiels, ils ont de vraies compétences professionnelles

2   1   **VRAI** (ils préparent un examen et ils sont soumis à une stricte discipline)

   2   **FAUX** (des concerts annuels partout en France)

   3   **VRAI** (plus de 100 millions de repas gratuits sont distribués par cette association)

   4   **VRAI** (Je suis d'accord… Grâce à la télé, on peut vraiment aider)

   5   **FAUX** (les enfants malades)

Grammaire en contexte

Les adverbes de lieu

Comme leur nom l'indique, ces adverbes donnent une indication du lieu où se déroule l'action exprimée par le verbe. Rappelez aux élèves que les adverbes sont invariables.

2   Lisez

Cette activité permet de consolider les adverbes de lieu.

Réponse

1 ici, 2 ailleurs, 3 loin, 4 Là-bas, 5 quelque part, 6 partout

Cahier d'exercices 2/6

Cet exercice permet aux élèves de se familiariser un peu plus avec les adverbes de lieu.

Réponse

1 nulle part, 2 ailleurs, 3 loin, 4 près, 5 ici, 6 quelque part, 7 là-bas

Grammaire en contexte

La voix passive

L'étude de la voix passive est incluse dans ce cours car bien qu'à ce niveau on ne s'attende pas à ce que les élèves l'utilisent à l'oral ou l'écrit, il est important qu'ils sachent la reconnaître dans les textes utilisés pour la compréhension car ce sont souvent des textes authentiques.

Cahier d'exercices 2/7

Cet exercice permet aux élèves de se familiariser un peu plus avec la voix passive.

Réponse

1   1   Le sujet est choisi par le directeur de la publication.

     2   Ce site est visité par les 18–25 ans.

     3   La présidente est impressionnée par la qualité du site.

     4   Les candidats sont éliminés par les téléspectateurs.

     5   Ces sources d'information ne sont pas utilisées par les journaux.

     6   Les photos sont envoyées au magazine par l'organisateur.

     7   Les émissions de télé-réalité sont regardées par beaucoup de jeunes.

     8   Ce magazine est publié tous les mois par le groupe *Ouest-France*.

2   1   La chaîne ICI retransmet l'émission *Les Chefs*.

     2   Les Restos du Cœur recueillent de l'argent.

     3   L'association organise des actions contre la pauvreté.

     4   Dans *Retour au pensionnat*, peu de candidats réussissent l'examen.

     5   Dans *Occupation double*, les hommes partagent une maison.

     6   Dans *L'Amour est dans le pré*, chaque agriculteur invite une femme.

     7   Tous les participants gagnent des cadeaux.

3   Parlez

Activité de groupe : les élèves entament une discussion sur les émissions de télé-réalité dans leur pays et les comparent avec celles mentionnées dans les messages du forum.

4   Écrivez

Ces activités permettent aux élèves de s'exercer aux tâches d'expression écrite de l'examen.

1   Les élèves écrivent une réponse à Réjean pour exprimer leurs opinions sur les émissions de télé-réalité dans leur pays. Cette activité leur permet de consolider à l'écrit leur sujet de discussion et le vocabulaire appris dans ce chapitre.

2   Cette activité donne aux élèves la possibilité d'employer le vocabulaire qu'ils viennent d'apprendre tout en étant créatifs et d'utiliser les conventions propres à la rédaction d'un entretien. Avant d'aborder cette tâche, il est conseillé que les élèves révisent la forme interrogative et les mots interrogatifs.

Les élèves peuvent ensuite avoir une discussion en classe sur les bienfaits et les méfaits des émissions de télé-réalité.

F. *Écouter et comprendre*

Dans cette section, il est expliqué aux élèves ce qui est important de comprendre dans un enregistrement pour pouvoir bien répondre aux questions d'une compréhension orale.

1   Comprendre le sens général

Les élèves classent les exemples **A–R** dans trois catégories : contexte, but ou destinataire.

Réponse

contexte : **A** les réseaux sociaux, **C** une rue, **G** les choix alimentaires, **H** une fête de famille, **L** un stage en entreprise, **N** un studio de radio / télévision, **R** une salle de classe

but : **D** présenter (un point de vue), **E** raconter (un incident), **F** donner une explication ou une information, **I** échanger (des informations), **J** persuader, **M** convaincre, **Q** décrire

2 Comprendre les détails spécifiques

1 Les élèves écoutent l'enregistrement, puis ils répondent aux questions.

🔊 Audio

Bonjour ! Je remercie le directeur de votre collège de m'avoir invitée. Je suis journaliste à *l'Écho de l'Ouest*. Je voudrais vous encourager à lire *l'Écho de l'Ouest*, bien sûr, mais aussi d'autres journaux et magazines traditionnels. De nos jours, il est facile de s'informer : radio, télévision, réseaux sociaux… Cependant, je suis journaliste depuis 20 ans et je pense que la presse écrite a beaucoup d'avantages par rapport aux médias modernes.

Réponse

1 B – sens général

2 à des collégiens – sens général

3 20 ans – détail spécifique

2 Les élèves écoutent la conversation et cochent la bonne option pour chacune des affirmations.

🔊 Audio

Anya	Il y a de la publicité sur tous les sites en ligne maintenant. Je trouve ça vraiment agaçant.
Félix	C'est vrai, il y a beaucoup de pubs sur Internet, mais je n'y fais pas attention. Je lis ce qui m'intéresse sur la page et c'est tout.
Anya	Oui, mais c'est difficile quand ce sont des pubs animées, ou des films publicitaires avec de la musique.
Félix	Quelquefois, ces petits films sont rigolo, non ? Ils durent 30 secondes, ce n'est pas long. J'aime bien les regarder de temps en temps.
Anya	C'est vrai, la pub avec Jack, le chien qui danse, elle est marrante.
Félix	Tu vois, ce n'est pas toujours mauvais, la pub !

Réponse

1 les deux, 2 Anya, 3 Félix, 4 les deux, 5 les deux

Toutes ces questions portent sur des détails spécifiques.

destinataire(s) : **B** les participants à une réunion, **K** les personnes qui dialoguent, **O** les collégiens, les lycéens, **P** les téléspectateurs

3 Utiliser la photo et l'introduction

1 Les élèves font correspondre chacune des photos avec un ou deux contextes.

Réponse

1 A, C, 2 E, 3 D, F, 4 B

2 Les élèves lisent et écoutent les introductions et notent combien de personnes ils vont entendre dans l'enregistrement.

🔊 Audio

1 Vous écoutez un présentateur à la télévision qui parle des inondations en France.

2 Vous écoutez deux collègues au bureau qui parlent de leur nouveau patron.

3 Vous écoutez une interview par une radio locale du directeur d'un collège qui a interdit les portables à l'école.

4 Vous écoutez une conversation entre trois jeunes qui parlent de leur futur métier.

5 Vous écoutez le discours d'un biologiste dans un lycée sur la biodiversité.

6 Vous écoutez un extrait d'un vidéoblog sur un festival de cinéma.

Réponse

1	1 personne	4	3 personnes
2	2 personnes	5	1 personne
3	2 personnes	6	1 personne

3 Les élèves lisent une liste d'autres types de texte et notent combien de personnes on entend dans chacun.

Réponse possible

une conversation – 2+

un débat – 2+

un dialogue – 2

un discours – 1

une discussion – 2+

une interview (dans la rue / à la radio / à la télé) – 2+

un message sur répondeur – 1

un monologue – 1

4 Les élèves relisent les exemples d'introduction dans la tâche 2 de l'activité 3 et notent le contexte de chaque introduction.

Réponse possible

1   un studio de télévision, les actualités à la télévision – les inondations en France

2   un bureau, un stage en entreprise – la vie professionnelle

3   un studio de radio, une émission à la radio – les téléphones portables à l'école, le règlement scolaire

4   dans la rue ou au lycée / collège – les projets professionnels, les ambitions

5   un lycée, une salle de réunion – l'environnement

6   seul(e) avec un smartphone – un festival de cinéma

5   Les élèves relisent les exemples d'introduction dans la tâche 2 de l'activité 3 et identifient le ou les buts de ceux qui parlent.

Réponse possible

1   faire un reportage : annoncer (un événement), décrire, donner une information, raconter (un incident)

2   parler du patron : bavarder, échanger (des informations), présenter (un point de vue)

3   expliquer pourquoi les portables sont interdits à l'école : annoncer (un événement), donner une explication ou une information, présenter (un point de vue)

4   discuter de l'avenir : donner une explication ou une information, présenter (un point de vue)

5   parler de la biodiversité : convaincre, décrire, donner une explication ou un information, persuader, présenter (un point de vue)

6   parler d' / décrire / présenter un festival de cinéma : annoncer (un événement), décrire, présenter (un point de vue)

G. À l'écoute : faites vos preuves !

1   Écoutez

1   Les élèves écoutent une discussion entre deux jeunes qui parlent de journaux et de magazines et ils répondent aux questions.

2   Les élèves lisent la transcription de l'enregistrement et vérifient leurs réponses.

🔊 Audio

Tom	Tu lis souvent le journal, Leïla ?
Leïla	Non, pas souvent. Je n'ai pas le temps et je ne trouve pas ça très intéressant. Ma mère, par contre, a un abonnement au quotidien *Le Monde* et elle le lit régulièrement. Et toi, Tom, tu lis le journal ?
Tom	Moi, je ne lis pas la version papier, mais je lis le journal sur l'ordinateur. Je trouve que c'est important de comprendre ce qui se passe et de se former une opinion.
Leïla	En fait, je ne lis pas de quotidiens mais je lis quelquefois des magazines de musique sur mon smartphone ou sur ma tablette.
Tom	Des magazines hebdomadaires, alors ?
Leïla	Oui, c'est ça, des hebdomadaires. Pour moi, le plus important, c'est la musique, pas la politique, et j'aime bien me tenir au courant de la vie des chanteurs.

Réponse

1 **B**, 2 **A**, 3 **B**, 4 **C**, 5 **C**

Conseil

type de texte : discussion

but : parler de la presse

destinataires : ami(e), copain / copine

2   Écoutez

1   Les élèves écoutent la première partie de l'interview et choisissent la bonne réponse.

2   Ils écoutent le reste de l'enregistrement et répondent aux questions.

3   Les élèves lisent la transcription de l'enregistrement et vérifient leurs réponses.

🔊 Audio

Première partie

Interviewer	Meriam, tu viens de Saint-Louis, au Sénégal, c'est ça ?
Meriam	Oui, je suis sénégalaise.
Interviewer	Tu vas sur les réseaux sociaux ?
Meriam	Bien sûr. Pour moi, les réseaux sociaux, c'est la meilleure façon de s'informer et c'est plus fiable. Mes amis partagent des articles et les informations circulent plus rapidement que par les journaux.

Deuxième partie

Interviewer	Tu vas sur quels réseaux ?
Meriam	Je vais surtout sur Facebook… comme tout le monde. En Afrique, il y a environ 150 millions d'abonnés à Facebook.
Interviewer	Quels autres réseaux est-ce qu'on utilise autour de toi ?
Meriam	Si on veut échanger des photos, le plus souvent, on va sur WhatsApp ou Instagram. En plus, les photos qui circulent, c'est un bon moyen pour développer le tourisme en Afrique. Par exemple, ma ville, Saint-Louis, a de belles maisons anciennes et les touristes étrangers y viennent plus fréquemment.
Interviewer	Comment est-ce que tu te connectes ? Tu as un ordinateur chez toi ?
Meriam	Oh, non. En Afrique, tout passe par le portable ! On se sert du portable pour tout : faire des achats en ligne, recevoir et envoyer de l'argent… et même téléphoner.
Interviewer	Ah !

Réponse

1   1 **C**, 2 **B**, 3 **A**, 4 **B**

2   1 environ 150 millions, 2 WhatsApp, Instagram, 3 le tourisme, 4 de belles maisons anciennes, 5 sur le portable, 6 faire des achats en ligne, recevoir et envoyer de l'argent, téléphoner

3   Écoutez

1   Les élèves écoutent la première partie du vidéoblog de Jules sur la télévision québécoise et complètent les phrases avec un mot du texte.

2   Ils écoutent le reste de l'enregistrement et choisissent les **cinq** affirmations qui sont vraies selon le texte.

3   Les élèves lisent la transcription de l'enregistrement et vérifient leurs réponses.

🔊 Audio

Première partie

Bienvenue sur mon blog, *Écrans du Québec !* C'est vrai, je suis fan de télé, mais je suis exigeant, je ne regarde pas n'importe quoi.

Mes émissions préférées, ce sont les documentaires sur la nature. Sur Télé-Québec, la chaîne publique, par exemple, j'ai vu des documentaires magnifiques sur les animaux, comme les ours, les oiseaux marins ou les baleines.

Cette année, Télé-Québec a diffusé une série de Jacques Cousteau. Cousteau était un cinéaste et environnementaliste français du XXᵉ siècle passionné par la mer. C'est grâce à lui qu'on a commencé à explorer le fond des océans.

Je m'intéresse aussi aux actualités parce que je pense que c'est important de s'informer. Tous les jours à 18 heures, j'écoute *Téléjournal Québec*. Je ne suis pas le seul. Pour tous les âges, la télé est la source d'information la plus importante.

Deuxième partie

Et les émissions de télé-réalité, comme *Occupation Double* ou *Les Chefs* ? Il y a beaucoup de gens qui détestent ça. Ils pensent que c'est artificiel. Personnellement, je trouve que ces émissions sont souvent amusantes. Il ne faut pas les prendre trop au sérieux.

Par contre, j'aime beaucoup les émissions caritatives, comme les téléthons, pour recueillir de l'argent et aider les personnes en difficulté. Mon émission préférée, c'est *Opération Enfant Soleil*, pour aider les enfants malades.

Mais… ce que je n'aime pas du tout à la télé, c'est quand les émissions sont interrompues par des pubs. Quelquefois, il y a quatre minutes de pub pour 10 minutes de contenu. C'est trop ! Je sais, les pubs peuvent être utiles ou même artistiques… Mais moi, c'est l'émission que je veux voir, pas la pub.

Réponse

1   1 regarde, 2 nature, 3 mer, 4 18, 5 importante

2   **A**, **B**, **D**, **I**, **J**

Révisions

Connectés au monde entier

1 Parlez

Cette activité est une bonne préparation à l'examen oral.

Réponse possible

Photo A :

La scène se passe dans la rue, devant un magasin.

Une femme passe devant le magasin Kaporal ; elle porte un sac Kaporal à la main. La photo à la devanture du magasin montre un homme qui est aussi en train de marcher dans la rue, un sac Kaporal à la main.

On peut trouver cette photo amusante parce qu'il y a un parallèle entre la femme dans la rue et la photo à la devanture.

Photo B :

La scène se passe dans un café ou un restaurant.

Les personnes sont assises côte à côte en train de boire un café, mais elles ne se regardent pas et elles ne se parlent pas. Elles sont complètement absorbées par leur portable.

Légendes : Ensemble mais séparés ; Chacun dans son monde ; Rencontre au café, façon XXIᵉ siècle...

2 Lisez et écrivez

Cette activité permet aux élèves de revoir et de consolider à l'écrit ce qu'ils ont appris dans ce chapitre.

3 Parlez

Activité à deux où l'élève A prend le rôle d'une des six personnes de l'activité 2 et explique ce qu'il / elle fait le soir. L'élève B répond et décrit ses activités.

4 Écrivez

1 Les élèves engagent d'abord une discussion pour préparer une proposition pour une nouvelle émission caritative sur une chaîne de télévision.

2 Ils rédigent ensuite une lettre au service des relations publiques de la chaîne de télévision pour présenter leurs idées.

Point de réflexion

Les élèves engagent une discussion sur la question :

« Est-ce qu'on est mieux informé maintenant qu'il y a 50 ans ? »

Encouragez-les à considérer les points suivants :

Les informations sont-elles plus nombreuses, plus accessibles ?

Les informations sont-elles de la même qualité ?

Les informations sont-elles présentées de la même façon ?

Quels changements envisagez-vous dans l'avenir ?

Cahier d'exercices 2/8

Rappel grammaire

Les exercices supplémentaires permettent aux élèves de consolider les points de grammaire couverts dans ce chapitre.

Le superlatif des adjectifs

1 Les élèves remplacent le blanc dans chaque phrase par le mot approprié qui manque et entourent l'adjectif au superlatif.

Réponse

1 Paris est la plus grande ville de France.

2 Wikipedia est le site Internet le **plus** connu.

3 Montréal est la ville la plus célèbre du Québec.

4 **Les** lecteurs les plus jeunes préfèrent les BD.

5 Facebook est le réseau social le plus important du monde.

6 Les **moins** connectés sont les personnes de plus de 65 ans.

7 Djibouti est le pays francophone le moins peuplé d'Afrique.

8 Le support numérique le moins cher, c'est la tablette.

9 La télévision n'est pas la **meilleure** façon de s'informer.

2 En utilisant les mots donnés, les élèves écrivent des phrases dans lesquelles les adjectifs seront au superlatif.

Réponse possible

1 *Le Monde* est le quotidien le plus connu de France.

2 Le Vatican est le plus petit pays du monde. / Le Vatican est le pays le plus petit du monde.

3 Les informations les plus sérieuses ne viennent pas d'Internet.

4 Les nouvelles les moins importantes sont rarement en première page.

5 On trouve les nouvelles les plus récentes sur Twitter.

6 Mark Zuckerberg est le chef d'entreprise le plus célèbre d'Amérique.

7 Les quotidiens régionaux sont les plus / les moins chers.

8   On n'achète pas les journaux les plus / les moins intéressants.

9   La radio est la meilleure source d'information.

Les pronoms démonstratifs neutres

3   Cet exercice permet aux élèves de revoir les règles d'emploi des pronoms démonstratifs.

Réponse

employé habituellement avec le verbe *être*	ce / c'
reprend l'idée précédente	ce / c', cela, ça
présente une idée ou une situation	ce / c', ceci
annonce ce qu'on va dire	ceci
employé seulement dans la langue parlée ou familière	ça
employé seulement dans la langue formelle	ceci

4   Les élèves remplacent le blanc dans chaque phrase avec le pronom démonstratif approprié.

Réponse

1   Construire un site web, cela n'est pas difficile.

2   Pensez à ceci : où publiez-vous vos coordonnées ?

3   Salut Vincent ! Ça va ?

4   Un abonnement quotidien, cela coûte cher.

5   C'est important de choisir un bon journal.

6   Ne lis pas cet article, ce n'est pas intéressant.

7   Poster des selfies sur les réseaux sociaux, ça m'amuse.

8   Pour vous informer, essayez ceci : un journal en ligne.

5   Les élèves écrivent des phrases personnelles contenant les pronoms indiqués.

3   L'éducation pour tous

Thème et sujets	Organisation sociale Éducation Lieu de travail
Aspects couverts	Un échange scolaire Le portable en cours Le meilleur système scolaire Le droit à l'éducation Les carrières et les débouchés Les projets d'avenir
Grammaire	La comparaison Les verbes d'opinion suivis du subjonctif Le verbe *être* au subjonctif Exprimer une action future et un souhait pour l'avenir (rappel)
Textes	**Réceptifs** Infographie, lettre informelle, article, affiche / publicité, messages sur forum de discussion, interview, blog, messages sur réseau social, article dans un magazine pour les jeunes, dépliant, slam, lettre, dessin humoristique **Productifs** Carte heuristique, lettre informelle, affiche / FAQ, article, annonce, dialogue, message sur forum de discussion, strophe de slam
Coin IB	**Théorie de la connaissance** • Les programmes scolaires doivent-ils refléter l'évolution de la société ? • Pourquoi l'éducation est-elle différente selon les pays ? Devrait-elle être la même partout ? • Sommes-nous mieux éduqués que nos parents et nos grands-parents ? • Existe-t-il une éducation idéale ? • A-t-on vraiment besoin d'un portable au lycée ? **Créativité, action, service (CAS)** • Vous voulez participer à une cause humanitaire pour faciliter l'accès de tous à l'éducation. Écrivez une annonce sur le site web du lycée : expliquez ce que vous voulez faire et pourquoi vos camarades devraient se joindre à vous. • Participez ou aidez à organiser un échange scolaire. • Faites des activités de bénévolat pour aider les autres. **Point de réflexion** • L'école joue-t-elle le rôle le plus important dans l'éducation d'une personne ? **Examen oral individuel** • Décrire une photo représentant une classe d'autrefois et des dessins humoristiques • Avoir une discussion sur l'éducation et sur ses projets d'avenir **Épreuve d'expression écrite** • Écrire une lettre à un(e) ami(e) au sujet d'un séjour linguistique dans un pays francophone • Rédiger le texte d'une affiche en français pour la journée portes ouvertes de son lycée • Écrire un message sur un forum de discussion • Écrire une lettre à un ancien professeur

Ce chapitre a trait au thème *Organisation sociale*. Il couvre le vocabulaire se rapportant aux sujets de l'éducation et du lieu de travail, ainsi que les points grammaticaux suivants : la comparaison, le verbe *être* au subjonctif présent, les verbes d'opinion suivis du subjonctif et les différentes façons d'exprimer le futur.

Les élèves découvriront d'autres systèmes scolaires qu'ils pourront comparer au leur. Ils pourront aussi exprimer leurs opinions sur la valeur des échanges scolaires, sur l'utilité d'un portable en classe, sur le droit à l'éducation, sur les filières et les débouchés offerts aux jeunes et parler de leurs projets d'avenir.

1 Mise en route

1 Le sujet de l'éducation a déjà été traité dans le livre 1, chapitre 9. Vous pouvez donc commencer par un exercice de remue-méninges pour réviser le vocabulaire déjà connu, qui pourra être réutilisé dans ce chapitre. Les élèves regardent ensuite l'infographie et répondent à la question.

2 Les élèves identifient les destinataires et le but de l'infographie, puis ils cherchent d'autres façons de présenter ce type d'informations et disent quelle est pour eux la meilleure façon de présenter ce type d'informations.

Réponse

1 C

2 destinataire : le grand public

but : informer et faire prendre conscience du problème

autres façons de présenter ces informations : article, brochure, etc.

2 Parlez

Avec un(e) partenaire, les élèves essaient d'abord d'interpréter les informations sur l'infographie, puis engagent une conversation avec le reste de la classe dans laquelle ils expriment leurs opinions sur la question. Vous pouvez aussi leur demander si les chiffres sur l'infographie les étonnent ; pourquoi de nos jours il y a encore des enfants qui ne savent ni lire ni écrire ; s'il y a des solutions à ce problème…

Réponse

1 Afrique

2 Pauvreté, inégalité, emplois précaires et mal rémunérés

3 Écrivez

Avec leur partenaire, les élèves complètent une carte heuristique sur l'éducation, qui peut ressembler à l'exemple donné ci-dessous ou peut être différente selon la manière dont ils pensent le sujet. Ils écrivent d'abord les mots qu'ils connaissent, puis les mots nouveaux qu'ils auront cherchés dans le dictionnaire. Puis ils la comparent à celle de leurs camarades.

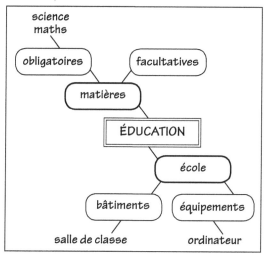

A. *L'échange scolaire : une ouverture sur le monde*

1 Lisez

Les élèves lisent la lettre de Morgane.

2 Lisez et parlez

Après avoir lu la lettre, les élèves répondent oralement aux questions de compréhension.

Réponse

1 au Québec / huit semaines

2 chez sa correspondante dans une maison en banlieue de Montréal

3 cégep : deux ans ; lycée : trois ans

cégep prépare le DEC ; lycée prépare le bac

cégep : petit, 200 élèves ; lycée : grand, 2 000 élèves

4 Elle préfère le système québécois parce qu'elle trouve qu'il prépare mieux les élèves pour aller à l'université.

Grammaire en contexte

La comparaison

Rappelez aux élèves la formation du comparatif. Le comparatif des adjectifs a été couvert dans le livre 1, chapitre 6, et celui des adverbes dans le livre 2, chapitre 2.

3 Écrivez

Après avoir révisé les adjectifs et les adverbes de comparaison, les élèves montrent qu'ils ont bien compris le texte en choisissant le mot approprié.

Réponse

1 plus, 2 moins, 3 plus, 4 aussi

Vous pouvez aussi demander aux élèves de justifier leur réponse avec des mots du texte puis d'écrire pour leur partenaire d'autres phrases sur le texte avec deux options ; leur partenaire doit choisir la bonne option.

📖 Cahier d'exercices 3/1

Les exercices dans cette section du cahier d'exercices permettent aux élèves de consolider les adjectifs et les adverbes de comparaison.

1 Après avoir lu les informations sur la grille, ils doivent remplir le blanc dans chacune des phrases avec le mot approprié.

Réponse

A moins, **B** autant de, **C** aussi, **D** autant de, **E** autant de,
F plus de

2   Les élèves complètent la dernière rangée de la
    grille pour leur pays et écrivent ensuite des phrases
    à trous pour leur partenaire.

....

 Voir Fiche d'activité 10

Lisez les trois premiers paragraphes de la lettre de
Morgane et dites si les phrases 1–9 sont vraies ou
fausses. Justifiez vos réponses avec des mots pris du
texte.

1   Morgane est au Québec quand elle écrit sa lettre.
    VRAI (Je ne t'écris pas de Paris, mais de Montréal.)

2   Éloïse est française. **FAUX** (québécoise)

3   Éloïse a passé deux mois en France. **VRAI** (Elle est
    déjà venue en France pendant huit semaines)

4   Éloïse vit dans un appartement. **FAUX** (dans une
    grande maison)

5   Éloïse habite à la campagne. **FAUX** (en banlieue)

6   Normalement, Morgane habite dans un
    appartement. **VRAI** (Ça me change de notre petit
    appartement au centre de Paris)

7   Le bac français est le même que le bac québécois.
    FAUX (ici, le baccalauréat, c'est un diplôme
    universitaire)

8   Morgane n'aime pas le système d'éducation
    québécois. **FAUX** (Moi, ce système me conviendrait
    bien)

9   Avant les examens, les Québécois sont plus stressés
    que les Français. **FAUX** (ils ne stressent pas autant
    que nous pour les examens)

....

 Voir Fiche d'activité 11

Trouvez dans le quatrième paragraphe de la lettre de
Morgane les synonymes des mots suivants.

1   atmosphère

2   pareille

3   premièrement

4   vieux

5   énorme

6   agréable

7   leçons

Réponse

1 ambiance, 2 la même, 3 d'abord, 4 ancien, 5 immense,
6 agréable, 7 cours

 Voir Fiche d'activité 12

Lisez les deux derniers paragraphes de la lettre de
Morgane. Choisissez parmi les quatre options données
la bonne pour terminer les phrases suivantes.

1   Au Québec les jeunes sont :

    A   stressés

    B   maltraités

    C   autonomes

    D   sympathiques

2   Au Québec tous les jeunes adolescents :

    A   sont obligés de travailler

    B   peuvent choisir ce qu'ils étudient

    C   reçoivent une éducation gratuite

    D   n'habitent plus avec leurs parents

Réponse

1 **C**, 2 **B**

....

Activités supplémentaires :

1   Pour permettre aux élèves de s'exercer à
    l'expression écrite, vous pouvez leur demander
    d'imaginer la lettre qu'Éloïse a écrite à une amie
    pendant son séjour en France en se basant sur les
    informations données dans la lettre de Morgane.
    Rappelez-leur les conventions à suivre (lieu, date,
    formule d'appel et formule finale, signature,
    tutoiement, paragraphes, connecteurs logiques…).
    Il serait aussi utile de réviser avec eux les mots qui
    indiquent une durée, par exemple : *pour, depuis,
    pendant.*

2   Pour plus d'entraînement à l'examen oral
    individuel, les élèves peuvent ensuite engager une
    discussion de classe dans laquelle ils comparent
    l'éducation dans leur pays avec celle en France et
    au Québec et expriment leurs opinions.

4   Parlez

Les élèves comparent, dans une discussion avec leur
partenaire ou la classe, leur établissement scolaire avec
un établissement scolaire en France et au Québec.

5   Écrivez

Les élèves écrivent une lettre à un(e) correspondant(e)
francophone pour expliquer où ils sont allés en voyage
scolaire et ce qu'ils ont fait. Rappelez-leur d'utiliser
les conventions appropriées au format de la lettre
informelle, c'est-à-dire d'inclure la date, une salutation,
une salutation finale, une signature, et d'utiliser un
registre familier.

B. *Le portable en classe : utile ou nuisible ?*

L'utilisation du portable en classe

1 Lisez

Les élèves lisent le texte. Ils peuvent ensuite chercher dans le dictionnaire les mots qu'ils ne connaissent pas avant de faire l'exercice qui teste leur compréhension des paragraphes 1 et 2.

Réponse

A, E, F

....

Encouragez les élèves à justifier leur choix avec des mots du texte et demandez-leur de corriger les phrases fausses.

2 Lisez et écrivez

Cette activité teste la compréhension du troisième paragraphe du texte.

Réponse

1 Elle met en danger les capacités de réflexion des élèves et explique l'échec scolaire.

2 Par manque de soutien de la direction et des parents.

3 Faire une loi pour interdire l'utilisation du téléphone portable en classe.

3 Parlez

Les élèves donnent leur réaction sur le texte, puis discutent des aspects positifs et négatifs du portable. Pour les aider dans leur discussion, vous pouvez leur demander leur avis sur les déclarations suivantes :

A « On ne peut pas interdire le portable en classe. Au XXIᵉ siècle, il fait partie de la vie des jeunes ; on ne peut pas revenir en arrière. »

B « Les profs doivent apprendre aux élèves à utiliser leur portable comme un outil d'apprentissage. »

C « Le portable dans la cour, d'accord, mais pas en classe parce que c'est un manque de respect des règles du savoir-vivre. »

Vous pouvez aussi leur demander de donner leur opinion sur la loi qui interdit le portable dans les établissements scolaires en France et si cela serait une bonne idée d'avoir une loi similaire dans leur pays. Les élèves peuvent ensuite écrire une déclaration qui résume leur opinion à ce sujet et dont ils peuvent se servir dans l'activité suivante.

4 Écrivez

Cette activité permet aux élèves de choisir un type de texte pour exprimer et justifier à l'écrit leurs opinions sur l'utilisation des portables en classe. Les trois types de textes suggérés sont appropriés mais rappelez-leur que les conventions sont différentes.

 Voir Fiche d'activité 13

Remplissez le tableau suivant. Basez vos réponses sur le premier paragraphe du texte « L'utilisation du portable en classe ».

Dans l'expression...	le mot...	se rapporte à...
1 <u>ils</u> ne s'en séparent plus	« ils »	
2 ils ne s'<u>en</u> séparent plus	« en »	
3 ils <u>l</u>'utilisent	« l' »	
4 <u>Je</u> me moque	« Je »	
5 en <u>leur</u> disant	« leur »	
6 je leur demande de <u>l</u>'éteindre	« l' »	
7 <u>ils</u> m'ignorent	« ils »	
8 ils <u>m</u>'ignorent	« m' »	
9 <u>qui</u> est perturbé	« qui »	

Réponse

1 (jeunes) Maliens, 2 téléphone portable, 3 téléphone portable, 4 professeur, 5 élèves, 6 portable, 7 élèves, 8 professeur, 9 cours

....

 Voir Fiche d'activité 14

Trouvez dans le deuxième paragraphe du texte « L'utilisation du portable en classe » les synonymes des mots suivants.

1 professeur
2 renvoie
3 prendre
4 arrêter
5 ne pas autoriser
6 pourtant
7 utile

Réponse

1 enseignant, 2 exclut, 3 confisquer, 4 empêcher, 5 interdire, 6 cependant, 7 pratique

....

 Voir Fiche d'activité 15

Trouvez dans le troisième paragraphe du texte « L'utilisation du portable en classe » les antonymes des mots suivants.

1 moins
2 rare
3 sécurité
4 réussite
5 impossible
6 excès
7 répondent
8 autoriser

Réponse

1 plus, 2 fréquente, 3 danger, 4 échec, 5 possible, 6 manque, 7 demandent, 8 interdire

C. *Portes ouvertes dans une école internationale*

GSI Groupe scolaire international : journée portes ouvertes

1   Lisez

1   Après la lecture du document, les élèves identifient le type de texte.

2   Ils identifient ensuite les destinataires et le but du texte.

Réponse

1   C

2   destinataire : les visiteurs et les futurs étudiants de l'école

    but : informer les personnes intéressées sur ce qu'offre l'école

2   Lisez et écrivez

Cette activité permet de tester la compréhension du texte.

Réponse

1   **FAUX** (12–18 boulevard des Canadiens, Marseille)

2   **VRAI** (9h00–13h00)

3   **FAUX** (métro et bus à 10 minutes)

4   **VRAI** (Échanges Comenius)

3   Lisez et parlez

Cette activité orale à deux permet aux élèves d'utiliser les informations du texte et les aide à en mémoriser le vocabulaire.

Réponse possible

1   Non, seulement en anglais ou en allemand.

2   Oui, on peut préparer l'option internationale du DNB et du Bac (OIB).

3   Oui, on peut participer à des activités culturelles, artistiques et associations sportives.

4   Oui, il y a des associations sportives.

Vous pouvez leur demander ensuite d'écrire d'autres questions pour continuer la conversation.

4   Écrivez

Cette activité écrite permet aux élèves d'utiliser le vocabulaire qu'ils viennent d'apprendre et constitue un bon entraînement à l'épreuve d'expression écrite de l'examen.

Rappelez aux élèves les conventions à suivre pour créer une affiche (un titre, des sous-titres, différentes sections, un ton persuasif, un registre formel ou impersonnel).

Les élèves peuvent aussi écrire une page « Foire aux questions » en français (questions / réponses) pour la page web de leur lycée. Dans cet exercice, ils formulent à la fois les questions et les réponses.

D. *Choisir une école : quel est le meilleur système ?*

1   Lisez

Cette activité teste la compréhension du texte.

Réponse

1   Kwan et Léa. Kwan : On a 50 heures… ; Léa : l'emploi du temps est trop lourd.

2   Léa. Elle dit : il n'y a pas de ségrégation par l'argent.

3   Kwan et Léa. Kwan : il est trop strict ; Léa : il est trop théorique. En plus, c'est plus ou moins le même programme pour tous.

4   Laurent. Il dit : l'accent sur l'autonomie et le développement personnel de chaque élève.

5   Laurent et Léa. Laurent : expose à d'autres cultures que l'on apprend à apprécier ; Léa : ça encourage la tolérance et l'intégration de tous.

2   Écrivez et parlez

Cette activité permet à la fois de réviser la formulation de questions et de pratiquer la conversation pour approfondir le sens des textes.

📄   *Voir Fiche d'activité 16*

En vous appuyant sur le blog de Kwan, choisissez dans la liste ci-dessous les mots qui conviennent pour remplir les blancs du résumé suivant.

Kwan [1] l'éducation dans son [2]. Il trouve que les journées sont [3] : elles commencent à 8h00 et finissent [4] car après le dîner, les élèves suivent des [5] supplémentaires pour se [6] aux examens. Les résultats sont très [7] mais la [8] d'apprendre est [9]. Il faut mémoriser sans [10].

18h00 – aime – apprendre – assister – bons – cours – courtes – critique – école – examens – excellente – façon – longues – mauvais – mauvaise – moyen – pays – préparer – réfléchir – très tard

Réponse

1 critique, 2 pays, 3 longues, 4 très tard, 5 cours, 6 préparer, 7 bons, 8 façon, 9 mauvaise, 10 réfléchir

Voir Fiche d'activité 17

En vous appuyant sur le blog de Léa, choisissez parmi les affirmations **A–H** les **quatre** qui sont correctes selon son blog.

A Léa fréquente un établissement privé à Paris.

B En France, l'éducation coûte cher.

C Léa approuve la laïcité de l'éducation française.

D Dans les lycées publics français, on peut étudier la religion.

E Dans les écoles de France, on n'a pas le droit de porter de signes religieux visibles.

F Léa n'aime pas son emploi du temps.

G Léa pense que l'enseignement en France est excellent.

H Selon Léa, les élèves qui ont des difficultés à apprendre ne reçoivent pas d'aide.

Réponse

C, E, F, H

....

 Voir Fiche d'activité 18

En vous appuyant sur le blog de Laurent, remplissez les blancs dans le résumé avec des mots exacts du texte.

Dans l'école de Laurent qui est en [1], on apprend plusieurs [2] et on est en contact avec d'autres [3] parce que c'est une école [4]. Laurent pense que c'est un [5] pour plus tard quand il ira à [6]. Laurent dit que [7] dans son école est très bonne parce qu'elle n'est pas seulement [8] et elle permet à chaque [9] de se développer. Mais les élèves n'ont pas de [10] avec d'autres [11] et Laurent pense que ce n'est pas une [12] chose.

Réponse

1 Suisse, 2 langues, 3 cultures, 4 internationale, 5 avantage, 6 l'université, 7 l'éducation, 8 théorique, 9 élève, 10 relations, 11 écoles, 12 bonne

Grammaire en contexte

Les verbes d'opinion suivis du subjonctif

Le subjonctif présent est souvent utilisé dans la langue parlée et écrite. Il est donc important que les élèves en aient connaissance pour savoir le reconnaître et l'utiliser après des verbes exprimant une opinion à la forme négative ou interrogative.

Le verbe *être* au subjonctif

Soulignez aux élèves l'importance de bien connaître la conjugaison de ce verbe au subjonctif.

3 Lisez et écrivez

Les élèves relèvent les phrases avec le verbe *être* au subjonctif dans les trois messages.

Réponse

Kwan : je ne suis pas sûr que ce soit le cas

Pensez-vous que ce soit une bonne chose ?

je ne pense pas que l'apprentissage soit idéal

Léa : je ne pense pas que ce soit une mauvaise chose

Je ne crois pas que ce soit l'idéal

Laurent : je ne pense pas que ce soit une bonne chose

Cahier d'exercices 3/2

Ces exercices permettent de mettre en pratique le verbe *être* au présent du subjonctif.

Réponse

1   1 soyez, 2 soient, 3 soyons, 4 sois, 5 sois, 6 soit

2   1 soit, 2 soient, 3 soyez, 4 sois, 5 sois, 6 soyons

Cahier d'exercices 3/3

Le premier exercice est un exercice de vocabulaire ; le second permet aux élèves de travailler le subjonctif, et le troisième de comparer leur opinion avec celle de leur partenaire (comme la réponse dépendra de l'opinion de l'élève, il n'y aura donc pas de bonne ou de mauvaise réponse).

Réponse

1 proviseur, 2 professeurs, 3 élèves, 4 cours, 5 note, 6 connaissances, 7 autodiscipline

4 Parlez

Activité à deux, dans laquelle les élèves engagent une conversation sur les différents systèmes scolaires et travaillent oralement l'auxiliaire *être* au présent du subjonctif.

5 Écrivez

Cette activité donne la possibilité aux élèves d'exprimer par écrit leurs opinions sur leur lycée. Encouragez-les à utiliser des verbes d'opinions à la forme positive, et à la forme négative suivie du verbe *être* au subjonctif. Rappelez-leur aussi d'utiliser les conventions appropriées à un article.

E. *L'éducation est un droit*

L'éducation : un droit garanti pour tous ?

Ces activités qui testent la compréhension de l'interview aident aussi les élèves à se préparer à l'épreuve de compréhension de l'examen.

1   Compréhension

Les élèves identifient le type de texte, ses conventions, son registre et son but.

Réponse

type de texte : un entretien

conventions : questions et réponses, un titre, une date, le nom ou les initiales de l'auteur ; le registre est soutenu / formel car les personnes ne se connaissent pas

but : faire connaitre l'action d'une organisation humanitaire pour promouvoir l'accès a l'éducation

2   Lisez et écrivez

Les élèves utilisent les mots de l'encadré pour remplir les blancs dans le résumé.

Réponse

1 accessible, 2 exception, 3 sponsoriser, 4 compétences, 5 métier

3   Lisez

Réponse

2 **A**, 3 **B**

4   Lisez

Réponse

1 **B**, 2 **C**

5   Lisez et écrivez

Réponse

1   des tablettes avec des logiciels éducatifs

2   environ 25 %

3   dans les banlieues des grandes villes

6   Écrivez et parlez

Activité à quatre : deux élèves écrivent ensemble une série de questions sur le texte qu'ils posent à deux autres élèves et ils répondent ensuite à leurs questions. Ou alors, ils peuvent travailler à deux en écrivant des phrases sur le texte et leurs partenaires doivent dire si elles sont vraies ou fausses et corriger les phrases fausses. Ou encore, vous pouvez simplement poser une série de questions sur le texte à toute la classe.

7   Lisez

Cette activité permet aux élèves de réviser les points de grammaire rencontrés dans ce texte.

Réponse

1 y = éducation, 2 J'ai participé, J'ai passé, on voulait, avaient quitté, 3 en plus, 4 je viens de, 5 qui ont été expédiées, peuvent être utilisées, 6 les, en

8   Écrivez

Cette activité est un bon entraînement à l'épreuve d'expression écrite de l'examen. Rappelez aux élèves qu'une annonce doit avoir un titre ou une première phrase qui accroche l'attention du lecteur et elle peut aussi inclure des paragraphes avec des sous-titres. L'élève doit aussi mentionner les coordonnées de l'association pour que le lecteur puisse la contacter. Ici, le registre devra être formel et le ton persuasif. (Voir l'appendice *Conseils pour l'examen : L'épreuve d'expression écrite*.)

F. *Quelle orientation suivre pour un avenir prometteur ?*

Des lycéens des quatre coins du monde francophone parlent de leurs projets d'avenir.

1   Lisez

Cette activité aide les élèves à se familiariser avec le contenu des différents messages.

Réponse

1 Anya, Claire, 2 Claire, 3 Omar, 4 Anya, 5 Claire, Ben, 6 Ben, 7 Omar, Ben, 8 Omar, Ben

2   Écrivez et lisez

Activité à deux : les élèves inventent d'autres phrases semblables pour leur partenaire.

Rappel grammaire

Exprimer une action future et un souhait pour l'avenir

Révisez avec les élèves le présent, le futur immédiat, le futur, le conditionnel et les différentes façons d'exprimer un souhait pour l'avenir.

Cahier d'exercices 3/4

Ces exercices aident à consolider ce que les élèves viennent de réviser.

Une formation en alternance

3   Lisez et écrivez

Cette activité teste la compréhension du dernier texte.

Réponse

1   Étudier et faire des stages en entreprise

2   En ATE, on n'organise pas les stages soi-même ; ils durent deux à quatre mois et pas seulement deux ou trois semaines ; ils sont rémunérés.

3   On a des contacts dans le monde du travail ; on a de l'expérience pertinente et spécifique ; les entreprises offrent souvent des emplois à plein temps aux stagiaires en ATE.

4   Il y a des frais de stages ; les stages sont souvent pendant les vacances, donc pas de repos possible.

4   Parlez

Ces activités à deux permettent aux élèves d'établir un lien entre l'article et les textes du forum et les obligent à mettre en pratique le vocabulaire de ces textes tout en exprimant et en justifiant leur opinion.

5   Écrivez et parlez

Ces activités à deux préparent les élèves aux questions générales de l'examen oral et leur permettent d'exprimer et de justifier leurs opinions.

6   Écrivez

En écrivant un message pour le forum, les élèves peuvent utiliser tout ce qu'ils viennent d'apprendre et s'entraîner à l'épreuve d'expression écrite. Rappelez-leur d'utiliser les conventions appropriées à ce type de texte.

7   Imaginez

Cette activité et la suivante constituent un bon entraînement à l'examen oral. Elles donnent aussi la possibilité aux élèves d'être créatifs.

8   Parlez

Cette activité permet aux élèves de formuler leurs réponses personnelles aux questions posées.

 Voir Fiche d'activité 19

En vous appuyant sur le message d'Anya, faites correspondre la première partie de la phrase à gauche avec la fin de phrase appropriée parmi les propositions à droite. Attention : il y a plus de fins de phrase que de débuts de phrase.

1   Plus tard Anya voudrait… ☐

2   Pour aller dans une école vétérinaire, il faut d'abord… ☐

3   Les études de vétérinaire durent… ☐

A   aider son père dans son travail.

B   deux à quatre ans.

C   faire le même métier que son père.

D   faire quatre ans d'études.

E   passer un concours.

F   cinq ans.

Réponse

1 **C**, 2 **E**, 3 **F**

 Voir Fiche d'activité 20

En vous appuyant sur le message de Claire, remplissez les blancs dans le résumé de son message avec des mots exacts du texte.

Après le [1], Claire ne va pas [2] ses études parce qu'elle doit [3] de l'argent pour [4] sa famille. Elle aimerait avoir un [5] dans une usine où on fait du [6] parce qu'elle a déjà travaillé dans ce [7] pendant les vacances. Elle pense que pour [8] un travail, il est préférable d'avoir de l'[9] que d'avoir fait des [10].

Réponse

1 bac, 2 continuer, 3 gagner, 4 aider, 5 emploi / apprentissage, 6 chocolat, 7 milieu, 8 trouver, 9 expérience, 10 études

 Voir Fiche d'activité 21

Parmi les affirmations **A–H**, choisissez les **quatre** qui sont correctes selon le message d'Omar.

A   L'avenir d'Omar dépend de ses résultats au bac.

B   Omar n'a pas le droit d'aller à l'université.

C   Le père d'Omar est avocat.

D   Si Omar n'est pas reçu au bac, il va devoir travailler dans un garage.

E   Omar aimerait travailler dans un garage.

F   Les parents d'Omar veulent qu'il étudie le droit.

G   Omar préférerait aller à l'université que de s'occuper de voitures.

H   Le père d'Omar travaille dans un garage.

Réponse

A, D, G, H

....

Activité supplémentaire :

Rapportez ce que Ben a écrit dans son message en réécrivant le texte à la troisième personne du singulier.

Réponse

Lui, il n'a aucune idée de ce qu'il veut faire après le DEC. S'il aimait un peu plus étudier, il irait sans doute à l'université, mais lui, les études, ça ne l'intéresse pas vraiment et il n'a pas beaucoup d'argent pour les payer. Et puis, étudier quoi ? Il ne sait pas ! Peut-être le journalisme… Si c'était possible, il ferait une année de césure et il partirait après le DEC passer un an comme bénévole dans une organisation caritative, en Asie par exemple, mais ses parents ne sont pas d'accord. Ils lui disent que faire des stages ou trouver un job, ce serait mieux pour son CV. Lui, pour le moment, il a juste envie de voir le monde.

G. *L'éducation fatale*

1   Compréhension

Après une première lecture, les élèves identifient le type de texte et justifient leur réponse.

Réponse

B un slam (pour découvrir plus de slams sur l'éducation, dites aux élèves de rechercher sur Internet « Grand Corps Malade »)

justification : strophes, rimes, rythme

2   Lisez

Cette activité aide les élèves à comprendre le nouveau vocabulaire du texte.

Réponse

A mantra, B chômeurs, C bachoter (mot de la même famille que « bac »), D apprendre par cœur, E abrutir, F panacée, G on craque

3   Lisez

Cette activité teste la compréhension du texte et permet aux élèves de s'entraîner aux exercices semblables à ceux de l'épreuve de compréhension de l'examen.

Réponse

1 C, 2 E, 3 G, 4 B, 5 D, 6 F, 7 A

4   Écrivez et parlez

Les élèves écrivent leur opinion sur chacune des affirmations et ils la partagent ensuite avec le reste de la classe.

5   Parlez

Activité orale à deux : les élèves discutent du sujet, puis répondent aux questions.

Ils comparent ensuite leurs réponses avec celles des autres élèves de la classe.

Réponse

Éducation fatale : l'école est obligatoire, c'est inévitable mais pas forcément une bonne chose.

Ils n'ont pas envie d'étudier sans relâche et longtemps pour devenir chômeurs ou être mal payés ; ils veulent trouver un autre parcours ; ils ne font pas confiance aux professeurs.

6   Écrivez et parlez

Cette activité donne la possibilité aux élèves d'être créatifs. Pour s'aider, ils peuvent chercher sur Internet le site « 1001 rimes ». Ils peuvent ensuite voter pour la meilleure strophe.

H. *L'éducation : clé de l'avenir*

1   Lisez

Ces activités testent la compréhension de la lettre d'Albert Camus.

Réponse

1   1   **VRAI** (on vient de me faire un bien trop grand honneur)

    2   **FAUX** (honneur, que je n'ai ni recherché ni sollicité)

    3   **VRAI** (ma première pensée, après ma mère, a été pour vous)

    4   **VRAI** (au petit enfant pauvre que j'étais)

    5   **VRAI** (Sans vous, sans cette main affectueuse…, sans votre enseignement, et votre exemple, rien de tout cela ne serait arrivé)

    6   **VRAI** (n'a pas cessé d'être votre reconnaissant élève)

2   Il est affectueux (main affectueuse), il a une attitude exemplaire (votre exemple), il est travailleur (vos efforts, votre travail), il est généreux (le cœur généreux).

2   Recherchez et écrivez

Ces deux activités permettent aux élèves d'élargir leur vocabulaire.

Réponse possible

1   simple, généreux, sincère, modeste, etc.

2   heureux, fier, etc.

3   Imaginez

Activité orale à deux, dans laquelle les élèves imaginent une conversation entre Albert Camus et Monsieur Germain.

4   Écrivez

Cette activité permet aux élèves de s'entraîner à l'épreuve d'expression écrite de l'examen. Rappelez aux élèves qu'une lettre formelle doit inclure une date, une salutation et une formule d'adieu formelles. Le registre doit être formel ; l'élève s'adressera donc à la personne en utilisant la deuxième personne du pluriel. Il doit aussi y avoir des paragraphes et un certain nombre de connecteurs logiques simples et complexes. (Voir l'appendice *Conseils pour l'examen : L'épreuve d'expression écrite*.)

5   Parlez

Les élèves engagent une discussion en classe sur le métier de professeur.

I. *Écouter et comprendre*

Dans cette section, les élèves apprendront à identifier les nombres (l'heure, la date, etc.), les mots interrogatifs et les connecteurs logiques.

1   Les nombres

Après avoir révisé les chiffres et les nombres, expliquez aux élèves que si une consonne suit *cinq, six, huit, dix, vingt,* on ne prononce pas la consonne finale de ce mot. Toutefois, la tendance actuelle est de toujours prononcer le *q* de *cinq*. Dans *sept,* on prononce toujours le *t*. Pour *neuf,* le *f* se prononce *v* devant *heure(s)* et *an(s)*. Dans *Dix-huit, dix-neuf,* l'*x* se prononce *z*. Dans *cent,* le *t* se prononce seulement devant une voyelle, sauf devant *un* et *onze*. Expliquez-leur aussi les variations qui existent pour les noms donnés à certains nombres dans certains pays francophones.

1   Les élèves écoutent et notent la bonne option pour chaque phrase. Dites aux élèves de faire attention à la prononciation de la consonne finale de certains nombres et rappelez-leur les liaisons avec les mots commençant par une voyelle.

🔊 Audio

1   Ce bâtiment scolaire a plus de 50 ans.

2   Appelez le directeur au 08 77 67 97 87.

3   La conférence commencera à 16 heures.

4   J'habite à 78 kilomètres du lycée.

5   Cet établissement a été fondé en 1789.

6   Les bénévoles ont récolté 6 500 euros pour l'association.

7   Seulement 0,61 % des élèves du lycée n'ont pas de portable.

Réponse

1 50 ans, 2 08 77 67 97 87, 3 16 heures, 4 78 km, 5 1789, 6 6 500 euros, 7 0,61 %

2   Les élèves écoutent l'enregistrement et complètent le blanc dans chaque phrase avec le nombre qu'ils entendent.

🔊 Audio

1   Il y a une journée portes ouvertes au lycée la semaine prochaine. Pour plus de renseignements, voici le numéro de téléphone du secrétariat : 01 15 75 93 12.

2   Plus de 98 % des élèves de l'école sont francophones, avec une minorité d'anglophones et quelques hispanophones.

3   Après des études en économie et marketing, j'ai l'intention de reprendre l'entreprise que ma mère a fondée en 1976.

4   Notre lycée est sans doute l'un des plus grands du pays, il est immense avec 2 256 élèves et 126 profs – et je ne compte pas le personnel non-enseignants !

5   J'ai toujours voulu aider les enfants alors, le samedi, je fais du bénévolat dans une association de 14 heures à 18 heures mais je trouve que ce n'est pas beaucoup.

6   En France, beaucoup de jeunes vont à l'université mais 27,2 % d'entre eux abandonnent leurs études pendant la première année.

7   Avant de devenir docteur à Médecin Sans Frontières, il a fait sept ans d'études en faculté de médecine.

Réponse

1 01 15 75 93 12, 2 98 %, 3 1976, 4 2 256, 126, 5 14, 18, 6 27,2 %, 7 7

2 Les mots interrogatifs

1 Les élèves remplissent chaque blanc dans les phrases avec un mot interrogatif de l'encadré, puis ils écoutent l'enregistrement pour vérifier leurs réponses.

2 Les élèves notent d'autres mots interrogatifs pour compléter la liste.

🔊 Audio

Reporter	Baabou, vous avez participé à la création de l'école dans votre village.
Baabou	Oui, c'est exact, parce que j'ai une fille qui passait trop de temps sur le chemin de l'école.
Reporter	Quel âge a votre fille ?
Baabou	Elle a 16 ans maintenant. Quand elle avait entre 8 et 14 ans, elle partait très tôt, trop tôt, le matin pour aller à l'école.
Reporter	À quelle heure devait-elle se lever ?
Baabou	Elle se levait à cinq heures pour pouvoir arriver en cours à l'heure.
Reporter	Mais alors, combien de temps durait le trajet pour aller au collège ?!
Baabou	Eh bien, il n'y avait pas de bus alors elle marchait pendant deux heures et demie le matin et deux heures et demie le soir.
Reporter	C'est très long, effectivement. Et donc quand est née l'idée de construire une école au village même ?
Baabou	Eh bien, on a en parlé avec d'autres parents la première fois il y a trois ans – oui, trois ans.
Reporter	Et quand l'école a-t-elle été construite ?
Baabou	On a commencé les travaux au début 2017 et elle a ouvert ses portes pour la rentrée de septembre.
Reporter	Ça a coûté cher ? Combien chaque famille a-t-elle dû donner ?
Baabou	Chaque famille a contribué 1 500 francs CFA (un peu moins de deux euros cinquante) mais nous avons aussi reçu l'aide financière d'une association française.

Réponse

1 1 Quel âge, 2 À quelle heure, 3 Combien de temps, 4 Quand, 5 En quelle année, 6 Combien

2 (à / de / avec / pour) qui, où, comment, pourquoi, que, (à / de) quoi

3 Les connecteurs

Les élèves écoutent l'enregistrement et choisissent la bonne option. Ils notent aussi le mot du texte qui leur a donné la bonne réponse.

🔊 Audio

Après le lycée, j'ai vraiment envie de faire un grand voyage mais d'abord, je vais aller à l'université faire des études d'écologie.

Mes parents sont scientifiques mais c'est parce que je me suis toujours intéressée à l'environnement et à la nature que je voudrais étudier l'écologie.

Je suis aussi passionnée de musique et je m'entraîne au violon tous les jours depuis que je suis toute petite. L'année prochaine, j'ai bien l'intention de jouer dans l'orchestre de l'université et par conséquent j'ai repris les cours de violon pour avoir un assez bon niveau.

Réponse

1 **A** d'abord, 2 **B** parce que, 3 **B** par conséquent

J. À l'écoute : faites vos preuves !

1 Écoutez

1 Les élèves écoutent une discussion entre deux jeunes amis, Léo et Anya, au sujet de leurs projets d'avenir et choisissent les bonnes fins de phrases. Rappelez-leur de bien faire attention aux nombres, aux mots interrogatifs et aux connecteurs logiques.

2 Ils lisent la transcription de l'enregistrement et vérifient leurs réponses et entourent tous les connecteurs logiques sur la transcription.

🔊 Audio

Léo Qu'est-ce que tu vas faire l'année prochaine, Anya ?

Anya Je vais faire des études de marketing à l'université de Québec. Je quitte Paris le 15 septembre, j'aurai ma chambre à la cité universitaire à Québec le 25 septembre, et je commence les cours le 8 octobre.

Léo Wouah ! Tu seras super loin !

Anya Oui, je serai exactement à 5 270 kilomètres de Paris.

Léo Et tu resteras longtemps ?

Anya Eh bien, je rentrerai à Paris après mes études. Le diplôme se fait en quatre ans mais je vais faire en plus une année en entreprise entre la deuxième et la troisième année.

Léo C'est obligatoire, ce stage en entreprise ?

Anya Non, mais j'ai déjà un bon contact dans une entreprise à Montréal alors je vais le faire, même si je ne gagne pas beaucoup d'argent cette année-là.

Léo Et tu ne veux pas rester travailler au Québec plus tard alors ?

Anya Je ne pense pas que j'aurai le droit de rester mais surtout, je veux rentrer à Paris parce que j'ai besoin d'être près de ma famille. Elle va beaucoup me manquer !

Réponse

1 **C**, 2 **A**, 3 **C**, 4 **B**, 5 **B**

2 Écoutez

1 Les élèves écoutent une émission de radio sur la rentrée des classes et ils répondent aux questions.

2 Ils lisent la transcription de l'enregistrement et vérifient leurs réponses.

🔊 Audio

Depuis 1882, l'école en France est obligatoire et gratuite. Alors, pourquoi, tous les ans, en septembre, au moment de la rentrée des classes, entendons-nous les Français se plaindre que l'école leur coûte trop cher ?

Eh bien, c'est que chaque année, les fournitures scolaires que les familles doivent acheter coûtent de plus en plus cher, par exemple les articles de sport, les cahiers et les livres.

Prenons l'exemple d'un élève entrant en classe de sixième cette année : le coût de sa rentrée scolaire est en moyenne de 191,73 euros, c'est-à-dire 0,78 % de plus par rapport à l'année dernière. Cela ne semble pas énorme, mais pour les familles nombreuses, cela peut poser des problèmes.

Si on fait ses courses dans des magasins spécialisés, le coût sera de 216,78 euros, soit une augmentation de 2,12 % par rapport à l'an passé. Par contre, en supermarché, on paie moins, 197,42 euros, soit une augmentation de seulement 0,36 %.

En hypermarché, le coût moyen des fournitures scolaires ne sera en moyenne que de 177,53 euros pour la même chose que dans les supermarchés. Mais difficile pour les enfants de résister à toutes ces dernières trousses à la mode, aux cartables de marque, aux stylos de plus en plus high tech. Alors, les familles avec un budget limité préfèrent acheter leurs fournitures sur Internet.

Réponse

1 1882, 2 l'école leur coûte trop cher, 3 les articles de sport / les cahiers / les livres, 4 191,73 euros, 5 en supermarché, 6 les familles avec un budget limité

3 Écoutez

1 Les élèves écoutent le podcast et choisissent les **quatre** affirmations vraies.

2 Les élèves réécoutent et complètent le texte avec les mots-clés manquants, puis lisent la transcription de l'enregistrement et vérifient leurs réponses.

🔊 Audio

Présentateur	Nous allons maintenant entendre Alex qui a 21 ans et qui vient de réussir une licence professionnelle option grande distribution, en alternance avec un contrat d'apprentissage à l'hypermarché Carrefour.
Interviewer	Qu'est-ce que tu voulais faire après le lycée, Alex ?
Alex	Je n'avais absolument aucune idée de ce que je voulais faire... Comme j'avais déjà été vendeur pour mon job d'été, j'ai décidé de préparer un diplôme professionnel en techniques de commercialisation.
Interviewer	Tu t'es inscrit dans un institut universitaire, c'est ça ?
Alex	Oui, mais j'ai fait ma licence en alternance, donc j'allais en cours et j'étais aussi employé dans un hypermarché, à Carrefour.
Interviewer	Alors dis-moi, la formation en alternance, ça a été positif pour toi à ton avis ?
Alex	Ah oui absolument. Pendant les cours à l'Institut Universitaire, j'ai appris la théorie des actions commerciales et j'ai pu mettre tout ça directement en pratique en travaillant dans le magasin. En plus je recevais un petit salaire de 475 euros par mois ce qui m'a bien aidé à couvrir le coût de la formation. Pour moi, c'était vraiment l'idéal.
Interviewer	Quels ont été les inconvénients de cette formation en alternance ?
Alex	Eh bien, au début, pour moi, c'était les relations avec les collègues de l'hypermarché, qui ne comprenaient pas bien ma position : je n'étais pas stagiaire mais je n'étais pas non plus employé à plein temps. Je n'étais pas toujours là et parfois, ça posait des problèmes pour certains. En plus, c'était une formation intensive entre les cours théoriques en classe et le travail en hypermarché. J'ai trouvé ça vraiment très fatigant au début, mais ça valait la peine !
Interviewer	Alors, oui, d'après toi, quels ont été les avantages de cette formation en alternance ?
Alex	Eh bien, avoir un emploi en hypermarché, ça m'a donné une excellente connaissance du monde du travail, bien mieux que si j'avais fait des stages, qui sont en général courts et souvent superficiels. Et grâce à la formation théorique en classe, je peux maintenant évoluer : je crois d'ailleurs que je vais continuer mes études et faire un master en marketing.
Interviewer	D'accord, eh bien, merci et bonne chance, Alex !

Réponse

1   Vrai : **B, C, F, G**

2   1 n'avais, 2 aucune, 3 idée, 4 vendeur, 5 hypermarché, 6 un, 7 petit, 8 salaire, 9 de, 10 475, 11 euros, 12 comprenaient, 13 des, 14 problèmes, 15 une, 16 excellente, 17 connaissance, 18 du, 19 monde, 20 du, 21 travail, 22 des, 23 stages, 24 mes, 25 études, 26 master, 27 en, 28 marketing

Révisions

L'école avant et maintenant

1   Parlez

1   Cette activité est une bonne préparation à l'examen oral. (Voir l'appendice *Conseils pour l'examen : L'examen oral individuel*.) Avant de commencer la discussion, vous pouvez demander aux élèves d'écrire une présentation de l'image et de la lire ensuite à la classe.

Réponse possible

Sur cette photo, on voit trois élèves dans une salle de classe. Je pense que c'est une classe d'école primaire car les élèves ont l'air très jeune. Deux des élèves écoutent attentivement ce que dit leur maître, mais l'élève assis au fond de la classe à droite n'est pas intéressé par la leçon parce qu'il regarde l'horloge sur le mur ; comme il est 11h25, peut-être qu'il a faim et qu'il a hâte de rentrer à la maison pour le déjeuner. Cette photo n'est pas récente car elle est en noir et blanc, les meubles dans la salle de classe sont anciens et les élèves ne sont pas habillés comme les élèves de maintenant ; ils ont un cartable démodé et ils ont l'air discipliné. Sur le mur au fond de la classe, on voit des dessins que les élèves ont faits. Au fond, à gauche, il y a une grande armoire en bois dans laquelle l'instituteur garde probablement les manuels de classe et les fournitures scolaires.

2 Les élèves font ensuite une comparaison avec une classe d'aujourd'hui en utilisant une variété de mots de comparaison.

2 Parlez

Les élèves imaginent une bulle pour chaque élève sur la photo et pour l'instituteur.

Réponse possible

Le garçon qui regarde la pendule : « Quelle heure est-il ? J'ai hâte de sortir ! J'ai faim ! »

Le garçon à côté de lui : « Je veux jouer au foot avec Lucien dans la cour à la récré... »

Le garçon au premier plan : « Alors, là, je ne comprends plus rien à ce calcul ! »

L'instituteur : « Ce sont toujours les mêmes qui écoutent ! »

3 Recherchez

Les élèves présentent oralement à la classe une autre photo de Robert Doisneau qu'ils auront trouvée sur Internet.

4 Parlez

Les élèves engagent une discussion de classe sur le thème du dessin humoristique. Encore une fois, encouragez les élèves à utiliser une variété de mots de comparaison. Demandez-leur ensuite de réfléchir sur les raisons de ces changements.

5 Imaginez

Dans cette activité écrite, les élèves utilisent essentiellement le futur et leur esprit créatif. Ils peuvent ensuite lire la description à leur partenaire, qui doit dessiner l'image d'après cette description. Ils peuvent aussi discuter en classe de l'évolution des rapports professeurs–parents–élèves et organiser une compétition pour la meilleure idée et le meilleur dessin.

Point de réflexion

Les élèves engagent une discussion sur la question :

« L'école joue-t-elle le rôle le plus important dans l'éducation d'une personne ? »

Encouragez-les à considérer les points suivants : la lutte contre l'analphabétisme, l'accès à la culture, les échanges scolaires, des systèmes scolaires meilleurs que d'autres, la technologie, les stages, etc.

 Cahier d'exercices 3/5

Rappel grammaire

Les exercices supplémentaires permettent aux élèves de consolider les points de grammaire couverts dans ce chapitre.

Les verbes réguliers au futur et au conditionnel

1 Les élèves complètent les phrases avec la forme correcte du verbe au futur ou au conditionnel.

Réponse

1 partira, 2 prendrait, 3 resterais, 4 commencerai, 5 choisirons, 6 partiriez, 7 réussiront, 8 étudieraient, 9 prendrais, 10 travaillera

Les verbes irréguliers au futur et conditionnel

2 Les élèves retrouvent dans l'encadré le radical au futur / conditionnel pour chacun des verbes listés.

Réponse

aller	ir-
avoir	aur-
devoir	devr-
être	ser-
faire	fer-
falloir	faudr-
pleuvoir	pleuvr-
pouvoir	pourr-
savoir	saur-
venir	viendr-
voir	verr-
vouloir	voudr-

3 Les élèves choisissent un des verbes de l'exercice précédent pour terminer les phrases données. Exemple : *Si je pouvais, j'irais en vacances.*

Cahier d'exercices

Révisions de grammaire : Chapitres 1, 2 et 3

1 Les élèves soulignent le verbe dans chaque phrase et indiquent si le verbe est au passé composé de la voix active ou au présent de la voix passive.

Réponse

1   Le Viêt-nam <u>est devenu</u> une destination touristique. PC-VA

2   La vieille ville <u>est explorée</u> par les touristes. P-VP

3   Nous <u>sommes montés</u> au sommet de la tour. PC-VA

4   Ils <u>ont admiré</u> le paysage. PC-VA

5   <u>Es-tu descendue</u> à la plage ? PC-VA

6   Ils <u>sont aidés</u> par la population locale. P-VP

2   Les élèves conjuguent au passé composé de la voix active les verbes entre parenthèses dans les phrases 1, 2 et 3, et au présent de la voix passive les verbes entre parenthèses dans les phrases 4, 5 et 6. Rappelez-leur d'accorder les participes passés.

Réponse

1   Le journal a publié la photo hier.

2   Elle est allée une fois sur un réseau social.

3   Ils ont adoré cette émission.

4   Beaucoup d'articles sont lus sur un support numérique.

5   Il est invité à participer à l'émission.

6   Les goûts des jeunes sont connus des publicitaires.

3   Les élèves relient les débuts et fins de phrases en faisant bien attention aux temps des verbes.

Réponse

1 **B**, 2 **D**, 3 **G**, 4 **C**, 5 **F**, 6 **H**, 7 **A**, 8 **E**

Faites vos preuves !

1   Après avoir lu l'article paru dans la section « Médias » du magazine d'un lycée, les élèves surlignent au moins 10 des points de grammaire listés dans la grille de l'activité 3.

Réponse

Les habitants de Neuville ont vraiment de la chance. En effet, on peut acheter un quotidien et un hebdomadaire locaux. Il y avait autrefois trois quotidiens mais deux ont disparu récemment. Le *Courrier de Neuville*, par exemple, avait créé un site web en parallèle, *Neuville Net*, mais cela coûtait trop cher et ce journal n'existe plus.

Maintenant, la station de radio, *Radio Neuville*, est dirigée par un ancien journaliste du *Courrier de Neuville*. Il a également l'intention de créer une émission de musique avec des musiciens de la région.

Ceci aussi est surprenant : *Télé Neuville* est la plus petite chaîne de télévision du pays. Cette mini-station réalise une ou deux émissions par mois et elle les diffuse sur YouTube. On dit que les jeunes ne s'intéressent pas à la vie locale, mais je ne crois pas que ce soit vrai. Les jeunes regardent moins souvent la télévision qu'avant mais ici, ils aiment beaucoup *Télé Neuville*. Cette station continuera à avoir du succès, j'en suis sûr.

Alors écoutez, regardez et soutenez la presse locale ! Et moi, j'espère devenir journaliste un jour...

2   Les élèves remplacent chaque blanc dans le texte « S'informer à Bellevue » avec un mot approprié de l'encadré.

Réponse

1 plus, 2 soit, 3 exactement, 4 ici, 5 certainement, 6 meilleure, 7 avait, 8 publiait, 9 Ce, 10 avait, 11 aimaient, 12 cela, 13 Malheureusement, 14 fermé, 15 ont, 16 sont, 17 ailleurs, 18 qu', 19 lisez, 20 voudrais, 21 faire, 22 ferai

3   Sur une feuille, les élèves écrivent un article sur les sources d'informations locales dans leur ville ou leur région et marquent un point à chaque fois qu'ils utilisent correctement un point de grammaire de la liste.

4 Arts francophones : traditions et modernité

Thèmes et sujets	**Ingéniosité humaine** Divertissements **Expériences** Loisirs
Aspects couverts	Les différentes formes artistiques La lecture, le cinéma Le théâtre, la musique Les beaux-arts Fêtes et célébrations Les fêtes folkloriques
Grammaire	Les adjectifs indéfinis Les pronoms personnels COD et COI (rappel) Les pronoms personnels *y* et *en* (rappel) La position des pronoms
Textes	**Réceptifs** Couverture de livre, synopsis, critique de livre, statistiques, messages sur réseau social, critique de film, article, interview, extrait de magazine TV, bulles, page web, blog **Productifs** Critique de livre / de film, exposé, présentation, quiz, biographie, message sur forum, lettre informelle, brochure, texte en prose, poème / rap / slam
Coin IB	**Théorie de la connaissance** • Peut-on concevoir une société sans arts ? • Pourquoi les arts sont-ils importants ? • Qu'est-ce que nous attendons de l'art ? • L'art peut-il influencer notre vie ? • Est-ce que la littérature, le cinéma, le théâtre et les beaux-arts ont des choses en commun ? • Doit-on juger une œuvre artistique ? • Les arts visuels vont-ils remplacer les mots ? • Faut-il subventionner les arts ? • Faut-il préserver notre culture et nos traditions ? **Créativité, action, service (CAS)** • En groupes, planifiez et organisez une activité culturelle pour une journée francophone dans votre lycée : expositions de tableaux, récital de musique, extraits de pièces de théâtre, diffusion d'un film, etc. • Écrivez des critiques de films ou de livres pour le magazine du lycée. • Organisez un club de lecture ou un ciné-club. • Jouez dans une pièce de théâtre ou aidez à monter une pièce. **Point de réflexion** • Les arts sont-ils le reflet d'une société et d'une époque ? **Examen oral individuel** • Décrire un tableau • Avoir une discussion sur la valeur des traditions culturelles, sur un film, un livre, une émission de télévision… **Épreuve d'expression écrite** • Écrire la critique d'un livre ou d'un film • Écrire un article sur une vedette de cinéma ou de théâtre francophone • Écrire une lettre personnelle • Écrire une brochure sur une manifestation culturelle francophone

Ce chapitre a trait aux thèmes *Ingéniosité humaine* et *Expériences* et couvre les sujets des divertissements et des loisirs.

Dans ce chapitre, les élèves pourront lire différents types de texte : couverture de livre, synopsis, critique de livre, statistiques, messages sur réseau social, critique de film, article, interview, extrait de magazine TV, bulles, page web et blog.

Ils réviseront les pronoms personnels et apprendront où ils se placent dans la phrase. Ils couvriront aussi les adjectifs indéfinis.

Ils développeront leurs compétences productives et interactives en utilisant dans les différentes activités orales ou écrites le vocabulaire et la grammaire couverts dans ce chapitre. Ils pourront aussi s'entraîner aux épreuves écrites et orales de l'examen et avoir des discussions sur la valeur des traditions culturelles, sur un livre, un film, une émission de télévision…

1   Mise en route

Avant de commencer les activités, demandez aux élèves le genre de chacun des noms des arts, puis de faire une liste des mots de vocabulaire qu'ils connaissent déjà pour chacun de ces sujets. Ils relient ensuite les photos aux noms des arts et répondent aux questions.

En 1818, le philosophe allemand Hegel propose une classification des arts :

1er art : Architecture   4e art : Musique

2e art : Sculpture   5e art : Poésie

3e art : Peinture

L'ordre n'est pas toujours fixe. Aussi, au XXe siècle, on rajoute un 6e art (arts de la scène – danse, théâtre, mime), un 7e art (le cinéma), suivi du 8e (photo, etc.) et du 9e (bande dessinée).

Réponse

1   **A** architecture, **B** littérature, **C** musique, **D** photographie, **E** arts de la scène, **F** sculpture, **G** peinture, **H** cinéma, **I** bande dessinée

2   7e art – le cinéma. Au XXIe siècle, on débat quel devrait être le 10e art : le jeu vidéo, le graphisme, la calligraphie, le modélisme, l'art culinaire / la gastronomie ?

2   Écrivez

Les élèves expriment leurs préférences et écrivent une phrase pour chacun des arts.

A. *La lecture, un loisir toujours à la mode ?*

Un livre a changé ma vie…

1   Lisez et parlez

Les élèves lisent la critique de livre de Julien et vérifient s'il couvre tous les points mentionnés dans la liste.

2   Recherchez et écrivez

Cette activité à deux permet aux élèves d'apprendre des adjectifs nouveaux et utiles pour la rédaction de critiques.

Exemples de vocabulaire positif : émouvant, fabuleux, formidable, incroyable, super, passionnant, drôle, amusant, enthousiaste, agréable, merveilleux, bouleversant, original, époustouflant, fantastique, palpitant, excellent, tenir en haleine, bien écrit, un chef-d'œuvre…

Exemples de vocabulaire négatif : sinistre, triste, énervant, plat, décousu, horrible, effrayant, écœurant, stupide, décevant, sans intérêt, ennuyeux, lent, barbant, nul, mauvais, difficile à suivre, n'a pas beaucoup de sens, un navet…

3   Écrivez

Les élèves écrivent une critique du livre qui les a le plus marqués. Demandez-leur de couvrir dans leur critique tous les points dans la liste de l'exercice 1 et d'utiliser le vocabulaire de l'exercice 2.

Les élèves peuvent ensuite présenter leur critique au reste de la classe et s'il y a un livre qu'ils ont tous lu, vous pouvez organiser un débat avec un groupe qui pense que le livre est excellent et un autre qui pense qu'il est mauvais ; chaque groupe doit défendre son point de vue.

Les jeunes lisent-ils beaucoup en France ?

4   Lisez

Cette activité teste la compréhension des statistiques sur le deuxième document et permet de réviser les nombres appris dans le livre 1 et dans le chapitre 2 du livre 2.

Réponse

VRAI : 1, 2, 3

FAUX : 4 (plus de la moitié sont des garçons / un peu plus d'un quart sont des filles), 5 (un peu plus d'un quart)

La lecture de romans : un loisir démodé au XXIe siècle ?

5   Compréhension

Cette activité teste la compréhension des messages sur la lecture au XXIe siècle.

Réponse

1   Mohamed : surtout des BD ou des mangas. Moi, j'en lis un peu mais pas souvent

2   Syrine : Je lis plusieurs magazines ; et Mohamed : des BD ou des mangas

3 Zahir : J'essaie de lire quelques pages chaque soir après le lycée

4 Meïs : j'aime lire de temps en temps ou pendant les vacances

5 Zahir : Mes parents m'ont toujours lu des histoires le soir et je crois que ça m'a donné l'amour de la lecture pour toujours

6 Mohamed : C'était bien quand il n'y avait ni la télé, ni Internet, ni les jeux vidéo

Grammaire en contexte

Les adjectifs indéfinis

En vous servant de l'encadré *Grammaire en contexte*, familiarisez les élèves avec les adjectifs indéfinis pour parler de nombre / de quantité et d'identité / de différence.

6 Lisez

Ces activités permettent de consolider l'apprentissage des adjectifs indéfinis. Les élèves identifient les adjectifs indéfinis dans le texte et s'entraînent à les utiliser.

Réponse

1 tous, quelques, chaque, plusieurs, certaines, quelques, aucun, n'importe quels, mêmes, d'autres, différentes, différents

2 1 aucune, 2 chaque, 3 certains, 4 mêmes, 5 n'importe quel

Cahier d'exercices 4/1

Cet exercice permet aux élèves de travailler un peu plus les adjectifs indéfinis.

Réponse

1 aucun, 2 autres, 3 tous les, 4 Certaines, 5 plusieurs

7 Écrivez et parlez

1 Les élèves préparent et posent des questions pour un sondage en classe.

2 Avec l'aide des expressions de l'activité 4, ils écrivent un exposé résumant les informations qu'ils ont obtenues. Rappelez-leur de respecter les conventions pour ce genre de texte.

Activités supplémentaires :

 Voir Fiche d'activité 22

Indiquez si les phrases suivantes sont vraies ou fausses selon le texte « Un livre a changé ma vie… ». Justifiez vos réponses avec des mots pris du texte.

1 Momo est un enfant. **VRAI** (un petit musulman de 10 ans)

2 Momo vit dans un camp de concentration. **FAUX** (dans un quartier pauvre de Paris)

3 Momo aime beaucoup Madame Rosa. **VRAI** (Momo s'attache au personnage… qu'est Madame Rosa)

4 Madame Rosa n'aime pas Momo. **FAUX** (l'amour est réciproque)

5 Madame Rosa est la maman de Momo. **FAUX** (il la considère comme sa mère)

6 Momo ne quittera jamais Madame Rosa. **VRAI** (et va rester à ses côtés jusqu'à la fin)

7 *La Vie devant soi* est un roman triste. **FAUX** (optimiste)

8 Julien n'oubliera jamais *La Vie devant soi*. **VRAI** (restera à jamais gravé dans ma mémoire)

Voir Fiche d'activité 23

Parmi les phrases **A–L** se rapportant au texte « La lecture de romans : un loisir démodé au XXIᵉ siècle ? », identifiez les **six** phrases qui sont vraies.

A Zahir trouve les livres papier démodés.

B Zahir lit un peu tous les jours.

C Zahir aime la lecture grâce à ses parents.

D Syrine lit des livres pour se détendre.

E Syrine aime lire des articles sur ses vedettes préférées.

F Mohamed partage les opinions de Syrine.

G Mohamed lit souvent des BD et des mangas.

H Les copains de Mohamed lisent des livres.

I Meïs aime lire toutes sortes de livres.

J Meïs lit tous les jours.

K Meïs aime la série *Le trône de fer.*

L Meïs a les mêmes goûts que son copain Malik.

Réponse

B, C, E, F, K, L

B. *Le cinéma : entre fiction et réalité*

1 Recherchez et parlez

Cette activité à deux permet aux élèves de réviser le vocabulaire qu'ils connaissent et d'apprendre des mots et des collocations nouveaux, qu'ils pourront utiliser dans les exercices qui suivent.

2 Lisez et parlez

Après une première lecture, les élèves classifient les critiques en leur attribuant des étoiles et engagent une conversation pour justifier leur opinion. Mentionnez aux élèves qu'une étoile est attribuée si le film est satisfaisant, deux étoiles s'il est bon et trois étoiles s'il est excellent.

Réponse possible

Gérald : 3 étoiles ; Samson : 2 étoiles ; Chloé : 1 étoile

....

Vous pouvez ensuite leur demander de décrire l'affiche et discuter de sa ressemblance avec la Tour de Babel de Brueghel l'Ancien. Les élèves peuvent aussi faire des recherches sur le mythe de la Tour de Babel. Il existe un dossier pédagogique sur *La Cour de Babel* sur le site web de Zéro de Conduite, que vous pourrez trouver utile.

Cahier d'exercices 4/2

Cet exercice permet aux élèves de se familiariser avec d'autres critiques de films et d'enrichir leur vocabulaire sur ce sujet.

Réponse

1   **A** (positive) : 1, 4, 7, 8, 9 ; **B** (négative) 2, 3, 5, 6, 10

2   Dans l'ordre : **A** : 4, 7, 1, 8, 9 ; **B** : 2, 6, 5, 10, 3

Rappel grammaire

Le pronom personnel complément d'objet direct (COD)

Les élèves révisent les pronoms personnels compléments d'objet direct et font les exercices qui suivent pour consolider ce point grammatical.

Cahier d'exercices 4/3

Avant de faire l'exercice, faites réviser aux élèves l'accord du participe passé des verbes conjugués avec *avoir* au passé composé.

Réponse

1 la, 2 le, 3 les, 4 l', trouvé, 5 l', aimée, 6 les, vus

3   Lisez et écrivez

Réponse

1   1 les = des jeunes venus des quatre coins du monde, 2 la = leur professeur, Brigitte Cervoni, 3 l' = ce film

2   l' = un sujet, les = les élèves, le = le film, l' = le film

3   elle <u>les</u> montre ; On ne <u>le</u> sait pas exactement ; Je recommande chaudement à tous, petits et grands d'aller <u>le</u> voir !

....

Les élèves peuvent ensuite écrire la critique d'un film francophone qu'ils ont vu pour le bulletin mensuel du club de français de leur lycée.

Cette activité est un bon entraînement à l'épreuve d'expression écrite de l'examen. Si les élèves n'ont pas vu de film français, ils peuvent choisir n'importe quel film. Rappelez-leur d'inclure le titre du film, le nom du réalisateur, un résumé de l'histoire et les aspects positifs et négatifs, ainsi que leur opinion. Encouragez-les à utiliser des connecteurs, des adjectifs et des pronoms personnels. Vous pouvez ensuite demander aux élèves de poser des questions à un(e) autre élève pour deviner le titre du film dont ils ont écrit la critique.

4   Écrivez et parlez

En groupes, les élèves sélectionnent deux films pour un festival qui doit présenter les films de leur pays à un public francophone. Les élèves se mettent d'accord sur les deux films qu'ils veulent présenter, puis ils rédigent une présentation à lire au reste de la classe qui peut ensuite voter pour la meilleure présentation.

....

Activités écrites supplémentaires :

 Voir Fiche d'activité 24

Relisez le message de Samson et remplissez les blancs dans le résumé ci-dessous avec un mot exact du texte.

Julie Bertuccelli est la [1] du film *La Cour de Babel*. Ce film est un [2] sur des élèves étrangers qui sont dans une classe [3]. Elle a filmé une [4] de 24 élèves qui ne sont pas [5] car ils viennent de pays différents. Elle présente le [6] qui enseigne ces jeunes comme quelqu'un de [7] qui travaille parfois dans des conditions [8]. Samson pense que le film est très [9] et assez [10].

Réponse

1 réalisatrice, 2 documentaire, 3 d'adaptation, 4 classe, 5 francophones, 6 professeur, 7 formidable, 8 difficiles, 9 intéressant, 10 émouvant

....

 Voir Fiche d'activité 25

Lisez le message de Chloé et identifiez parmi les phrases **A–H** les **quatre** phrases qui sont vraies.

A   Avant le film, Chloé ne savait pas grand-chose sur la situation des élèves non-francophones.

B   Chloé a trouvé que les élèves dans le film étaient sympathiques.

C   En regardant le film, Chloé n'a rien appris de nouveau.

D   Chloé aime voir des documentaires au cinéma.

E   Chloé a été déçue par le film.

F   Chloé a eu beaucoup de plaisir à regarder *La Cour de Babel*.

G   *La Cour de Babel* est un film romantique.

H   Chloé aime les films comiques.

Réponse

A, B, E, H

....

 Voir Fiche d'activité 26

Lisez le message de Gérald et répondez aux questions suivantes.

1   Quel autre film sur le même thème Gérald a-t-il vu ? (*Entre les murs*)

2   Quelle est la différence entre ce film et *La Cour de Babel* ? (*Entre les murs* est un faux documentaire avec de vrais élèves et *La Cour de Babel* est un vrai documentaire qui ne parle pas uniquement de ce qui ne va pas mais surtout de ce qui va bien.)

3   Relevez les expressions qui montrent que Gérald a apprécié le film. (ce qui est passionnant, un film fascinant, positif et optimiste, Je recommande chaudement… d'aller voir ce film)

4   Quels sont les aspects positifs du film *La Cour de Babel* ? (Il montre ce qui va bien, les succès, l'insertion réussie de ces jeunes, l'acceptation de leurs différences.)

5   Qu'est-ce que *La Cour de Babel* ne montre pas ? (Ce que deviennent les jeunes après le film.)

....

Les élèves peuvent aussi faire l'activité suivante :

Écrivez un message sur le forum pour dire qui vous a convaincu d'aller voir ou de ne pas aller voir le film *La Cour de Babel* et pourquoi.

C. *La grande tradition française du cinéma*

Petit historique du cinéma français

1   Compréhension

Cette activité permet aux élèves d'enrichir leur vocabulaire et leurs connaissances culturelles.

Réponse

1   Ils n'avaient encore jamais vu d'images bouger.

2   Il a fait le premier film de science-fiction *Voyage dans la lune*, avec les premiers trucages et effets spéciaux basés sur des techniques du théâtre.

3   Il a changé avec l'arrivée du cinéma parlant, en 1927, qui a permis d'approfondir la psychologie des personnages.

4   Les Français avaient besoin de distractions pendant la guerre ; les forces d'occupation allemandes interdisaient les films anglais et américains.

5   Les réalisateurs de la Nouvelle Vague voulaient faire des films plus novateurs, plus réalistes, en cassant avec la tradition des studios et des grandes stars et en utilisant des techniques nouvelles.

6   Elle a joué le rôle principal dans le film français le plus vu aux États-Unis depuis la naissance du cinéma.

Activité supplémentaire : Associez chacun des noms suivants mentionnés dans le texte à un mot de la liste pour indiquer l'occupation de ces personnes. Vous pouvez utiliser chaque mot plus d'une fois.

Alice Guy, Audrey Tautou, Carné, Charles Pathé, Claude Berri, Éric Rohmer, François Truffaut, les frères Lumière, Gabriel Leuvielle, Georges Méliès, Guitry, Jean-Luc Godard, Louis Gaumont, Luc Besson, Pagnol, Renoir

cinéaste, fondateur/trice de société de production, homme / femme de spectacles, industriel(le), réalisateur/trice, secrétaire, star

Réponse

Frères Lumière – industriels

Georges Méliès – homme de spectacles

Charles Pathé et Louis Gaumont – fondateurs de sociétés de production

Alice Guy – secrétaire

Gabriel Leuvielle et Audrey Tautou – stars

Georges Méliès, Renoir, Guitry, Pagnol, Carné, François Truffaut, Jean-Luc Godard, Éric Rohmer, Claude Berri et Luc Besson – réalisateurs, cinéastes

Rappel grammaire

Le pronom personnel complément d'objet indirect (COI)

Les élèves révisent les pronoms personnels compléments d'objet indirect et font les exercices qui suivent pour consolider ce point grammatical.

2   Lisez et écrivez

Cet exercice permet de réviser les pronoms personnels compléments d'objet indirect.

Réponse

(ligne 8) le train leur a fait très peur ; leur = des personnes du public

(ligne 11) On lui doit, un peu plus tard, en 1898 ; lui = Georges Méliès

(ligne 19) Gaumont lui a donné les moyens de filmer ; lui = Alice Guy

(ligne 33) L'arrivée du cinéma parlant, en 1927, leur a permis ; leur = des réalisateurs comme Renoir, etc.

📖 Cahier d'exercices 4/4

Cet exercice permet de consolider les pronoms personnels compléments d'objet direct et compléments d'objet indirect.

Réponse

1 l', 2 le, 3 lui, 4 l', leur, 5 la, 6 l', les

3 Écrivez

Avant de faire cet exercice, il serait bon de réviser le futur simple et les expressions de l'encadré *Vocabulaire*.

Les questions dans cet exercice encouragent les élèves à exprimer leurs opinions sur l'avenir du cinéma. Ils peuvent ensuite partager leurs réponses avec le reste de la classe.

Vous pouvez aussi demander aux élèves de faire des recherches sur le Futuroscope, près de Poitiers, en France, qui est un parc d'attractions et de spectacles à thèmes technologique, scientifique, d'anticipation et ludique.

D. *Le théâtre, ma passion*

Forum jeunes : Rencontre avec Camille Rutherford

1 Compréhension

Cette activité et la suivante aident les élèves à comprendre le texte de l'interview et permettent un entraînement aux questions de compréhension de l'examen.

Réponse

A 6, **B** 11, **C** 1, **D** 9, **E** 2, **F** 4, **G** 7, **H** 3, **I** 13, **J** 8, **K** 5, **L** 10, **M** 12

2 Lisez

Réponse

1 **B**, 2 **E**, 3 **A**, 4 **D**, 5 **G**, 6 **H**, 7 **C**, 8 **F**

....

Vous pouvez ensuite proposer aux élèves de créer une liste de débuts et de fins de phrases sur le texte que leur partenaire devra faire correspondre.

3 Écrivez et parlez

Cette activité donne la possibilité d'approfondir la compréhension du texte de l'interview et aide à mémoriser le vocabulaire nouveau. Elle entraîne aussi les élèves à poser des questions et leur permet de réviser les mots interrogatifs.

Activité orale supplémentaire à deux : les élèves peuvent ensuite poser leurs questions à leur partenaire, qui joue le rôle de Camille et y répond.

Rappel grammaire

Les pronoms personnels *y* et *en*

Révisez les pronoms personnels *y* et *en*.

 ## Cahier d'exercices 4/5

Dans cet exercice, les élèves appliquent les règles qu'ils viennent d'apprendre.

Réponse

1 y, 2 en, 3 la, 4 leur, 5 lui

Grammaire en contexte

La position des pronoms personnels

Expliquez aux élèves la position des pronoms dans la phrase lorsqu'elle contient plus d'un pronom.

 ## Cahier d'exercices 4/6

Cet exercice entraîne les élèves à bien utiliser et positionner les pronoms personnels.

Réponse

1   Je <u>le lui</u> ai recommandé parce qu'il est excellent.

2   Alors à Noël, je <u>la lui</u> offre.

3   Il <u>leur en</u> parle avec passion.

4   Elle <u>les y</u> emmenait régulièrement.

4 Lisez et écrivez

Cette activité aide les élèves à mémoriser l'ordre des pronoms personnels.

Réponse

1   La réponse, elle me la donnera.

2   La journaliste ? Elle lui en a déjà parlé.

3   Des spectateurs au festival, on y en verra beaucoup.

4   Les acteurs, on les y retrouve ce soir.

5 Recherchez et écrivez

Le but de cette activité est d'entraîner les élèves à l'épreuve d'expression écrite de l'examen. Ils devront donc d'abord choisir le type de texte approprié pour cette tâche et suivre les conventions propres à ce type de texte. Encouragez-les aussi à utiliser dans cette rédaction des pronoms personnels.

....

Activités supplémentaires orales :

Demandez aux élèves d'engager une discussion de classe sur le sujet du théâtre et de répondre aux questions suivantes.

À votre avis, pourquoi continue-t-on à jouer des pièces anciennes ?

Est-il important de donner des subventions, c'est-à-dire des aides financières données par l'État, aux créations nouvelles ? Pourquoi ?

Vous pouvez aussi leur demander de faire des recherches sur Molière ou le Festival d'Avignon pour une présentation en classe.

Activité supplémentaire écrite :

 Voir Fiche d'activité 27

Indiquez si les phrases suivantes sont vraies ou fausses selon le texte de l'interview de Camille Rutherford. Justifiez vos réponses avec des mots du texte.

1   Camille a fait ses études supérieures à Clermont-Ferrand. **FAUX** (Je suis revenue vivre à Paris après mon bac, pour mes études.)

2   Camille a commencé à faire du théâtre à l'école primaire. **VRAI** (Le théâtre, c'est mon instituteur qui me l'a fait découvrir quand j'avais huit ans.)

3   Camille est entrée au Conservatoire National Supérieur de Paris à 20 ans. **FAUX** (J'en suis sortie diplômée à 20 ans.)

4   Camille préfère jouer au théâtre qu'au cinéma. **FAUX** (Ce sont deux expériences différentes, je les aime autant l'une que l'autre.)

5   Pour bien connaître ses textes, Camille leur consacre un peu de temps tous les jours. **VRAI** (J'en apprends un peu chaque jour.)

6   Récemment, Camille a joué dans une pièce en Suisse. **FAUX** (j'ai récemment voyagé en Suisse pour un festival du film...)

7   Grâce à son travail, Camille a beaucoup d'amis. **VRAI** (je me suis fait de très bons amis en travaillant.)

8   Camille espère pouvoir bientôt faire un film. **VRAI** (J'attends des réponses de financement pour un court-métrage que j'ai écrit...)

9   Camille va bientôt jouer dans un film sur des extra-terrestres en Argentine. **FAUX** (jouer un extra-terrestre dans un spectacle pour enfants à Paris)

10 Racine, Molière et Marivaux sont des dramaturges connus. **VRAI** (les grands classiques du théâtre, comme Racine, Molière, Marivaux.)

E. *Et si on modernisait les grands classiques ?*

1   Mise en route

Ce remue-méninges permet aux élèves de réviser le vocabulaire sur la musique qu'ils connaissent déjà.

La Grande Battle

2   Compréhension

Cette activité teste la compréhension générale du texte.

Réponse

D justification : le texte indique la chaîne, l'heure, le titre de l'émission, le nom des présentateurs, un petit synopsis et une présentation plus détaillée.

3   Lisez

Les activités qui suivent demandent une compréhension plus approfondie du texte.

Réponse

1   1   *La Grande Battle* (le titre, comme l'émission, est basé sur les « battles » des rappeurs)

   2   France 2, 20h45

   3   variétés

   4   Virginie Guilhaume, Jean-François Zygel

2   1 **C**, 2 **C**, 3 **B**

4   Parlez

Les élèves s'engagent dans un débat sur la programmation de leur version de l'émission *La Grande Battle,* ce qui leur permet d'exprimer et de justifier leurs opinions.

F. *La vie culturelle au Burkina Faso*

La culture, quelle importance ?

1   Lisez et parlez

Cette activité teste la compréhension du texte.

Réponse

1   Abibata : on doit subventionner les artistes si nécessaire

2   Amadou : Il est vital pour les jeunes de connaître et de respecter cette culture traditionnelle

3   Patrice : on ne peut pas vraiment parler d' « une » culture burkinabée, puisque la population ici est constituée de plus de 60 groupes ethniques

4   Amadou : il faut... promouvoir les valeurs burkinabées, en investissant dans des événements comme le SIAO ou le FESPACO

5   Patrice : je préférerais voir plus d'argent utilisé en zones rurales, pour y développer des écoles et des hôpitaux

6   Amadou : la jeunesse doit... faire évoluer sa culture, la rendre plus moderne et plus pertinente pour la société d'aujourd'hui

📖 Cahier d'exercices 4/7

Cet exercice permet de réviser les pronoms personnels.

Réponse

1 les griots, 2 la culture (du Burkina Faso), 3 les activités culturelles, 4 en zones rurales

2 Parlez

Les élèves expliquent avec quel jeune ils sont le plus d'accord.

3 Écrivez

Cette activité est un bon entraînement pour l'épreuve d'expression écrite de l'examen. Avant de commencer la tâche, les élèves doivent choisir un type de texte approprié pour cette tâche ; ils pourraient choisir une lettre informelle, un blog, un article ou la page d'un journal intime. Ils doivent inclure les réponses à chaque question dans leur rédaction et suivre les conventions du type de texte qu'ils ont choisi.

 Voir Fiche d'activité 28

Trouvez dans le message d'Abibata les synonymes des mots suivants.

1 journalière, 2 faits, 3 passées, 4 seulement, 5 loisir, 6 façon, 7 moments, 8 noces, 9 enterrement, 10 important, 11 garder, 12 soutenir

Réponse

1 quotidienne, 2 créés, 3 transmises, 4 uniquement, 5 divertissement, 6 moyen, 7 événements, 8 mariages, 9 funérailles, 10 essentiel, 11 conserver, 12 subventionner

 Voir Fiche d'activité 29

Parmi les phrases **A–L** se rapportant aux messages d'Amadou et de Patrice, trouvez les **six** qui sont vraies.

A Un griot raconte des histoires.

B Les griots sont très respectés.

C Les griots n'existent plus maintenant.

D Au Burkina Faso, il n'y a pas de livres dans les bibliothèques.

E La culture traditionnelle devient de moins en moins importante au Burkina Faso.

F Amadou pense que la culture traditionnelle unit les jeunes.

G Des événements comme le SIAO ou le FESPACO permettent de découvrir d'autres cultures.

H Amadou pense qu'il faut rejeter la modernité.

I Patrice trouve qu'il n'y a pas de culture typiquement burkinabée.

J Le Burkina Faso est composé de 60 petits pays.

K Patrice pense qu'il faudrait financer plus d'activités culturelles.

L Patrice pense que l'éducation est plus importante que les activités culturelles.

Réponse

A, B, F, G, I, L

G. *Les fêtes folkloriques : un lien entre le passé, le présent et l'avenir*

Le fest-noz

1 Compréhension

1 Les élèves identifient la catégorie de texte ainsi que le registre et le style.

2 Ils montrent leur compréhension du texte en reliant chaque question à un paragraphe du texte, puis en répondant aux questions.

Réponse

1 catégorie de texte : médias de masse

registre: impersonnel

style: informatif

2 1 **D**, 2 **A**, 3 **C**, 4 **B**, 5 **F**

Exemple : On reconnaît l'importance de la culture et des valeurs bretonnes.

1 En la modernisant : le fest-noz n'est plus simplement une petite fête dans une cour de ferme mais un grand rassemblement, en extérieur ou en salle, avec des groupes de musiciens parfois très célèbres.

2 Une grande fête de nuit, basée sur les danses traditionnelles, avec chants et musiques instrumentales, pendant laquelle on alterne les danses en couple et les danses collectives.

3 Parce que le passage d'une société rurale et paysanne à une société moderne et industrielle après la guerre de 39–45 a menacé ces manifestations.

4 Des fêtes comme un baptême, un mariage, la fin des récoltes, une fête religieuse, etc.

5 Des avantages pour les artistes bretons qui sont de plus en plus sollicités ainsi que pour l'industrie du tourisme puisque l'on compte désormais près de 1 000 fest-noz chaque année, qui attirent beaucoup de visiteurs.

2 Lisez

Cette activité permet de travailler sur le vocabulaire du texte.

Réponse

1 **C**, 2 **E**, 3 **G**, 4 **F**, 5 **H**, 6 **J**

3 Écrivez et parlez

Après avoir inventé des questions sur le fest-noz, les élèves les utilisent dans un jeu de rôle où l'un joue le rôle d'un journaliste et l'autre celui d'un musicien breton.

4   Écrivez

Cette activité est un bon entraînement à l'épreuve d'expression écrite de l'examen. Rappelez-aux élèves d'utiliser les conventions propres à ce type de texte. Le registre doit être formel et le ton persuasif.

 Voir Fiche d'activité 30

En vous appuyant sur le texte « Le fest-noz », remplissez les blancs dans le résumé suivant avec le mot de la liste qui convient le mieux. Attention : il y a plus de mots que de blancs.

Le fest-noz est une fête [1] qui se célèbre la [2] pendant laquelle les gens [3] et chantent. [4] cette fête [5] dans la cour d'une ferme et elle était [6] par des artistes amateurs. Comme la société [7] menaçait ces manifestations, les jeunes générations des années 50 ont modernisé cette tradition [8] qui est devenue un grand rassemblement où des [9] viennent parfois jouer. L'inscription de fest-noz au patrimoine immatériel de l'humanité a eu un effet très [10] sur l'industrie du tourisme et a rendu [11] les artistes [12].

animée – arrivait – autrefois – bretonne – bretons
– boivent – chaleureux – célébrités – exceptionnels –
culturelle – dansent – française – heureux – inconnus – jour
– maintenant – moderne – négatif – nuit – organisée –
se passait – populaires – positif – traditionnelle

Réponse

1 bretonne, 2 nuit, 3 dansent, 4 autrefois, 5 se passait, 6 animée, 7 moderne, 8 culturelle, 9 célébrités, 10 positif, 11 populaires, 12 bretons

Nateo à Tahiti

5   Compréhension

Cette activité teste la compréhension générale du texte.

Réponse

1 **D**, 2 **B**

6   Lisez et parlez

Après avoir trouvé les informations requises, les élèves les comparent avec le reste de la classe et s'attribuent un point pour chaque information correcte.

Réponse

Nateo : 1 son nom est Temaru, 2 18 ans, 3 habite à Papeete, 4 est en terminale, 5 au lycée Paul Gauguin, 6 aime le surf, la plongée, la danse et le chant, 7 a participé à son premier *Heiva i Tahiti*, 8 a intégré un groupe de danse amateur en septembre, 9 n'a pas gagné le prix du meilleur danseur mais voudrait bien, 10 s'intéresse à son héritage tahitien, en est fier et veut contribuer à le faire vivre et à le faire connaître

Tahiti : 1 en Polynésie, 2 la capitale, c'est Papeete, 3 au XVIIIe siècle, le roi Pomare, 4 devenue colonie française en 1880, 5 en 1985, Tahiti est devenu un territoire autonome

Heiva : 1 festival folklorique le plus connu de Polynésie, 2 célèbre la culture et les traditions tahitiennes, 3 sur la place To'ata de Papeete, la capitale, 4 des groupes de danse amateurs s'entraînent toute l'année pour le concours, 5 quatre types de danses et trois types de costumes, 6 on y gagne des prix, 7 veut dire « divertissement », 8 en 1880, la fête s'appelait le *Tiurai* (de l'anglais *July* qui veut dire « juillet »), 9 en 1985, le *Tuirai* a repris son nom traditionnel en réaction contre la domination culturelle française, 10 a lieu tous les juillets sur la grande place publique de Papeete et attire des milliers de spectateurs

7   Parlez

Cette activité de réflexion est un bon entraînement à l'examen oral et à l'épreuve d'expression écrite.

8   Écrivez

Cette activité est aussi une bonne préparation à l'épreuve d'expression écrite de l'examen. Rappelez-aux élèves d'utiliser les conventions propres à ce type de texte et un registre informel.

Activité supplémentaire :

 Voir Fiche d'activité 31

Dites si les phrases suivantes se rapportant au blog de Nateo sont vraies ou fausses. Justifiez vos réponses avec des mots du texte.

1   Nateo montre un très grand enthousiasme pour *Heiva i Tahiti*. **VRAI** (c'était absolument génial !)

2   Au festival, il y a des activités sportives. **VRAI** (les sports traditionnels aussi, comme les courses de pirogues)

3   To'ata est la capitale de Tahiti. **FAUX** (Papeete)

4   Au concours, le groupe de Nateo a présenté trois danses. **FAUX** (quatre)

5   Une princesse a assisté au spectacle. **FAUX** (Le spectacle… racontait l'arrivée d'une princesse sur l'île de Tahiti)

6   Nateo a gagné le prix du meilleur danseur. **FAUX** (le premier prix du meilleur auteur et du meilleur costume végétal)

7   *Heiva i Tahiti* est un festival nouveau. **FAUX** (Le *Heiva*… a une longue histoire / en 1880, le gouvernement a autorisé les danses traditionnelles)

8   *Heiva i Tahiti* doit son existence aux Français. **VRAI** (le gouvernement a autorisé les danses traditionnelles pour célébrer la fête nationale, le 14 juillet)

9   En 1985, Tahiti est devenu un pays indépendant. **VRAI** (En 1985, Tahiti est devenu un territoire autonome)

10   *Heiva i Tahiti* a toujours lieu en été. **VRAI** (tous les juillets)

11   Les jeunes tahitiens tiennent beaucoup à leur patrimoine culturel. **VRAI** (Ils en sont fiers et ils veulent contribuer à le faire vivre et à le faire connaître)

H. *Écouter et comprendre*

Dans cette section, les élèves apprendront à repérer les synonymes, les antonymes et les paraphrases pour pouvoir répondre à des questions qui utilisent des mots différents de ceux dans l'enregistrement.

1   Les synonymes

1   Les élèves écoutent plusieurs fois l'enregistrement pour repérer les synonymes des mots listés.

🔊 Audio

1   En général, je préfère lire les romans avant de voir leur adaptation au cinéma, mais souvent je suis déçue.

2   Personnellement, j'attends de voir les films à la télévision parce que je trouve que les places de cinéma sont beaucoup trop chères.

3   Mon loisir préféré, c'est participer aux répétitions et aux représentations de la troupe de théâtre amateur de ma ville.

4   En général, les films ont une page Facebook où on peut trouver des informations et laisser un avis sur ce qu'on a aimé ou moins aimé.

5   Je suis d'accord avec les avis qui disent que le film n'est ni bon ni mauvais.

6   Grâce à la Fête de la Musique, qui a lieu tous les 21 juin, les gens qui ne vont pas régulièrement dans les salles de concert découvrent de nouveaux artistes.

Réponse

2 la télévision, 3 une troupe de théâtre amateur, 4 laisser un avis, 5 ni bon ni mauvais, 6 aller régulièrement

2   Les élèves écoutent plusieurs fois l'enregistrement pour repérer les mots qui justifient les phrases listées.

🔊 Audio

Nous sommes en direct du sud-est de la France, de la ville d'Avignon, célèbre dans le monde entier pour son festival de théâtre.

En effet, le festival d'Avignon ouvre ses portes, comme tous les ans, la première semaine de juillet.

Son fondateur, Jean Vilar, l'a créé en 1947, il y a donc plus de 70 ans. À l'origine, c'était uniquement trois créations théâtrales dans trois lieux différents de la ville.

Le festival a énormément évolué depuis ses débuts. C'est désormais, avec celui d'Édimbourg en Écosse, le festival de théâtre le plus important au monde, aussi bien par le nombre de spectacles offerts que par le nombre de spectateurs. Depuis les années 60, on peut aussi assister au festival « off », en parallèle au festival officiel. Le festival « off » offre plus de 1 500 spectacles, dans plus de 130 lieux publics de la ville. Le « off » attire surtout un public jeune par rapport au festival « in », de par ses places moins chères et l'originalité de ses productions.

Réponse

2 ouvre ses portes la première semaine de juillet, 3 à l'origine, c'était uniquement trois créations théâtrales dans trois lieux différents, 4 a énormément évolué depuis ses débuts, 5 attire surtout un public jeune

2   Les antonymes

1   Les élèves écoutent plusieurs fois l'enregistrement pour repérer les antonymes des mots listés.

🔊 Audio

1   J'ai adoré le livre de Delphine de Vigan *No et moi*, parce que l'écriture est simple mais efficace.

2   J'ai particulièrement aimé l'histoire de *No et moi*, parce que je l'ai trouvée originale.

3   Ce livre, *No et moi*, m'a beaucoup ennuyé parce que je n'ai pas trouvé les personnages intéressants.

4   Moi, ce qui m'a plu dans le livre *No et moi*, c'est qu'il est court et qu'il peut se lire vite !

5   Je n'ai pas aimé le personnage de No. Je l'ai trouvé un peu trop déséquilibré et trop caricatural.

6   Personnellement, j'ai trouvé insuffisant le portrait que l'auteur fait du personnage principal, Lou.

Réponse

2 originale, 3 ennuyé(e), 4 vite, 5 déséquilibré, 6 insuffisant

2   Les élèvent écoutent l'enregistrement et notent les expressions qui montrent que les phrases listées ne représentent pas l'opinion de la personne interviewée.

🔊 Audio

1

Reporter Alors, Camille, comment as-tu trouvé le film *No et moi*, par rapport au livre ?

Camille Je ne pense pas que le film soit resté assez fidèle au livre. Trop de scènes importantes ont disparu.

2

Reporter Que penses-tu du personnage de No incarné par l'actrice, Julie-Marie Parmentier ?

Camille Je trouve que l'actrice exagère trop et du coup, le personnage n'est plus très crédible.

3

Reporter Penses-tu que le portrait que la réalisatrice du film fait des SDF soit réaliste ?

Camille Personnellement, j'ai trouvé ce portrait plutôt irréaliste car un peu trop caricatural.

4

Reporter Voudrais-tu recommander ce film à nos auditeurs ?

Camille Eh bien, je ne sais pas. Personnellement, et comme j'avais lu et adoré le livre, j'ai passé un moment plutôt désagréable devant ce film, alors, non.

Réponse

1 Je ne pense pas que, 2 n'est plus très crédible, 3 irréaliste, 4 désagréable

3   Les paraphrases

Les élèvent écoutent l'enregistrement et disent si les phrases listées confirment ou contredisent les phrases enregistrées.

🔊 Audio

1   Nous n'avons pas pu aller au fest-noz hier soir parce que nous nous sommes couchés avant.

2   Le festival de jazz se déroule chaque année à côté du lac de Montreux.

3   Rien n'a changé depuis ces 10 dernières années dans la façon de fêter Noël en France.

4   Le festival des Vieilles Charrues est le rendez-vous d'été le plus sympathique de la région.

5   L'intention des réalisateurs de la Nouvelle Vague était de continuer la grande tradition du cinéma français.

Réponse

1   ✓ a raté = n'avons pas pu aller ; est allés au lit = nous nous sommes couchés

2   ✓ a lieu = se déroule ; tous les ans = chaque année ; en bordure = à côté

3   ✗ ont évolué ≠ Rien n'a changé ; pendant la dernière décennie = depuis ces 10 dernières années ; Les célébrations de Noël = la façon de fêter Noël

4   ✓ la manifestation estivale = le rendez-vous d'été ; la plus conviviale = le plus sympathique

5   ✗ cinéastes = réalisateurs ; voulaient faire = L'intention... était de ; des films novateurs ≠ continuer la grande tradition

I. *À l'écoute : faites vos preuves !*

1   Écoutez

1   Les élèves écoutent l'enregistrement et notent parmi les phrases listées celles qui sont vraies selon le texte enregistré et corrigent ensuite celles qui sont fausses.

2   Les élèves réécoutent l'enregistrement et complètent la transcription avec les mots-clés manquants, puis vérifient leurs réponses.

🔊 Audio

Cette année encore, comme tous les étés depuis l'an 2000, plus de 60 000 festivaliers vivront au rythme des musiques du monde le 3, 4 et 5 août à la presqu'île de Crozon.

Au programme du Festival du Bout du Monde, des chanteurs et musiciens venus de tous les coins d'Europe, d'Amérique et d'Afrique.

L'hébergement sur place en camping est gratuit mais réservé aux festivaliers munis d'un billet.

Également sur place, des dizaines de restaurateurs proposent des plats internationaux.

Les parkings sont gratuits mais venez plutôt en bateau, c'est beaucoup plus écologique.

Ou pourquoi pas à bicyclette ? Une crêpe est offerte à tous les cyclistes à l'arrivée au parking !

Réponse

1   VRAI : **C, E, F, H**

FAUX : **A** (depuis l'an 2000), **B** (plus de 60 000 festivaliers), **D** (le 3, 4 et 5 août), **G** (les parkings sont gratuits)

2   1 étés, 2 2000, 3 60 000, 4 trois, 5 quatre, 6 cinq, 7 août, 8 gratuit, 9 restaurateurs, 10 plats, 11 parkings, 12 crêpe, 13 offerte

2 Écoutez

1 Les élèves écoutent l'enregistrement et cochent la bonne option pour indiquer à qui s'applique chaque phrase.

2 Les élèves lisent la transcription de l'enregistrement pour vérifier leurs réponses. Puis, ils soulignent les synonymes, entourent les antonymes et surlignent les paraphrases.

🔊 Audio

Amadou	Tu as vu *Frontières*, le film d'Apolline Traoré ?
Abibata	Oui, je l'ai vu quand il est sorti au cinéma l'année dernière. Et toi ?
Amadou	Je viens de le voir en DVD. J'ai été passionné par l'histoire pendant tout le film.
Abibata	Ah, moi je l'ai trouvé un peu long et répétitif par moments quand même.
Amadou	Ah bon ? Moi, l'histoire de ces quatre femmes qui voyagent à travers l'Afrique m'a bouleversé. C'est tellement tragique et tellement vrai.
Abitata	Je suis d'accord que le film représente bien la vie des femmes en Afrique.
Amadou	Et les quatre actrices crèvent l'écran, elles interprètent leur rôle à merveille.
Abitata	Elles jouent toutes effectivement très bien, elles ont beaucoup de talent. Par contre, je ne trouve pas que les dialogues soient toujours très naturels. On dirait que la réalisatrice fait un documentaire plutôt qu'un film de fiction. On voit qu'elle a fait beaucoup de recherches pour faire son film.
Amadou	C'est vrai que par moments, les conversations sont un peu artificielles et elles sonnent un peu faux.
Abibata	Ça n'empêche pas que le film soit bien. Ce qui m'a plu le plus, c'est que c'est un mélange de comédie et de tragédie.
Amadou	Moi, je l'ai trouvé plutôt sombre et dramatique, pas vraiment amusant. En tout cas, je suis content qu'il ait été récompensé aux festivals de film, ici en Afrique mais aussi en Europe ; à Amsterdam par exemple.
Abibata	Personnellement, je ne pensais pas qu'il allait recevoir de prix. Il est bien, c'est vrai, mais depuis j'ai vu des films encore meilleurs.

Réponse

1 Abibata, 2 Amadou, 3 Abibata, 4 Amadou et Abibata, 5 Amadou et Abibata, 6 Amadou et Abibata, 7 Abibata, 8 Amadou

3 🔊 Écoutez

1 Les élèves écoutent l'enregistrement et choisissent la bonne option pour terminer chaque phrase listée.

2 Les élèves lisent la transcription de l'enregistrement pour vérifier leurs réponses.

🔊 Audio

En Nouvelle-Calédonie, la population est constituée de Kanak, le peuple mélanésien, et de Caldoches, qui sont d'origine européenne, venus de France et restés sur l'île depuis quatre ou cinq générations.

Chez les Kanaks, les traditions et les règles qui organisent la vie sociale sont très vivantes et très respectées par tous. On appelle cela « la coutume ». Jeunes et anciens, tous font « la coutume ». On la fait pour toutes les occasions importantes de la vie : une naissance, un mariage, une mort, mais aussi la venue d'amis ou de visiteurs dans la tribu.

Pour bien connaître la Nouvelle-Calédonie, je vous conseillerais d'aller à la rencontre du peuple Kanak. Vous pouvez être hébergés en tribu. Mais si vous voulez passer une nuit en tribu Kanak, n'oubliez pas de « faire la coutume ». Pour cela, il faut demander à parler au chef de tribu et lui donner un petit cadeau symbolique préparé à l'avance (un bout de tissu, un paquet de cigarettes ou un paquet de riz et un billet de banque par exemple). C'est un signe de respect et d'humilité. Il faut expliquer en quelques mots la raison de votre visite. Alors, le chef dira quelques mots pour vous accueillir et vous serez désormais les bienvenus.

Cette tradition a une grande valeur dans la société Kanak ; elle fait partie de la vie de tous les jours et de tout le monde. En tant que touristes, vous ne devez pas l'ignorer. Si vous ne respectez pas les règles, vous ne serez pas les bienvenus et on vous demandera de partir immédiatement.

Réponse

1 **B**, 2 **C**, 3 **B**, 4 **A**

Révisions

L'art, c'est quoi ?

1 Parlez

Cette activité est une bonne préparation aux deux premières parties de l'examen oral.

Dans ce tableau, Renoir dépeint les joies de la bohème bourgeoise parisienne. Le thème du tableau « Le déjeuner des canotiers » est tiré de la vie ordinaire et des festivités de la vie bourgeoise parisienne. La scène a lieu à l'auberge d'Alphonse Fournaise qui se trouve sur les bords de la Seine. Des jeunes gens accompagnés de leurs amies rentrent d'une promenade en barque et se retrouvent pour un déjeuner. Le peintre nous fait revivre les week-ends insouciants des canotiers, toujours prêts à faire la fête après une promenade sur la Seine.

2   Recherchez et écrivez

Après avoir fait des recherches sur une manifestation culturelle francophone de leur choix, les élèves rédigent le texte d'une brochure pour promouvoir cet événement. Rappelez aux élèves qu'une brochure doit avoir un titre et des intertitres. Pour lui donner une allure professionnelle, ils peuvent la rédiger au traitement de texte et y inclure des photos.

Avant de commencer la tâche, les élèves doivent répondre aux questions.

Réponse

destinataire : des jeunes

registre : formel

style : informatif

ton : persuasif

phrases courtes à l'impératif

Pour aller plus loin, ils peuvent ensuite comparer cette manifestation culturelle à une manifestation culturelle dans leur pays.

3   Imaginez

Dans cette activité, les élèves peuvent donner libre cours à leur créativité et choisir le format de leur tâche écrite.

Point de réflexion

Les élèves engagent une discussion sur la question :

« Les arts sont-ils le reflet d'une société et d'une époque ? »

Encouragez-les à considérer les points suivants : Y a-t-il des modes artistiques ? Pourquoi certaines œuvres anciennes restent-elles actuelles ? Doit-on faire évoluer les arts et les traditions ?

Un autre sujet de discussion possible :

« Au lycée, faut-il privilégier les arts ou le sport ? »

Cahier d'exercices 4/8

Rappel grammaire

Les exercices supplémentaires permettent aux élèves de consolider les points de grammaire couverts dans ce chapitre.

Les adjectifs indéfinis

1   Les élèves complètent la grille et traduisent dans la langue d'instruction du lycée.

Réponse

Signification	Adjectif
quantité : 0 %	aucun(e)
quantité : x %	certain(e)s, plusieurs, quelques, différent(e)s
quantité : 100 %	chaque, n'importe quel(s) / quelle(s), tout / toute / tous / toutes
identique : =	même(s)
différent : ≠	autre(s)

2   Les élèves remplacent chaque blanc par la forme correcte de l'adjectif indéfini.

Réponse

1 Tout / Chaque / N'importe quel, **2** aucun, **3** certains, **4** chaque, différents / plusieurs, **5** Quelques / Certains, **6** mêmes, **7** d'autres

Le complément d'objet direct (COD) et indirect (COI)

3   Les élèves révisent l'ordre des pronoms personnels dans la phrase, puis complètent le tableau.

Réponse

Sujet		Réflexif	Complément					
je		me						
tu		te						
il / elle / on	ne	se	le la les	lui leur	y	en	verbe	pas
nous		nous						
vous		vous						
ils / elles		se						

4   Les élèves répondent aux questions en remplaçant les noms soulignés par des pronoms.

Réponse

1   J'y en vois / Je n'y en vois pas souvent.

2   Ils (ne) nous en lisaient (pas) assez.

3   J'en lis / Je n'en lis pas beaucoup avant d'aller le voir.

4   Je (ne) les ai (pas) consultés avant de l'acheter.

5   Je (ne) les y trouve (pas) intéressantes.

6   J'y en écris / Je n'y en écris pas.

5 Au travail

Thème et sujets	Organisation sociale
	Lieu de travail
	Problèmes sociaux
Aspects couverts	Les professions, les métiers
	Les carrières, les débouchés
	Les conditions de travail
	Les stages
	Les qualifications, les diplômes
	Le chômage
Grammaire	Les temps des verbes (rappel)
	Les expressions avec *avoir* (rappel)
	Les connecteurs logiques pour exprimer la conséquence
Textes	**Réceptifs**
	Petites annonces, forum Internet, guide, journal intime, lettre formelle, CV, entretien, conversation, articles de presse
	Productifs
	Liste, message sur forum Internet, conseils pour un guide, journal intime, rapport, CV, lettre formelle / à un magazine, e-mail à un(e) ami(e), article pour site web, tweets
Coin IB	**Théorie de la connaissance**
	• Pourquoi les jeunes sont-ils particulièrement touchés par le chômage ?
	• Pour les étudiants, le travail est-il compatible avec les études ?
	• Les stages en entreprise : utiles ou une perte de temps ?
	• L'emploi idéal, l'employé idéal et l'employeur idéal existent-ils ?
	• Est-ce qu'une réduction du temps de travail entraîne automatiquement une réduction du chômage ?
	Créativité, action, service (CAS)
	• Faites des recherches et organisez un tableau d'affichage avec des annonces de jobs d'été dans un pays francophone.
	• Aidez quelqu'un à se préparer à un entretien, ou à écrire un CV ou une lettre de candidature.
	Point de réflexion
	• Quels sont les opportunités et les défis apportés par la technologie dans le milieu de travail au XXIᵉ siècle ?
	Examen oral individuel
	• Décrire des photos représentant des métiers
	• Présenter une image
	• Discussion sur un stage en entreprise, sur des projets d'avenir
	• Interviewer une personne pour un emploi
	Épreuve d'expression écrite
	• Écrire un CV, une lettre de candidature, une page d'un journal intime pour raconter une journée de stage, un e-mail à un(e) ami(e), sur ce qu'on aimerait faire plus tard

Ce chapitre a trait au thème *Organisation sociale*. Il couvre le vocabulaire se rapportant au lieu de travail et aux problèmes sociaux, ainsi que la révision des points grammaticaux suivants : les temps des verbes, les mots connecteurs et les locutions verbales.

Dans ce chapitre, les élèves pourront lire différents types de texte : petites annonces, messages sur un forum Internet, guide, journal intime, lettre formelle, curriculum vitae, entretien, conversation, articles de presse ; ils pourront aussi s'entraîner aux différentes tâches de l'examen écrit et oral.

Ils feront des recherches sur différents métiers et sur les conditions de travail dans leur pays et les compareront à ceux d'un pays francophone. Ils pourront aussi exprimer leurs opinions sur les différents métiers, sur les stages en entreprise, sur la compatibilité d'un travail avec des études, sur le chômage, et sur les débouchés pour les jeunes.

1 Mise en route

Les élèves choisissent la bonne légende pour l'image et justifient leur choix.

Réponse

B parce que la femme essaie de faire beaucoup de choses en même temps et a l'air stressé. Les autres légendes se réfèrent plutôt aux gens qui ne sont pas en train de travailler.

2 Parlez

Les élèves répondent aux questions à deux, puis partagent leurs réponses avec le reste de la classe.

Réponse possible

1 Elle est dans un bureau / assise à son bureau / derrière une table.

2 Elle répond au téléphone de bureau et regarde en même temps des papiers / des documents / un agenda.

3 Sur le bureau, il y a un téléphone de bureau et un téléphone portable, des documents / papiers, un agenda, et un petit pot avec des stylos et des crayons. Derrière la femme, il y a une chaise confortable, une plante verte et trois petites tables. On voit trois fenêtres avec des stores.

4 réponse libre (par exemple : secrétaire, professeur, employée de bureau, chef de bureau, directrice, réceptionniste…)

Vous pouvez ensuite leur poser d'autres questions ou leur demander d'inventer d'autres questions qu'ils posent à un(e) camarade. Par exemple : *Faites une description de la femme. C'est quel moment de la journée ? Que va faire la femme après le travail ? Comment est-elle venue au travail ? À quelle heure a-t-elle commencé son travail ? À quelle heure finira-t-elle son travail ? Qu'est-ce qu'elle a fait avant de venir au travail ? Est-ce qu'elle aime son travail ? Est-ce qu'il faut avoir le bac pour faire ce genre de travail ?*

Pour aller plus loin, les élèves peuvent aussi imaginer la conversation au téléphone et expliquer pourquoi la personne a l'air stressé.

Après la discussion, vous pouvez aussi demander aux élèves d'écrire une description de l'image en un temps limité. Ils peuvent ensuite la lire à un groupe d'élèves qui choisit la meilleure ; la meilleure présentation dans chaque groupe peut être lue au reste de la classe.

3 Recherchez

Cette activité de recherche, qui peut aussi être donnée pour les devoirs, permet aux élèves d'élargir leur vocabulaire. Dites-leur de noter la forme masculine et féminine de chaque nom. Ils peuvent ensuite partager leur liste avec le reste de la classe puis, pour s'amuser un peu, faire deviner à la classe le nom d'un métier en le mimant.

Autres activités possibles :

Les élèves peuvent jouer au jeu du loto en remplaçant les nombres par des noms de métier. Vous pouvez aussi leur donner une liste de personnes célèbres et une liste de noms de métiers et leur demander de faire correspondre les deux ou de jouer au jeu suivant : après avoir écrit sur des petites cartes des noms de personnes célèbres et des noms de métier (un nom par carte), ils retournent toutes les cartes sur la table et, à tour de rôle, chaque élève retourne deux cartes ; si la personne célèbre et le nom de métier correspondent, l'élève garde les cartes ; s'ils ne correspondent pas, il les remet à leur place, faces cachées. Le gagnant est l'élève avec le plus de cartes à la fin de la partie.

Ils peuvent également jouer au jeu des répétitions : l'élève A commence une phrase ; l'élève B la répète et ajoute d'autres mots ; l'élève C répète ce que les élèves A et B ont dit et ajoute encore d'autres mots, et ainsi de suite. Par exemple, l'élève A dit : *Mon copain veut devenir médecin.* L'élève B continue : *Mon copain veut devenir médecin ou dentiste.* L'élève C poursuit : *Mon copain veut devenir médecin, dentiste ou acteur,* etc.

Expliquez aux élèves que lorsque le nom de métier est utilisé seul, aucun article ne l'accompagne : *il est médecin, elle veut devenir chanteuse.* Mais si le nom de métier est accompagné d'un adjectif, il est aussi accompagné d'un article : *M. Durant est un bon médecin, Victor Hugo est un grand écrivain français.*

A. *Avoir un petit boulot et un job d'été, est-ce une bonne idée ?*

Les jobs d'été

1 Mise en route

Les élèves lisent le texte « Les jobs d'été », puis identifient le type de texte, le but et le destinataire et justifient leurs réponses.

Réponse

type de texte : des petites annonces (nom de l'emploi / information sur le travail, horaires, etc.)

but : offrir des emplois

destinataire : des gens qui cherchent un emploi temporaire, en été – sans doute des étudiants

Expliquez que le SMIC, mentionné dans la dernière petite annonce (**s**alaire **m**inimum **i**nterprofessionnel de **c**roissance) représente la rémunération légale minimum que les travailleurs de plus de 18 ans doivent recevoir. Le gouvernement fixe chaque année le montant de cette rémunération qui varie en fonction du coût de la vie et de l'augmentation des salaires. Vous pouvez demander aux élèves de rechercher sur Internet le montant de cette rémunération en France et de la comparer à celle dans leur pays.

2 Lisez

Cette activité teste une compréhension plus approfondie des textes.

Réponse

B (juillet, août, septembre), **E** (expérience exigée)

3 Écrivez et parlez

Activité à deux : les élèves écrivent des phrases sur les textes et les lisent ensuite à leur camarade qui doit identifier si elles sont vraies ou fausses.

Cahier d'exercices 5/1

Avant de faire cet exercice, il est conseillé de réviser les adjectifs utilisés pour décrire la personnalité ou les qualités de quelqu'un (voir livre 1 chapitre 2). Vous pouvez aussi demander aux élèves de décrire la personne idéale pour chacun des postes dans les petites annonces (par exemple : *l'animateur idéal serait patient, sportif, plein de bonne volonté* ; de dire quel job d'été ils choisiraient et pourquoi (par exemple : *c'est bien payé, les journées sont courtes*) et d'indiquer les compétences qu'ils possèdent pour faire ce travail (par exemple : *je peux faire le job de guide parce que je parle bien anglais et français*).

Réponse possible

1   Pour être animateur / animatrice dans un club de plage pour enfants, il faut être enthousiaste et dynamique, et aimer les enfants.

2   Un journaliste doit être bien organisé et curieux et aimer le contact avec le public.

3   Si vous voulez être moniteur de ski, vous devez être sportif et responsable, et aimer le travail en plein air.

4   Pour être assistant chez un vétérinaire, il faut être sérieux et motivé et aimer les animaux.

....

Activité supplémentaire :

📄 *Voir Fiche d'activité 32*

En vous basant sur le texte « Les jobs d'été », dites si les phrases suivantes sont vraies ou fausses. Justifiez vos réponses en utilisant des mots pris du texte.

1   Les serveurs rentrent chez eux pour manger et dormir. **FAUX** (nourri-logé)

2   Les serveurs devront travailler dans un hôtel. **FAUX** (un camping)

3   Il n'est pas nécessaire d'avoir de l'expérience pour postuler pour le poste d'animateur. **FAUX** (expérience avec les enfants)

4   On peut travailler comme animateur pendant deux mois complets. **FAUX** (16 juillet–28 août)

5   Les animateurs travaillent au bord de la mer. **VRAI** (dans nos clubs de plage)

6   Les agents de nettoyage travaillent seulement en semaine. **VRAI** (du lundi au vendredi)

7   Les agents de nettoyage travaillent trois heures par jour. **VRAI** (de 5h30 à 8h30)

8   Les agents de nettoyage doivent nettoyer les toilettes. **VRAI** (nettoyer... les sanitaires)

9   Pour être guide, il faut parler deux langues. **VRAI** (qui parlent français et anglais)

10 Les guides devront aussi conduire un bus. **FAUX** (devront escorter des groupes de visiteurs dans un bus)

4 Lisez

1   Les questions dans cet exercice demandent une compréhension plus approfondie des messages sur un réseau social.

Réponse

1 Ali, 2 les clients au restaurant, 3 la récolte du tabac, récolter du maïs, 4 parce qu'elle n'arrivait plus à étudier.

2   Les élèves notent les avantages et les inconvénients des emplois mentionnés dans les messages du réseau social.

Réponse

Serveur / Serveuse Avantages : clients sympa, pourboires. Inconvénients : heures longues, travail fatigant, salaire pas très élevé.

Récolteur / Récolteuse de tabac Avantages : travail en plein air, avec les copains. Inconvénients : ultra physique et fatigant, mal payé, heures longues, travail répétitif.

Stagiaire dans un office de tourisme Avantage : prépare au monde du travail. Inconvénient : doit faire les tâches les plus ennuyeuses.

....

Vous pouvez aussi leur poser des questions orales, par exemple :

1   Pourquoi Ali veut-elle travailler ? (Pour gagner un peu d'argent.)

2   Quand et où est-ce que Marion travaille ? (le samedi dans un restaurant)

3   Qu'est-ce que Marion reçoit en plus de son salaire ? (des pourboires)

4   Quel travail Marion faisait-elle avant ? (Elle faisait du baby-sitting.)

5   Où a travaillé Nico ? (En Suisse, dans des champs de tabac)

6   À quoi Nico compare-t-il son boulot et pourquoi ? (à un boulot d'usine parce qu'il est répétitif)

7   Pourquoi Nico ira-t-il en France l'année prochaine ? (pour récolter du maïs, parce que c'est mieux payé)

8   Où est-ce que Chloé travaillait avant ? (dans un supermarché)

9   Où va-t-elle travailler cet été ? (dans un office du tourisme)

10 Qu'est-ce que Chloé voudrait faire plus tard ? (devenir interprète)

Voir Fiche d'activité 33

Activité sur le message de Marion

Dans le message de Marion figurent les adjectifs suivants :

A bon, **B** long, **C** fatigant, **D** sympa, **E** élevé, **F** ennuyeux

Faites correspondre chacun de ces adjectifs à un adjectif de la liste ci-dessous qui a un sens opposé.

1 reposant, 2 intéressant, 3 mauvais, 4 désagréable, 5 court, 6 bas

Réponse

1 **C**, 2 **F**, 3 **A**, 4 **D**, 5 **B**, 6 **E**

 Voir Fiche d'activité 34

Activité sur le message de Nico

Remplissez le tableau suivant. Basez vos réponses sur le message de Nico.

Dans l'expression...	le mot...	se rapporte à...
1 j'ai travaillé dans les champs <u>où</u> j'ai cueilli...	« où »	
2 je <u>les</u> ai posées...	« les »	
3 C'était un travail ultra physique et <u>fatigant</u>.	« fatigant »	
4 les heures étaient <u>longues</u>...	« longues »	
5 On dit que <u>ça</u>...	« ça »	

Réponse

1 champs, 2 feuilles, 3 travail, 4 heures, 5 récolter du maïs

 Voir Fiche d'activité 35

Parmi les affirmations A–F, choisissez les **trois** qui sont correctes selon le message de Chloé.

A Chloé travaille dans un supermarché.

B Chloé a quitté son emploi au supermarché pour étudier.

C Chloé va travailler dans un supermarché cet été.

D Après ses études, Chloé veut travailler dans un office de tourisme.

E Chloé a l'intention d'aller à l'université.

F Chloé ne pense pas que son travail à l'office de tourisme sera intéressant.

Réponse

B, E, F

Rappel grammaire

Les temps des verbes

Cette section permet de réviser les temps que les élèves ont appris jusqu'ici : le présent, le passé composé, l'imparfait, le plus-que-parfait, le futur proche, le futur simple et le conditionnel présent.

Demandez aux élèves de répertorier tous les verbes des messages et de dire à quel temps ils sont conjugués. Vous pouvez ensuite leur demander de recopier tous les verbes en indiquant à quel temps ils sont conjugués ainsi que l'infinitif de chaque verbe, puis si c'est un verbe régulier ou irrégulier. Par exemple :

verbe dans le texte	temps	infinitif	régulier / irrégulier
vous faites	présent	faire	irrégulier
sont	présent	être	irrégulier
j'ai	présent	avoir	irrégulier
j'ai travaillé	passé composé	travailler	régulier

Cahier d'exercices 5/2

Cet exercice donne aux élèves la possibilité de réviser leur connaissance des temps et de s'entraîner à bien les utiliser.

Réponse

Daniel, Martinique : Moi, <u>je travaille</u> tous les samedis dans un petit café. <u>Je suis</u> serveur et <u>je fais</u> aussi la vaisselle de temps en temps. L'année dernière, <u>j'ai fait</u> un stage dans l'office de tourisme. Ce n'était pas un boulot payé, mais <u>c'était</u> assez intéressant. L'année prochaine, <u>je vais chercher</u> un emploi à l'étranger.

Claire, Monaco : Je <u>vais travailler</u> pendant l'été prochain avant d'aller à l'université. Je <u>vais faire</u> un stage dans un hôpital parce que ça me <u>préparera</u> à un emploi dans la médecine. <u>J'ai décidé</u> il y a longtemps que <u>c'est</u> ce que <u>je veux</u> faire. J'ai déjà l'expérience du monde du travail parce que l'année dernière, <u>j'ai travaillé</u> dans un salon de coiffure. <u>C'était</u> un boulot vraiment fatigant !

5 Écrivez

Les élèves mettent en pratique le vocabulaire qu'ils viennent d'apprendre en écrivant une réponse à Ali. Encouragez-les à utiliser une variété de temps et rappelez-leur d'utiliser les conventions d'un message sur réseau social.

Est-il possible de concilier les études et un petit boulot ?

6   Lisez

Les activités dans cette section sont un bon entraînement à l'épreuve de compréhension de l'examen.

Réponse

1   Non. Lucas dit : j'ai vite remarqué que je n'avais plus assez de temps pour mes devoirs. Au lycée, mes notes ont baissé. J'étais tout le temps épuisé. Certains jours, je n'arrivais même pas à me lever pour aller en cours le matin, à cause de la fatigue. Léa dit : Je n'ai pas le temps de faire un petit boulot tout au long de l'année.

2   boulots – jobs, fatigué – épuisé, heureux – content, indépendance – autonomie, obligatoire – exigé, obtient – acquiert, participer – contribuer

7   Écrivez

Cette activité à deux permet d'approfondir la compréhension du texte et aussi de s'entraîner à participer à une conversation en langue française en posant des questions et en y répondant.

Comme pour l'activité de grammaire ci-dessus, les élèves peuvent noter tous les verbes conjugués dans le texte et indiquer le temps de ces verbes, donner leur forme à l'infinitif et mentionner si ce sont des verbes réguliers ou irréguliers.

Autres activités possibles :

 Voir Fiche d'activité 36

En vous basant sur le texte « Est-il possible de concilier les études et un petit boulot ? », remplissez les blancs dans le résumé ci-dessous. Utilisez les mots exacts des deux premiers paragraphes du texte.

50 % des [1] font des études et travaillent [2]. Dans certains cas, les étudiants n'ont pas le choix car ils doivent aider leur [3] financièrement. Mais c'est difficile pour eux de poursuivre des [4] et de travailler. Lucas travaillait dans un restaurant qui vendait des [5]. Il finissait son travail à [6]. Il était plus indépendant mais il n'avait pas assez de temps pour faire ses [7]. Il était toujours [8] et il n'avait pas de bonnes [9] au [10].

Réponse

1 étudiants, 2 en même temps, 3 famille, 4 études, 5 pizzas, 6 minuit, 7 devoirs, 8 épuisé, 9 notes, 10 lycée

 Voir Fiche d'activité 37

Relisez le texte « Est-il possible de concilier les études et un petit boulot ? ». Répondez aux questions suivantes sur le troisième paragraphe du texte.

1   Donnez quatre avantages d'avoir un petit boulot. (On gagne de l'argent, une expérience du monde du travail, on obtient de nouvelles compétences et une certaine indépendance.)

2   Nommez trois choses que les étudiants peuvent difficilement faire s'ils étudient et travaillent en même temps. (Avoir une vie sociale, se reposer et rester en bonne santé.)

 Voir Fiche d'activité 38

Relisez le texte « Est-il possible de concilier les études et un petit boulot ? ». Parmi les affirmations A–F, choisissez les **trois** qui sont correctes selon le message de Léa dans le dernier paragraphe du texte.

A   Léa croit qu'il n'y a pas de solution au problème.

B   Léa a résolu le problème.

C   Pendant l'année scolaire, Léa préfère étudier que travailler.

D   Léa aimerait pouvoir travailler toute l'année.

E   Pendant les vacances scolaires, Léa va gagner un peu d'argent.

F   Le week-end, Léa travaille dans un centre commercial.

Réponse

B, C, E

8   Parlez

Cette discussion en classe permet aux élèves d'utiliser le vocabulaire qu'ils viennent d'apprendre et d'exprimer leur opinion sur le sujet étudié. Ils peuvent approfondir leur réflexion en continuant la conversation dans la langue d'instruction du lycée.

B. *Un stage en entreprise, ça se prépare*

Lycéens, préparez votre stage en entreprise

1   Mise en route

Cette activité permet de tester la compréhension conceptuelle des textes et de noter le vocabulaire nouveau. Faites remarquer aux élèves qu'il n'y a pas de verbes dans le paragraphe 4 car ils sont l'objet de l'activité 3.

Réponse

1 **B**, 2 **D**, 3 **E**

2   Lisez

Cette activité teste la compréhension du vocabulaire.

Réponse

1 **G**, 2 **D**, 3 **A**

3   Écrivez

Cette activité demande une compréhension plus approfondie du paragraphe 4 du guide.

Réponse

[1] <u>Arrivez</u> dix minutes en avance et [2] <u>fermez</u> votre portable. [3] <u>N'apportez</u> ni votre baladeur, ni chewing-gums, bonbons, etc. [4] <u>Ne jouez pas</u> nerveusement avec un objet, par exemple, votre stylo, [5] <u>montrez-vous</u> attentif et [6] <u>posez</u> des questions sur votre stage et sur l'entreprise en général.

4   Parlez

Avant que les élèves ne commencent leur discussion sur les conseils 1–4 du document 1, vous pouvez leur poser des questions pour vous assurer qu'ils ont bien compris le texte et qu'ils peuvent utiliser le vocabulaire nouveau. Par exemple :

1   Qui peut vous aider à trouver une entreprise ? (des personnes qu'on connaît, le Centre d'Information et d'Orientation, la Chambre du Commerce et de l'Industrie…)

2   Où peut-on chercher pour trouver une entreprise ? (dans la presse locale et l'annuaire téléphonique, sur Internet)

3   Quelles sortes d'informations trouve-t-on dans un annuaire téléphonique ? (le nom, le numéro de téléphone et l'adresse des entreprises)

4   Qu'est-ce qui est conseillé d'avoir sous la main avant de téléphoner à l'entreprise ? (tous les renseignements nécessaires, du papier et un stylo)

5   Qu'est-ce qu'il faut faire après le coup de téléphone ? (rédiger une lettre de candidature)

6   Une lettre de candidature, qu'est-ce que c'est ? (c'est une lettre à un employeur dans laquelle on se présente et on pose sa candidature pour un poste)

7   Qu'est-ce qu'il est important de savoir avant l'entretien ? (l'adresse de l'entreprise, les détails des transports pour aller à l'entretien, la date, l'heure et le lieu précis du rendez-vous, le nom et la fonction de la personne qu'on va rencontrer et le service où elle travaille)

8   Comment faut-il s'habiller ? (il faut faire bonne impression, donc porter des vêtements adaptés et pas trop de parfum)

Les élèves ajoutent ensuite d'autres conseils.

5   Écrivez

Cette activité écrite permet aux élèves de consolider les structures et le vocabulaire qu'ils viennent d'apprendre. S'ils ont déjà travaillé ou fait un stage en entreprise, ils peuvent se baser sur leur propre expérience ; sinon dites-leur d'imaginer. Rappelez-leur d'utiliser un registre soutenu.

6   Lisez

1   Les élèves montrent qu'ils ont compris le texte du journal intime, en identifiant l'opinion de Jade et en justifiant leur choix.

Réponse

Opinion négative. j'ai déjà mal à la gorge ! / il faut beaucoup de patience parce que souvent personne ne répond à mes appels / d'habitude, on me raccroche au nez / j'ai besoin de lire ce qui est sur ma petite carte, on ne peut pas dire n'importe quoi ! / Quand finalement je trouve quelqu'un qui a le temps de m'écouter, c'est quasiment certain qu'il n'aura pas envie d'acheter ce que je lui propose. / On a droit à une pause de cinq minutes toutes les heures. Je peux te dire que j'en ai toujours besoin ! / C'était un métier difficile. / J'ai trouvé les journées très longues / j'ai dû faire face à l'agressivité et l'intimidation de certains clients. / Il faut avoir une bonne résistance au stress ! Heureusement que je ne faisais qu'un stage d'une semaine. / je ne ferai pas ce métier plus tard !

2   Cette activité demande une compréhension plus approfondie du texte.

Réponse

1   **FAUX** (on m'a offert un stage de télévendeuse dans une grande entreprise de télévision par câble)

2   **FAUX** (je dois être au bureau à 8h30 / à 8h30, j'étais assise à mon poste, prête à commencer)

3   **VRAI** (Je travaille dans une grande salle sans cloisons. Nous sommes une trentaine de vendeurs dans la même salle)

4   **VRAI** (dès que je commence à lire ce que l'entreprise me demande de dire aux clients (eh oui, j'ai besoin de lire ce qui est sur ma petite carte. On ne peut pas dire n'importe quoi !)

5   **FAUX** (d'habitude, on me raccroche au nez / j'ai dû faire face à l'agressivité et l'intimidation de certains clients)

6   **FAUX** (Si j'ai appris une chose, c'est que je ne ferai pas ce métier plus tard !)

3   Avant de faire faire l'exercice aux élèves, demandez-leur de nommer les locutions avec *avoir* qu'ils connaissent déjà (*avoir faim / soif / chaud / froid*…). Ensuite, demandez-leur de trouver le sens de celles qui sont dans l'encadré *Rappel grammaire*.

Réponse

J'avais l'impression ; j'ai eu de la chance ; j'ai déjà mal à la gorge ; j'ai besoin de ; quelqu'un qui a le temps ; il n'aura pas envie ; On a droit à ; j'en ai toujours besoin ; avoir une bonne résistance

Cahier d'exercices 5/3

Cet exercice permet aux élèves de s'entraîner à utiliser les locutions avec *avoir*.

Réponse

1   1 J'ai le droit de, 2 Tu as envie d', 3 n'ont pas de patience, 4 J'ai l'impression, 5 Vous avez besoin de, 6 Vous avez la possibilité de

2   Réponse personnelle

....

Activités supplémentaires sur le journal de Jade :

 Voir Fiche d'activité 39

En vous appuyant sur le journal de Jade, choisissez l'option la plus appropriée pour compléter chaque phrase.

1   La semaine dernière, Jade :

   A a trouvé un stage facilement

   B n'a pas trouvé de stage

   C a dû passer un examen

   D n'a pas été reçue au test

2   Chaque matin, Jade commence le travail à :

   A 6h45

   B 8h00

   C 8h20

   D 8h30

3   Jade travaille comme :

   A vendeuse dans un grand magasin

   B présentatrice à la télévision

   C vendeuse au téléphone

   D serveuse dans une entreprise

4   Les clients de Jade :

   A sont toujours sympathiques

   B ne sont généralement pas intéressés

   C achètent tout ce qu'elle vend

   D ne sont jamais polis

5   Au bout d'une semaine, Jade :

   A a trouvé son stage très intéressant

   B a commencé à s'ennuyer

   C a regretté de ne pouvoir travailler qu'une semaine

   D a changé d'avis sur le métier qu'elle aimerait faire

Réponse

1 **C**, 2 **D**, 3 **C**, 4 **B**, 5 **D**

 Voir Fiche d'activité 40

Trouvez dans le journal de Jade les mots qui ont le même sens que les expressions suivantes.

1   diplômes

2   examen

3   sept jours

4   débuter

5   marchandises

6   généralement

7   enfin

8   presque

9   arrêt

10   fini

11   changé

12   à l'avenir

Réponse

1 qualifications, 2 test, 3 semaine, 4 commencer, 5 produits, 6 d'habitude, 7 finalement, 8 quasiment, 9 pause, 10 terminé, 11 modifié, 12 plus tard

....

 Voir Fiche d'activité 41

Trouvez dans le journal de Jade les mots qui ont le sens contraire des mots suivants.

1   avant

2   grand

3   debout

4   impatience

5   rarement

6   facile

7   courtes

8   mauvaise

Réponse

1 après, 2 petit, 3 assise, 4 patience, 5 souvent, 6 difficile, 7 longues, 8 bonne

7   Parlez

Activité à deux : l'élève A prend le rôle de Jade et l'élève B lui pose des questions sur son stage. Ils inversent ensuite les rôles.

8   Écrivez

Cette activité est un bon entraînement à l'épreuve d'expression écrite de l'examen. Rappelez aux élèves qu'ils doivent mentionner la date, commencer par une expression telle que *Cher journal* et écrire à la première personne du singulier. S'ils n'ont jamais fait de stage, dites-leur d'inventer.

9 Lisez

Avant de répondre aux questions, les élèves peuvent relever tous les éléments qu'on retrouve dans une lettre formelle, par exemple : adresses du destinataire et de l'expéditeur, salutation et formule d'adieu formelles, vouvoiement, conditionnel.

Réponse

1 Vitry-sur-Seine, 2 Paris, 3 Objet, 4 cinq jours, 5 à l'avenir

10 Écrivez

Pour mettre en pratique le vocabulaire de la section B, ainsi que les conventions dans l'encadré, les élèves écrivent un court rapport de stage.

C. *Posez votre candidature*

1 Lisez

Après la lecture du CV de Babacar, demandez aux élèves de relever les éléments qui caractérisent un CV. Par exemple : des sous-titres en caractères gras, des listes, des phrases brèves sans verbe…

Les élèves complètent ensuite les phrases pour montrer qu'ils ont bien compris les informations dans le CV de Babacar.

Réponse

1 célibataire, 2 le 20 juillet, 3 Baccalauréat Sciences et Technologies de la Gestion, 4 anglais et espagnol, 5 répondu au courrier et au téléphone, classé des documents et aidé au développement d'une application pour la facturation, 6 de la science-fiction, 7 du rap et du r'n'b, 8 au basket

2 Parlez

1 Activité à deux : l'élève A pose une question basée sur le CV, et l'élève B répond sans dire oui ou non. Pour rendre cette activité un peu plus difficile, elle peut se faire à livre fermé.

2 Le but de cette activité est de faire parler les élèves. Ils peuvent donc choisir l'emploi qu'ils veulent ; l'important, c'est qu'ils justifient bien leur choix.

📖 Cahier d'exercices 5/4

En s'aidant du CV de Babacar, les élèves écrivent leur propre CV.

Ils peuvent ensuite faire des recherches pour voir si la façon de rédiger des CV dans leur pays est la même qu'en France et engager ensuite une discussion de groupe sur les renseignements qu'un CV doit ou ne doit pas contenir, par exemple : faut-il indiquer son sexe, son ethnicité, sa religion, son âge ?

Activité supplémentaire :

 Voir Fiche d'activité 42

Parmi les affirmations **A–L**, choisissez les **six** qui sont correctes selon le CV de Babacar.

A   Babacar n'a jamais eu d'emploi.

B   Babacar aime la musique rythmée.

C   Babacar n'est pas français.

D   Babacar est bachelier.

E   Babacar habite en France.

F   Babacar parle très bien espagnol.

G   Babacar a des compétences en informatique.

H   Babacar aime la musique classique.

I   Babacar est nul en informatique.

J   Babacar n'a pas fait d'études secondaires.

K   Babacar a déjà travaillé dans l'administration.

L   Babacar se débrouille assez bien en anglais.

Réponse

B, D, E, G, K, L

3 Lisez

Ces questions testent d'abord la compréhension générale de la lettre de motivation d'Antoine et ensuite la compréhension conceptuelle du texte et enfin la compréhension du vocabulaire.

Réponse

1   **B**

2   l'adresse de l'expéditeur : 152 avenue Paule, 1150 – Bruxelles

l'adresse du destinataire : Agence Interbelge, 2 avenue des Mille Mètres, 1150 – Bruxelles

le lieu et la date : Bruxelles, le 1er juin 20XX

la formule d'appel : Monsieur

l'introduction : Suite à notre conversation téléphonique du 29 mai, je voudrais confirmer que…

la phrase finale : Si vous avez besoin de renseignements supplémentaires, n'hésitez pas à me contacter.

la salutation finale : Je vous prie de croire, Monsieur, à l'expression de mes salutations distinguées.

la signature : Antoine Peeters

3   1 **G**, 2 **D**, 3 **J**, 4 **A**, 5 **E**

📖 Cahier d'exercices 5/5

Cet exercice de compréhension porte sur la lettre d'Antoine à la section C du chapitre 5.

Réponse

1 **A**, 2 **C**, 3 **D**, 4 **A**, 5 **A**

Grammaire en contexte

Les connecteurs logiques pour exprimer la conséquence

Demandez aux élèves de relever tous les connecteurs exprimant une conséquence dans le texte (*suite à*, *comme*, *ainsi*, *alors*, *donc*, *c'est pourquoi*).

📖 Cahier d'exercices 5/6

Après avoir complété les blancs dans le texte de l'entretien de Lucie, les élèves peuvent imaginer et jouer à deux un entretien avec une autre personne en utilisant les mêmes questions ou en en créant d'autres.

Réponse

langues, l'anglais, temps libre, l'équitation, dynamique, petit boulot, par conséquent, clients, métiers

4   Lisez et parlez

Activité à deux : les élèves inventent un entretien entre Antoine et Monsieur Dalstein, qu'ils peuvent ensuite jouer devant le reste de la classe.

Réponse possible

– Bonjour. Comment vous appelez-vous ?

– Je m'appelle Antoine Peeters.

– Quel âge avez-vous ?

– J'ai 18 ans.

– De quelle nationalité êtes-vous ?

– Je suis belge.

– Quelles langues parlez-vous ?

– Ma langue maternelle, c'est le français, mais je parle aussi le néerlandais. En plus, j'ai appris l'anglais au collège et par conséquent, j'ai des connaissances de base en anglais.

– Qu'est-ce que vous faites pendant votre temps libre ?

– Mon passe-temps préféré, c'est le sport. Je joue au football et j'aime faire de la natation.

– Quelles sont vos qualités ?

– À mon avis, je suis sérieux et bien organisé.

– Avez-vous déjà travaillé ou fait un stage ?

– Oui. J'ai déjà une expérience du monde du travail. J'ai eu divers petits jobs. Par exemple, j'ai travaillé comme caissier au Supermarché BX, comme brancardier à l'hôpital Saint-Pierre et comme serveur au Café de l'Europe. En plus, l'année dernière, j'ai fait un stage d'un mois dans un centre social où j'ai aidé les personnes âgées.

– Qu'est-ce que cela vous a apporté ?

– Je crois que je comprends mieux maintenant l'importance d'une bonne présentation, de la ponctualité et de l'enthousiasme.

– Pourquoi voulez-vous faire un stage chez nous ?

– Plus tard, je voudrais devenir assistant de service social et c'est pourquoi je suis certain qu'un stage dans votre organisation serait une expérience très utile.

5   Parlez

Activité à deux pour s'entraîner à poser et répondre à des questions lors d'un entretien. Cette fois, les élèves imaginent un entretien avec Babacar pour le même stage.

6   Écrivez

Les élèves choisissent l'une des petites annonces à la section A et écrivent une lettre pour postuler. Rappelez-leur que le format et le registre doivent être ceux d'une lettre formelle. Ils peuvent aussi adapter certaines sections de la lettre d'Antoine.

Autre activité possible : les élèves regardent la photo et imaginent la conversation entre Antoine et l'employeur.

D. *Savez-vous ce que vous voulez faire après le lycée ?*

1   Mise en route

Cette activité permet de réviser les noms de métiers appris au début de ce chapitre. Les élèves imaginent les métiers que Mariléa aimerait faire. Les photos peuvent représenter plusieurs métiers, donc toutes les réponses possibles sont acceptables.

Réponse possible

femme d'affaires, secrétaire, fonctionnaire, responsable de marketing / de ressources humaines, etc.

ingénieur en construction, ingénieur en génie civil, etc.

infirmière, dentiste, chirurgienne, vétérinaire, technicienne en laboratoire, médecin généraliste, etc.

guide touristique, professeur d'anglais

éducatrice sportive

2   Lisez

Les élèves utilisent leur imagination ou font des recherches pour expliquer pourquoi la communication est importante pour chacun des métiers sur les fiches.

Réponse possible

Commissaire de police : il / elle doit communiquer avec son équipe, le public, les politiques, etc.

Concepteur / Conceptrice de jeux vidéo : il / elle doit communiquer avec les artistes, les programmeurs, les responsables de marketing, son chef, etc.

Technicien support clients : il / elle doit communiquer avec les clients qui ont des problèmes.

Interprète : il / elle doit communiquer avec des clients qui ne parlent pas la même langue.

Avocat (pénaliste) : il / elle doit communiquer avec le juge, le jury, l'accusé(e), etc.

3 Compréhension

Avant de faire faire l'activité aux élèves, posez quelques questions, comme par exemple :

Qui aime étudier les sciences au lycée ? (Zoé)

Qui aime étudier les langues ? (Max et Lola)

Qui aimerait donner des conseils aux autres plus tard ? (Lola)

Qui ne sait pas du tout quel métier il / elle aimerait faire plus tard ? (Zoé)

Quel métier demande beaucoup de patience ? (professeur)

Qu'est-ce qu'il faut étudier pour être traducteur ? (les langues)

Réponse

C, D

....

Attirez l'attention des élèves sur la forme féminine des noms de métiers dans l'encadré *Vocabulaire*. Demandez-leur ensuite de retourner à la liste de noms de métiers qu'ils ont faite au début du chapitre et de donner le féminin de chacun des noms de métiers sur leur liste.

4 Lisez

Les élèves suggèrent un métier pour chacune des personnes dans la conversation et justifient leur choix.

Réponse possible

Zoé : technicien support clients, parce qu'elle a envie de travailler avec les autres

Max : interprète, parce qu'il est fort en langues

Karim : concepteur de jeux vidéo, parce qu'il veut un métier dans l'informatique

Acceptez n'importe quelle réponse accompagnée d'une bonne justification.

5 Écrivez

Cette activité permet aux élèves de consolider à l'écrit ce qu'ils viennent d'apprendre. Rappelez-leur d'utiliser un registre familier.

6 Parlez

Ces activités orales à deux permettent aux élèves d'élargir leur vocabulaire et d'approfondir le sujet en exprimant leurs opinions sur ce qui est important pour

eux dans le choix d'un métier ; puis en discutant du métier qu'ils aimeraient faire plus tard et des talents et qualités nécessaires pour ce travail ; et enfin en expliquant pourquoi ils aimeraient ou n'aimeraient pas travailler dans un pays francophone. Avant de faire cette dernière activité, ils peuvent entreprendre quelques recherches sur les salaires et les conditions de travail dans les pays francophones.

Trois règles d'or pour trouver votre emploi idéal

7 Lisez

Les élèves montrent leur compréhension générale de l'article en reliant chaque phrase à un paragraphe du texte.

Réponse

1 **B**, 2 **A**, 3 **C**

8 Compréhension

Ils montrent ensuite une compréhension plus approfondie en répondant à des questions sur le texte.

Réponse

1 la personnalité, 2 le conseiller d'orientation, 3 en posant des questions aux gens autour de soi / en faisant des stages, 4 les stages qu'on a faits, 5 parce que ça pourrait aider à obtenir son premier emploi

9 Écrivez

Cette activité, qui est une bonne préparation à l'épreuve écrite, permet aux élèves d'utiliser dans leur lettre ce dont ils ont discuté dans l'activité 6. Rappelez aux élèves de suivre les conventions de la lettre formelle.

E. *Y a-t-il du travail pour tous ?*

Le handicap est-il un obstacle au travail ?

1 Compréhension

Après une lecture rapide, les élèves répondent à la question.

Réponse

Nathalie, parce que son handicap n'a pas posé de problème pendant qu'elle cherchait un emploi, tandis que pour Wilfried, la recherche d'emploi a été difficile.

2 Lisez

Cette activité demande une lecture plus approfondie du texte.

Réponse

1 **FAUX** (il a été un an au chômage)

2 **VRAI** (il était sûr qu'on ne voulait pas lui offrir un poste à cause de son handicap)

3 **FAUX** (il travaille dans un bureau adapté à son handicap / il a une synthèse vocale, un scanner et un agrandisseur)

4 **VRAI** (il a déjà eu deux promotions)

5 **FAUX** (son handicap n'a pas posé de problème pendant qu'elle cherchait un emploi)

6 **FAUX** (elle est très sûre d'elle)

7 **VRAI** (les bâtiments sont tous accessibles)

3 Parlez

Activité à deux, où les élèves imaginent un entretien dans lequel Wilfried ou Nathalie essaie de convaincre un futur employeur que son handicap n'est pas un problème.

Vous pouvez aussi demander aux élèves de faire une liste de tous les verbes conjugués dans le texte et de dire à quel temps ils sont et pourquoi, puis d'indiquer aussi l'infinitif de chacun de ces verbes. Par exemple :

a été	passé composé	action terminée dans le passé	être
j'avais	imparfait	description dans le passé	avoir

Activités supplémentaires :

 Voir Fiche d'activité 43

Lisez deux premiers paragraphes du texte « Le handicap est-il un obstacle au travail ? ». Remplissez chaque blanc dans le résumé ci-dessous avec un mot de la liste.

À l'âge de [1], Wilfried a été [2] et il est devenu [3] aveugle. Il a alors [4] le braille et l'informatique pour essayer de [5] un emploi, mais cela n'a pas été [6] parce qu'il était [7]. Maintenant, il travaille dans un [8] dans une université avec tout l'équipement [9] pour son handicap. Il a eu deux promotions parce que son chef est très [10] de son travail.

appris – blessé – bibliothèque – bureau – chercher – complètement – déprimé – difficile – 18 ans – électronique – facile – handicapé – malade – mécontent – nécessaire – partiellement – satisfait – travailler – 30 ans – trouver

Réponse

1 18 ans, 2 malade, 3 partiellement, 4 appris, 5 trouver, 6 facile, 7 handicapé, 8 bureau, 9 nécessaire, 10 satisfait

 Voir Fiche d'activité 44

Lisez le troisième paragraphe du texte « Le handicap est-il un obstacle au travail ? ». Reliez le début de chacune des phrases suivantes avec la bonne fin.

1 Nathalie travaille… ☐

2 Son handicap… ☐

3 Au lycée,… ☐

4 Pour travailler dans la fonction publique, il faut… ☐

5 Le problème principal pour une personne comme Nathalie, c'est… ☐

A comme médecin dans un hôpital.

B de devoir passer un concours.

C dans la fonction publique.

D ne l'a pas empêchée de trouver un emploi.

E les professeurs l'ont peu aidée.

F l'empêche de trouver du boulot.

G les professeurs l'ont bien intégrée.

H être reçu à un concours.

I l'accessibilité aux bâtiments.

J être sûr de soi.

Réponse

1 **C**, 2 **D**, 3 **G**, 4 **H**, 5 **I**

Point info

Les statistiques dans cette section sont celles de 2014 et ne seront donc plus exactement les mêmes dans les années qui suivront.

Les élèves peuvent engager une discussion de classe sur les obligations des employeurs envers les personnes handicapées.

En France, la loi sur l'obligation d'emploi des travailleurs handicapés (mise à jour le 2 janvier 2014) dit qu'un employeur occupant au moins 20 salariés depuis plus de trois ans doit employer des travailleurs handicapés dans une proportion de 6 % (ou 2 % à Mayotte) de l'effectif total de l'entreprise. Les établissements ne remplissant pas ou que partiellement cette obligation doivent faire une contribution à l'Agefiph, le fonds pour l'insertion professionnelle des personnes handicapées.

Interview avec Halim, jeune chômeur algérien

4 Mise en route

Activité à deux : les élèves lisent l'interview à voix haute.

5 Lisez

1   La première activité permet de s'entraîner aux exercices de l'épreuve de compréhension de l'examen.

Réponse

1 **A**, 2 **F**, 3 **E**, 4 **B**, 5 **D**

2   Les élèves relèvent toutes les informations factuelles sur l'Algérie et les partagent avec leur partenaire. Vous pouvez aussi demander aux élèves de faire des recherches sur l'Algérie dans le but de faire ensuite une présentation sur un aspect de ce pays à la classe.

Réponse

le chômage fait des ravages avec les effets de la crise financière mondiale / le taux de chômage global est en baisse / 70 % des Algériens ont moins de 30 ans / le chômage touche deux fois plus de femmes que d'hommes en ce moment en Algérie / Beaucoup d'Algériens sont partis en France pour trouver un emploi / l'Algérie est un pays cinq fois plus grand que la France / C'est un pays très riche en pétrole et en gaz

6 Écrivez et parlez

Activité à deux : les élèves inventent d'autres questions à poser à Halim puis les posent à leur partenaire qui joue le rôle d'Halim et doit imaginer les réponses. Ils peuvent ensuite inverser les rôles.

7 Parlez

Discussion en classe sur la durée du temps de travail (exemple : les avantages et inconvénients de travailler moins). Les élèves peuvent aussi comparer la situation d'Halim et celle des jeunes dans leur pays.

Expliquez aux élèves que les Lois Aubry du 13 juin 1998 et du 19 janvier 2000 ont institué en France la semaine de 35 heures ; c'est-à-dire que la durée légale de travail pour un salarié à temps plein est passée de 39 heures à 35 heures par semaine. Pour faire face à ces nouvelles lois, les entreprises ont choisi de réduire le temps de travail de leurs employés à 35 heures ou de continuer à les faire travailler 39 heures par semaine et de les compenser pour les heures au-delà des 35 réglementaires en leur payant ces heures supplémentaires ou en leur attribuant des jours chômé RTT (Réduction du Temps de travail). Un jour de RTT, c'est donc un jour de repos attribué à un salarié par son employeur en compensation d'une durée du travail supérieure à 35 heures par semaine.

8 Recherchez et écrivez

Cette activité permet aux élèves de travailler à l'écrit ce dont ils viennent de discuter. Rappelez-leur les conventions d'un article (un registre formel ou semi-formel, un titre, le nom de l'auteur, des paragraphes…). (Voir l'appendice *Conseils pour l'examen : L'épreuve d'expression écrite*.)

Activité supplémentaire sur l'interview d'Halim :

 Voir Fiche d'activité 45

Dites si les phrases suivantes sont vraies ou fausses. Justifiez vos réponses en utilisant des mots tirés de l'interview d'Halim.

1   Halim n'a pas de travail. **VRAI** (je cherche du travail)

2   Halim veut travailler en France. **FAUX** (ici à Alger)

3   Halim pense que la crise financière mondiale est responsable du chômage. **VRAI** (le chômage fait des ravages avec les effets de la crise financière mondiale)

4   Il y a moins de chômage en Algérie qu'avant. **VRAI** (est en baisse ici… c'est vrai)

5   Il y a plus de femmes sans emploi que d'hommes. **VRAI** (le chômage touche deux fois plus de femmes que d'hommes)

6   Halim n'est pas allé à l'université. **FAUX** (J'ai fait des études, j'ai un diplôme universitaire)

7   Halim est prêt à faire n'importe quel travail. **FAUX** (je veux trouver un emploi digne de mon éducation)

8   Halim va essayer de trouver un travail à l'étranger. **FAUX** (Je n'ai pas vraiment envie de quitter mon pays natal)

9   La France est plus petite que l'Algérie. **VRAI** (l'Algérie est un pays cinq fois plus grand que la France)

10 L'Algérie manque de ressources naturelles. **FAUX** (C'est un pays très riche en pétrole et en gaz)

11 Halim est riche. **FAUX** (Je n'ai pas d'argent pour sortir)

12 Le chômage peut avoir des conséquences tragiques. **VRAI** (il y a des gens dans ma situation qui sombrent dans le désespoir et qui se suicident)

F. *Écouter et comprendre*

Cette section traite de l'inférence et les élèves apprendront à faire des déductions et à tirer des conclusions.

1 Connaissance du français

1   Les élèves écoutent les phrases enregistrées et identifient les bonnes options **A–D** pour les points a–d : le temps, le lieu, l'action et l'opinion.

a   **Le temps :** Les élèves identifient le moment de la journée ou de l'année pour chacune des personnes dans les extraits qu'ils vont entendre.

🔊 Audio

1   De mai à septembre, les jeunes Français trouvent facilement des petits emplois parce que les hôtels et les restaurants ont besoin de plus de main d'œuvre pour accueillir les vacanciers.

2   Mon petit boulot consiste à aller chercher deux enfants après l'école : je les ramène à la maison, je les aide avec les devoirs, je prépare leur dîner et je les couche.

3   Je fais toujours des exercices de yoga en me levant, avant le petit déjeuner, pour être en forme pour ma journée de travail.

4   Quand il fait froid, autour de la période de Noël en France, beaucoup de jeunes Français se portent bénévoles pour aider à distribuer de la nourriture aux personnes sans-abri.

Réponse

1 **C**, 2 **B**, 3 **A**, 4 **D**

b   **Le lieu :** Les élèves identifient le lieu où se passe l'action pour chacune des personnes dans les extraits qu'ils vont entendre.

🔊 Audio

1   Mon travail consiste à accueillir les clients, à vérifier leur réservation, à leur donner la clé de leur chambre et à répondre à leurs questions.

2   Vous travaillerez ici, à côté de la secrétaire du directeur. Le matin et l'après-midi, vous ferez le café pour le directeur et ses clients, vous aiderez aussi la secrétaire à faire les photocopies. Vous classerez les dossiers sur les étagères.

3   Pendant les vacances, j'ai travaillé au rayon chaussures pour femmes, qui était situé au troisième étage. J'ai appris beaucoup de choses sur la vente et j'ai aimé le contact avec les clientes mais j'aurais préféré travailler au rayon vêtements pour enfants.

4   Je fais du bénévolat : je suis à l'entrée et je renseigne les patients et les visiteurs qui ne trouvent pas la salle qu'ils recherchent. S'ils ont le nom du docteur ou du service médical, je leur explique comment y aller sur le plan.

Réponse

1 **B**, 2 **A**, 3 **D**, 4 **C**

c   **L'action :** Les élèves identifient l'activité de chacune des personnes dans les extraits qu'ils vont entendre.

🔊 Audio

1   Quand j'ai travaillé au supermarché l'an passé, je devais me lever très tôt. Quand j'arrivais, je rangeais les fruits et les légumes sur les rayons pour attirer les clients. Je devais aussi écrire les prix. Puis je travaillais à la caisse jusqu'à midi.

2   Chaque année, dès que je finis les cours, j'aide mes parents dans leur magasin de souvenirs au bord de la mer. J'aime bien parce que je rencontre toujours beaucoup de touristes étrangers avec qui je peux parler anglais et allemand.

3   Quand j'aurai fini les cours en juillet, je travaillerai tous les jours avec mon père aux halles couvertes où il a un stand de fromages régionaux. Mes journées commenceront assez tôt, vers 6 heures du matin. Par contre, les halles ferment l'après-midi alors je serai libre.

4   Je suis très fatiguée parce que les horaires de travail à la ferme sont très longs : j'arrive à la ferme vers 6 heures et je rentre chez moi vers 20 heures. En plus, cueillir les fruits, c'est très physique et ça fait mal au dos.

Réponse

1 **C**, 2 **D**, 3 **A**, 4 **B**

d   **L'opinion :** Les élèves identifient l'opinion de chacune des personnes. Dites-leur de faire particulièrement attention aux verbes et aux adjectifs.

🔊 Audio

1   J'ai passé deux semaines chez un vétérinaire. J'étais déçu parce qu'en fait, je ne me suis pas beaucoup occupé des animaux, j'ai seulement répondu au téléphone et nettoyé le cabinet. C'est dommage.

2   J'aime assez mon petit boulot car c'est relativement bien payé. Par contre, c'est physiquement fatigant.

3   J'ai absolument détesté travailler dans un café. En effet, il y avait beaucoup de clients qui étaient extrêmement désagréables et c'était physiquement très dur. Je ne retournerai jamais travailler là.

4   J'ai beaucoup de chance de pouvoir travailler dans cette entreprise où l'ambiance est excellente et où j'apprends beaucoup de choses intéressantes.

5   J'ai fait un stage dans une usine pendant un mois : d'un côté, c'était intéressant de découvrir le monde du travail et les collègues étaient sympa, mais malheureusement, le travail était mal payé et vraiment ennuyeux.

Réponse

1 **B**, 2 **C**, 3 **B**, 4 **A**, 5 **C**

2   Les élèves discutent leurs réponses en classe, puis ils regardent les quatre transcriptions et trouvent les mots pour les justifier.

2   Connaissances générales et connaissances de la France / la Francophonie

1   Pour chacune des phrases enregistrées, les élèves trouvent la bonne option.

2   Les élèves discutent leurs réponses en classe, puis ils regardent la transcription et trouvent les mots pour les justifier.

🔊 Audio

1   Zoé

Je fais un stage dans un bureau qui est situé juste à côté de la tour Eiffel, donc assez loin de chez moi puisque je dois prendre le RER et le métro.

2   Hugo

L'été dernier, j'ai travaillé dans un restaurant au bord de la Méditerranée. Je n'ai pas vraiment aimé parce qu'il faisait beaucoup trop chaud. L'année prochaine, j'irai plutôt travailler à la montagne !

3   Fadila

J'ai trouvé deux offres d'emploi : serveuse dans un café à Montréal, au Québec, et un autre comme vendeuse dans un magasin à New York, aux États-Unis.

4   Patrick

Je fais une formation de traduction littéraire et je viens de traduire des passages d'un roman de Jules Verne dans ma langue maternelle.

5   Katya

Quand je fais des recherches pour mon travail à l'office de tourisme, je me sers essentiellement de Google. C'est très rare que je regarde dans les brochures imprimées sur les étagères de l'office.

6   Pierre

Ici, on ne sert ni viande, ni poisson, ni œufs, uniquement des fruits et des légumes. J'apprends à préparer ces fruits et légumes comme si c'était de la viande servie dans un restaurant traditionnel. Par exemple, on prépare du melon fumé. C'est excellent !

Réponse

2 **B**, 3 **A**, 4 **B**, 5 **A**, 6 **B**

G. *À l'écoute : faites vos preuves !*

1   Écoutez

1   Les élèves écoutent l'enregistrement et choisissent la bonne option pour compléter chaque phrase. Rappelez aux élèves que pour bien comprendre un texte, il faut faire appel à ses connaissances linguistiques et générales pour faire des déductions et tirer des conclusions.

2   Les élèves réécoutent en lisant la transcription du texte et vérifient leurs réponses. Sur la transcription, ils soulignent les mots et les phrases qui leur permettent de faire des déductions et de justifier leurs réponses.

🔊 Audio

Interviewer	Rashida, tu as un petit boulot, c'est bien ça ?
Rashida	Oui, chaque année, je travaille pendant toutes mes grandes vacances, de la fin des cours jusqu'à la rentrée scolaire de septembre, en fait.
Interviewer	Quel genre de boulot fais-tu, alors?
Rashida	Eh bien, je vends des glaces pour mon oncle et ma tante qui ont un café-restaurant. Ils ont mis un petit frigo sur une bicyclette et je pars vendre leurs glaces à l'extérieur, ici à Nice. C'est sympa et ça me fait faire du sport en plus !
Interviewer	Et tu ne t'ennuies pas ?
Rashida	Ben, ça dépend ! Quand il fait chaud, je suis très occupée parce que les gens achètent beaucoup de glaces pour se rafraîchir après un bain de mer et quand ils bronzent au soleil sur le sable.
Interviewer	Pourquoi fais-tu ce petit boulot ?
Rashida	Comme je vais aller à l'université assez loin de chez moi l'année prochaine, j'aurai besoin d'une voiture alors je dois économiser pour m'en acheter une.
Interviewer	Et que penses-tu de ton petit boulot ?
Rashida	Dans l'ensemble, ça me plaît, même si ce n'est pas très bien payé et que c'est désagréable quand il pleut ! C'est quand même sympa parce que j'adore le contact avec les clients.

Réponse

1 **A**, 2 **B**, 3 **C**, 4 **C**, 5 **B**

2 Écoutez

1 Les élèves choisissent les **cinq** phrases qui s'appliquent au texte enregistré. Rappelez-leur de faire appel ici à leurs connaissances grammaticales.

2 Ils réécoutent en lisant la transcription du texte et vérifient leurs réponses.

🔊 Audio

Chers camarades, monsieur le professeur,

Je vais vous parler de mon stage en entreprise. Je voulais travailler dans un magasin. Mes parents sont propriétaires d'un magasin de sport dans la petite ville de banlieue où on habite, mais je n'avais pas envie de faire mon stage avec eux.

Moi, j'ai toujours voulu travailler dans un grand magasin de mode prestigieux comme Dior ou Chanel, et j'ai finalement trouvé un stage d'une semaine dans le magasin Louis Vuitton sur les Champs-Élysées, près de l'arc de Triomphe.

Pour cela, j'ai d'abord téléphoné à la personne en charge des ressources humaines. Je lui ai expliqué comment j'avais souvent aidé mes parents dans leur magasin, et cette expérience m'a permis d'obtenir un entretien. Ensuite, j'ai envoyé mon CV et ma lettre de motivation. Pendant l'entretien, j'ai aussi expliqué que mon ambition, c'était de devenir styliste et qu'après le lycée, si je peux, je vais préparer un diplôme d'art et de design.

Pendant mon stage, j'ai beaucoup appris sur le métier de vendeur et sur le monde de la mode. Le travail était intéressant et varié et même si parfois certains clients étaient très difficiles, j'ai apprécié le contact avec le public. Cela m'a confirmé dans mon envie de continuer à travailler dans la mode.

Je vous remercie de votre attention et je vous souhaite de trouver un stage intéressant et enrichissant.

Réponse

Vrai : **B, D, F, G, I**

3 Écoutez

1 Les élèves choisissent la bonne réponse à chacune des questions.

2 Ils réécoutent en lisant la transcription du texte et vérifient leurs réponses.

🔊 Audio

Julie	Bonjour, monsieur, je suis Julie Le Nestour.
Le directeur	Ah, bonjour Julie. Ça va ? On peut commencer l'entretien ?
Julie	Oui oui, ça va, merci. Oui, je suis prête.
Le directeur	Très bien. Alors, Julie, avez-vous déjà travaillé dans un établissement comme le nôtre ?
Julie	Non, pas vraiment. Par contre, j'ai déjà travaillé dans une auberge de jeunesse où j'ai fait un stage de réceptionniste.
Le directeur	Et vous pensez que cette expérience est utile pour faire un stage chez nous ?
Julie	Oui, tout à fait, parce que j'ai appris à travailler avec le public et j'ai beaucoup aimé le contact avec les jeunes.
Le directeur	D'accord. Dites-moi, êtes-vous sportive ?
Julie	Oui, un peu. Je vais souvent à la piscine et je sais très bien nager. J'ai un certificat de surveillante de baignade et j'ai travaillé dans une piscine l'été dernier.
Le directeur	Excellent. Avez-vous déjà travaillé avec des enfants ?
Julie	Je fais souvent du baby-sitting pour des voisins et je m'occupe de deux jeunes enfants après l'école et pendant les vacances.
Le directeur	Excellent. Donc vous pourriez vous occuper d'un groupe de 10 enfants ? Faire des jeux et des activités sportives avec eux ?
Julie	Euh, oui, je pense.
Le directeur	Parfait. Dites-moi, pourquoi voulez-vous faire un stage chez nous ? C'est le côté sportif qui vous attire ?
Julie	Pas véritablement. En fait, c'est parce que j'ai très envie de travailler avec les petits plus tard. Mon rêve, ce serait de travailler dans une école primaire.
Le directeur	Je vois. Dites-moi, serez-vous en vacances à la période d'ouverture du centre, c'est-à-dire pendant toute la période des vacances de Pâques ?
Julie	Oui, je suis en vacances pendant 15 jours à ce moment-là. Et j'ai aussi 15 jours à Noël et deux mois en été.

Le directeur	Nous ne sommes pas ouverts en été et j'ai déjà un stagiaire cet hiver. Mais je vous prends pour le stage en avril !
Julie	Ah fantastique, merci, monsieur !
Le directeur	En ce qui concerne l'hébergement, vous serez logée dans le chalet avec les enfants et les deux moniteurs. Le chalet est situé au pied des pistes donc c'est très facile pour partir faire les cours de ski le matin.
Julie	Je comprends.
Le directeur	Eh bien, parfait. Je vous remercie Julie. Je vous recontacte la semaine prochaine pour confirmer tout ceci…

Réponse

1 **C**, 2 **C**, 3 **C**, 4 **A**

Révisions

La vie active

1 Écrivez

Pour préparer la description de chaque photo, les élèves identifient d'abord quels mots ou expressions dans l'encadré se rapportent à chaque image, et ils peuvent ensuite écrire avec ces mots une phrase pour chaque photo.

Réponse

Photo A : une baguette, un boulanger, une boulangerie, sortir du four (Dans la boulangerie le boulanger sort du four les baguettes cuites.)

Photo B : une maîtresse / un professeur, des élèves, indiquer du doigt, un cahier, un crayon, un tableau (Les élèves écrivent dans leur cahier au crayon et la maîtresse qui est devant le tableau indique du doigt ce qu'un élève est en train d'écrire.)

Photo C : la fabrication d'automobiles, un ouvrier, régler une roue, une usine (Cette photo montre la fabrication d'automobiles dans une usine et on voit un ouvrier régler une roue.)

Les mots qui ne se rapportent à aucune des images : un bureau, classer des documents, répondre au téléphone.

2 Parlez

Cette activité est un bon entraînement à l'examen oral individuel. Encouragez les élèves à aller plus loin,

en imaginant par exemple ce qui s'est passé avant la photo et ce qui se passera après la photo. Vous pouvez aussi leur demander d'inventer des questions sur les photos, qu'ils posent ensuite à leur camarade.

3 Écrivez

Après leur discussion, les élèves écrivent un tweet pour exprimer leurs opinions sur chacun des trois métiers. Rappelez-leur de choisir un registre familier / personnel.

Point de réflexion

Les élèves engagent une discussion sur la question :

« Quels sont les opportunités et les défis apportés par la technologie dans le milieu de travail au XXIe siècle ? »

Encouragez-les à considérer les points suivants :

L'hyper-connectivité est-elle un avantage ou un inconvénient ? On peut rester travailler chez soi mais les employeurs s'attendent-ils à ce qu'on travaille aussi le week-end ?

La technologie permet-elle d'avoir accès à plus d'offres d'emploi qu'avant ?

La robotisation crée-t-elle des chômeurs ?

Comment la technologie permet-elle aux personnes en situation de handicap d'avoir accès au monde de l'emploi ?

Cahier d'exercices 5/7

Rappel grammaire

Les exercices supplémentaires permettent aux élèves de consolider les points de grammaire couverts dans ce chapitre.

Les connecteurs logiques

1   Dans cet exercice, les élèves identifient les connecteurs utilisés pour exprimer la cause et ceux utilisés pour exprimer la conséquence.

Réponse

pour exprimer la cause	pour exprimer la conséquence
parce que car puisque en effet	alors c'est pourquoi donc par conséquent

2   Les élèves relient chaque début de phrase avec une fin appropriée.

Réponse

2 **E**, 3 **A**, 4 **B**, 5 **F**, 6 **G**, 7 **H**, 8 **C**

3 Les élèves imaginent des fins de phrases appropriées.

4 Les élèves transforment les phrases comme dans l'exemple.

Réponse

1 Les lycéens ont trop de devoirs ; par conséquent ils n'ont pas le temps d'avoir un petit boulot.

2 Beaucoup de jeunes sont au chômage puisque les employeurs veulent des candidats avec de l'expérience.

3 Mes voisins ne me payaient pas alors j'ai arrêté de faire du baby-sitting (pour eux).

4 Je ne peux pas travailler ici parce qu'il n'y a pas d'accès pour les fauteuils roulants.

5 Les employeurs préfèrent quand on a un peu d'expérience, c'est pourquoi il faut faire des stages.

6 Il a une bonne chance de trouver un travail dans l'hôtellerie car il est trilingue.

7 J'aurai plus temps pendant les vacances donc je vais prendre un job d'été.

8 Son handicap n'a pas été un problème pendant l'entretien d'embauche. En effet, elle a obtenu le poste.

📖 Cahier d'exercices

Révisions de grammaire : Chapitres 4 et 5

Avant de faire les exercices, il est conseillé aux élèves de réviser les temps composés et les pronoms personnels complément d'objet direct et indirect.

1 Les élèves complètent les phrases A et B en remplaçant les mots soulignés par un pronom complément d'objet, comme dans l'exemple. Rappelez-leur de faire attention à la position du pronom.

Réponse

1 **A** Oui, je l'ai acheté. **B** Moi, non, je ne l'ai pas acheté.

2 **A** Oui, je lui ai dit. **B** Moi, non, je ne lui ai pas dit.

3 **A** Oui, je lui avais écrit. **B** Moi, non, je ne lui avais pas écrit.

4 **A** Oui, je vais l'envoyer. **B** Moi, non, je ne vais pas l'envoyer.

5 **A** Oui, je vais leur en demander. **B** Moi, non, je ne vais pas leur en demander.

6 **A** Oui, je leur en ai souvent prêté. **B** Moi, non, je ne leur en ai pas souvent prêté.

Faites vos preuves !

1 Les élèves surlignent dans le texte de Thibault au moins 10 des points de grammaire listés dans la grille de l'activité 3.

Réponse

En réponse à l'annonce pour un figurant pour votre dernier film, je voudrais auditionner puisque je pense avoir le profil idéal. J'ai 17 ans, je suis grand et mince, blond avec les cheveux courts. Je connais bien Tom Cruise et je l'adore. Je n'ai raté aucun de ses films ! Mon rêve serait de tourner avec lui.

J'ai déjà joué dans de nombreuses pièces au collège et au lycée et par conséquent, j'ai de l'expérience. J'ai plusieurs clips vidéo de la dernière pièce et je peux donc vous en envoyer, si vous voulez en voir. Je pense avoir toutes les qualités nécessaires : j'apprends vite, je suis consciencieux, j'ai de la patience et ma diction est très claire : j'y avais beaucoup travaillé avant mon dernier rôle.

J'attends votre réponse et, je l'espère, une convocation à une audition.

Très cordialement,

Thibault Magnin

2 Les élèves complètent le texte de Simon avec les mots de l'encadré.

Réponse

1 suis / serais, 2 ai, 3 y, 4 en, 5 besoin, 6 ai + été, 7 tous, 8 les, 9 donc / par conséquent / c'est pourquoi, 10 vous, 11 avais, 12 lui

3 Sur une feuille, les élèves écrivent un e-mail (70–150 mots) à l'agence pour poser leur candidature et expliquer pourquoi ils correspondent au profil demandé. Chaque fois qu'ils utilisent un point de grammaire de la grille, ils marquent un point.

6　Manger, bouger : vos choix

Thèmes et sujets	**Identités** Alimentations et boissons Bien-être physique **Expériences** Loisirs
Aspects couverts	La nutrition Les choix alimentaires Le sport Le sommeil et la santé
Grammaire	*Pouvoir, vouloir, devoir* *Depuis* (rappel) Le gérondif Les connecteurs logiques (rappel)
Textes	**Réceptifs** Blog, prospectus, affiche / infographie, messages sur forum de discussion, discussion sur réseau social, interview **Productifs** Blog, prospectus, message sur réseau social, e-mail / lettre, interview, brochure
Coin IB	**Théorie de la connaissance** • Comment savoir ce qui est bon pour la santé ? Quelles sont les sources d'information les plus fiables ? • L'importance d'une vie saine et équilibrée • Une vie saine et équilibrée est-elle accessible à tout le monde sur la planète ? • Faut-il encourager le commerce équitable ? • L'importance du sport • L'utilité des maisons des jeunes • Peut-on se passer de sommeil ? **Créativité, action, service (CAS)** • Faites un planning pour vos camarades de classe pour une semaine de remise en forme (sport, loisirs, menus des repas, rituels du coucher…). • Écrivez une brochure pour les nouveaux élèves du lycée expliquant ce que le lycée fait pour encourager les élèves à manger sainement et à garder la forme, et pour les encourager à prendre de bonnes habitudes. • Créez une affiche pour encourager les élèves à avoir de bonnes habitudes alimentaires et à garder la forme. **Point de réflexion** • Manger équilibré, faire du sport, est-ce que c'est un luxe de nos jours ? **Examen oral individuel** • Décrire des photos représentant des activités de loisirs • Décrire des photos évoquant une vie saine et équilibrée **Épreuve d'expression écrite** • Écrire un blog, un prospectus, un message sur réseau social, un e-mail / une lettre, le texte d'une interview, une brochure

Ce chapitre a trait aux thèmes *Identités* et *Expériences*. Il couvre les sujets des aliments et boissons, du bien-être physique et des loisirs. Il couvre le vocabulaire se rapportant à la nutrition, les choix alimentaires, le sport, et le sommeil et la santé, ainsi que les points grammaticaux suivants : les verbes modaux à tous les temps, *depuis*, le gérondif et les connecteurs logiques.

Dans ce chapitre, les élèves pourront lire différents types de texte : blog, prospectus, affiche / infographie, messages sur forum de discussion, discussion sur réseau social et interview; ils pourront aussi s'entraîner aux différentes tâches de l'examen écrit et oral.

Ils feront des recherches sur les habitudes alimentaires et le commerce équitable, et feront des comparaisons entre leur pays et les pays francophones. Ils pourront aussi exprimer et justifier leurs opinions sur ces différents sujets.

1 Mise en route

1 Activité à deux : les élèves engagent une discussion sur ce qui est important pour mener une vie équilibrée et rester en forme ; demandez-leur de justifier leur opinion.

Réponse possible

le sport – c'est important pour avoir de l'énergie et pour rester en forme

l'alimentation – c'est important car on a besoin d'une alimentation équilibrée pour rester en bonne santé

la détente – c'est important pour l'équilibre psychique ; on a aussi plus d'énergie si on est bien reposé

l'effort – c'est important pour atteindre ses objectifs, quand on fait du sport, par exemple

le sommeil – c'est indispensable pour la santé du cerveau, l'équilibre physique et psychique

les loisirs – se détendre, s'amuser, se distraire et passer du temps avec ses amis sont indispensables à l'équilibre psychique

2 Les élèves écrivent une phrase pour chacune des photos, qu'ils partagent avec le reste de la classe afin de choisir ensuite la meilleure description de chaque photo.

Réponse possible

La photo **A**, c'est une femme qui mange des fruits.

La photo **B**, c'est un garçon qui joue au foot pour s'amuser / se distraire / s'entraîner. Il est plein d'énergie.

La photo **C**, ce sont des fruits et légumes variés sur un marché.

La photo **D**, ce sont des jeunes qui jouent au tennis de table dans une salle de sport.

La photo **E**, c'est une femme qui se détend / se repose / dans un hamac.

3 Les élèves choisissent ensuite une photo et expliquent pourquoi elle évoque pour eux une vie saine et équilibrée. Encouragez-les à utiliser le vocabulaire qu'ils ont appris à ce sujet dans le livre 1 chapitres 7 et 11.

A. *À quoi sert le sport ?*

1 Compréhension

Les élèves montrent une compréhension globale des trois blogs en identifiant les raisons pour lesquelles Emma, Rosalie et Ibrahim font du sport.

Réponse

1 Rosalie

2 Ibrahim

3 Emma

4 Emma

5 Rosalie, Ibrahim

2 Lisez

1 Les élèves identifient les sentiments de chaque auteur et les mots ou la ponctuation qui les révèlent.

Les tâches 2, 3 et 4 permettent aux élèves de montrer une compréhension plus approfondie des textes et de s'entraîner aux tâches de l'examen.

Réponse

1 Emma : impatiente (Jour J-7), passionnée (j'adore ça, je suis très motivée) ; point d'exclamation

Rosalie : très contente, ce que j'aime (bien), bonne initiative ; point d'exclamation

Ibrahim : très content (j'attends ce moment depuis 10 ans), passionné (je voulais vraiment réussir) ; point d'exclamation

2 **A, C, D**

3 1 **G**, 2 **J**, 3 **F**, 4 **B**, 5 **H**, 6 **C**, 7 **L**

4 1 **VRAI** (J'attends ce moment depuis 10 ans.)

2 **FAUX** (Je ramassais des boîtes de conserves et des canettes de soda vides.)

3 **VRAI** (Ma seule distraction, c'était le foot.)

4 **VRAI** (J'ai commencé à jouer pour… un petit club de mon quartier.)

5 **FAUX** (Un journaliste m'a vu.)

6 **FAUX** (J'ai un contrat au centre de formation du club de Bamako-Ouest.)

Grammaire en contexte

Pouvoir, vouloir, devoir

Les élèves consolident leurs connaissances des verbes *pouvoir, vouloir, devoir* au présent, à l'imparfait, au passé composé, au futur et au conditionnel.

3 Écrivez

Les élèves écrivent des phrases pour chacun des verbes. Encouragez-les à utiliser tous les temps.

Demandez aux élèves de relever aussi tous les verbes modaux dans les trois blogs et d'indiquer à quel temps ils sont conjugués.

Réponse

Blog d'Emma : Je veux (présent), je dois (trois fois) (présent), je pourrai (futur)

Blog de Rosalie : je pourrai (futur), je devrais (conditionnel), je peux (présent), elle voudrait (conditionnel)

Blog d'Ibrahim : je devais (imparfait), je voulais (imparfait), je devrai (futur), vous devrez (futur)

Cahier d'exercices 6/1

Cet exercice permet aux élèves de travailler un peu plus les verbes modaux. Vous pouvez aussi leur demander de justifier leur choix.

Réponse

1 Quand j'étais petit, je <u>voulais</u> devenir footballeur.

2 À l'école primaire, on n'avait pas le choix, tout le monde <u>devait</u> faire de la natation.

3 Au lycée, on a le choix, on <u>peut</u> choisir son sport.

4 Les gymnastes <u>devront</u> beaucoup s'entraîner pour rentrer dans l'équipe.

5 Dans quatre ans, cette jeune athlète <u>pourra</u> participer aux Jeux Olympiques.

6 Vous <u>voudrez</u> combien de billets pour le match, deux ou trois ?

7 Je <u>veux</u> absolument que Manchester United gagne samedi prochain !

8 L'été prochain, nous <u>voudrions</u> voir une étape du Tour de France.

9 Je ne <u>peux</u> pas participer au marathon parce que les coureurs doivent avoir au moins 18 ans.

10 Je ne <u>pourrais</u> jamais faire de triathlon, c'est beaucoup trop dur.

11 Quand vous habitiez dans les Alpes, est-ce que vous <u>pouviez</u> faire du ski tous les week-ends ?

4 Parlez

Activité à deux : les élèves parlent ensemble de la place qu'occupe le sport dans leur vie. Encouragez-les à utiliser les verbes modaux dans leur conversation et dans l'activité suivante.

5 Écrivez

Cette activité permet aux élèves de consolider à l'écrit ce dont ils viennent de discuter et d'utiliser le vocabulaire nouveau. Rappelez-leur que sur un blog doit figurer la date, l'heure et le nom de l'auteur.

Activités supplémentaires :

 Voir Fiche d'activité 46

Remplissez les blancs dans le résumé du blog d'Emma avec un des mots dans la liste. Attention : il y a plus de mots que de blancs.

Emma va [1] jouer dans un tournoi pour la [2] fois. Elle est [3] parce qu'elle s'entraîne [4] plusieurs mois et elle est très [5]. Pour devenir [6], elle va participer à beaucoup de matchs et elle va essayer de ne pas faire d'[7]. Pour garder la [8], elle va faire d'autres [9] et elle va manger [10].

bientôt – beaucoup – champion – dernière – depuis – erreurs – forme – impatiente – jeux – meilleure – motivation – motivée – musculation – pendant – première – prête – progrès – sainement – sports – surtout

Réponse

1 bientôt, 2 première, 3 prête, 4 depuis, 5 motivée, 6 meilleure, 7 erreurs, 8 forme, 9 sports, 10 sainement

 Voir Fiche d'activité 47

Lisez le blog de Rosalie et dites si les phrases suivantes sont vraies ou fausses. Justifiez vos réponses en utilisant des mots tirés du texte.

1 Rosalie aime assister à des événements sportifs. **VRAI** (sportive mais en spectatrice)

2 *Maple Leafs* est son équipe de hockey préférée. **FAUX** (Je suis supporteur des *Canadiens*)

3 Rosalie joue souvent au hockey. **FAUX** (ce que j'aime, c'est regarder le hockey)

4 Rosalie utilise les réseaux sociaux. **VRAI** (suivre les exploits de mon équipe sur Facebook / parler des *Canadiens* dans mon blog)

5 La sœur de Rosalie joue dans un groupe de Rock'n'Roll. **FAUX** (...cours dans un marathon, c'est ma sœur)

6 Jeanne fait du sport dans un but humanitaire. **VRAI** (elle voudrait collecter de l'argent pour faire un don...)

Voir Fiche d'activité 48

Lisez le blog d'Ibrahim et répondez aux questions suivantes.

1 À votre avis, est-ce qu'Ibrahim faisait ses devoirs après l'école ? Pourquoi ? (Non, parce qu'il devait travailler.)

2 Comment gagnait-il de l'argent ? (Il ramassait des boîtes de conserves et des canettes de soda vides dans les rues et les portait au marché aux métaux.)

3   Quelle est la passion d'Ibrahim ? (le foot)

4   Pourquoi était-il avantagé par rapport à ses copains ? (parce qu'il courait vite)

5   Qui lui a permis de devenir un professionnel ? (un journaliste qui l'a vu à l'entraînement)

....

📄 *Voir Fiche d'activité 49*

Les mots dans la colonne de gauche sont tirés du blog d'Ibrahim. Faites correspondre chacun de ces mots à un mot dans la colonne de droite qui a un sens opposé. Attention : il y a plus de mots dans la colonne de droite que dans la colonne de gauche.

Exemple : 1 A

1	*professionnel*	☐	A	amateur
			B	bien
2	petit	☐	C	débuté
			D	fermées
3	soir	☐	E	fini
4	vides	☐	F	grand
			G	jeune
5	vite	☐	H	journée
			I	lentement
6	meilleur	☐	J	matin
7	commencé	☐	K	nombreux
			L	peu
8	beaucoup	☐	M	pleines
			N	pire
			O	rapidement
			P	spécialiste

Réponse

1 **A**, 2 **F**, 3 **J**, 4 **M**, 5 **I**, 6 **N**, 7 **E**, 8 **L**

B. *La Maison des Jeunes, des activités pour tous*

Les textes (trois pages d'un prospectus) permettent aux élèves d'élargir leur vocabulaire sur les activités de loisir.

1   Compréhension

1   Les élèves écrivent la liste de toutes les activités de la Maison des Jeunes de Neuville.

Réponse

séjours en camping, séjours en auberge de jeunesse, accrobranche, piscine, patinoire, skate, VTT, ski nautique, projet clip vidéo, (tournoi de) football, rafting, barbecue, (tournoi de) handball, baignade, mini-golf, canoë-kayak, géocaching, peindre / peinture, faire des graffitis / atelier graff

2   Après avoir fait la liste de toutes les activités mentionnées, les élèves montrent qu'ils ont compris les mots sur leur liste en faisant correspondre chacune des définitions données à une activité sur leur liste.

Réponse

1 la baignade, 2 le géocaching, 3 le mini-golf, 4 le skate, 5 le rafting, 6 le ski nautique, 7 le VTT

3   Les élèves classifient ensuite les activités et en cherchent d'autres pour chaque catégorie. Les réponses dépendront des goûts et des opinions des élèves, par exemple la plupart des activités mentionnées peuvent être classifiées comme des activités de détente.

Réponse possible

1   activités d'équipe : football, rafting, handball, atelier graff

2   activités aquatiques : piscine, ski nautique, rafting, canoë-kayak, baignade

3   activités de détente : piscine, barbecue, baignade, mini-golf, graff(itis)

4   activités à risque : accrobranche, skate, VTT, ski nautique, rafting, canoë-kayak

5   activités créatives : clip vidéo, graffitis

6   activités de découverte : géocaching

4   Les élèves cherchent ensuite d'autres activités pour chaque catégorie ci-dessus.

....

Activité supplémentaire à deux : l'élève A décrit une activité et l'élève B doit deviner cette activité. S'il devine, il décrit une autre activité et l'élève A doit à son tour la deviner.

Ils peuvent aussi écrire le nom des activités et leurs définitions sur de petites cartes qu'ils retournent sur la table. À tour de rôle, chaque élève retourne deux cartes ; si l'activité et la description correspondent, l'élève garde les cartes ; si elles ne correspondent pas, il / elle les remet à leur place, faces cachées. Le gagnant est l'élève avec le plus de cartes à la fin de la partie.

....

5   Les élèves identifient le destinataire, le contexte, le but, le registre et le ton du prospectus.

Réponse

destinataire : les jeunes de Neuville âgés de 11 à 18 ans

contexte : les loisirs des jeunes / la Maison des Jeunes

but : encourager les jeunes à devenir membres en les informant sur les activités possibles

registre : formel

ton : persuasif

Les activités qui suivent permettent aux élèves de montrer une compréhension plus approfondie des textes et de s'entraîner aux tâches de l'examen.

2   Lisez

Réponse

1   1 **D**, 2 **B**, 3 **A**

2   1 **B**, 2 **C**

3   Lisez et écrivez

Les élèves se basent sur la troisième page du prospectus pour répondre aux questions.

Réponse

1   à utiliser les bombes de peinture, à peindre une grande surface ou un petit détail

2   les jeunes

3   Il faut se protéger avec un masque et des gants.

4   Les graffs sont une forme d'art ; les tags abîment l'environnement.

5   apprendre une nouvelle technique de peinture, laisser leur trace sur le mur de la Maison des Jeunes

📖 Cahier d'exercices 6/2

Avant de faire les exercices pour que les élèves consolident le vocabulaire sur les activités sportives, rappelez-leur que lorsqu'il s'agit d'activités sportives, *jouer* est suivi de la préposition *à* et *faire* de la préposition *de*. Rappelez-leur aussi de la contraction de la préposition et de l'article.

Réponse

1   Je joue au hockey.

2   Tu fais de la course à pied.

3   Il joue au foot.

4   Elle fait de l'accrobranche.

5   Mon ami fait du patinage.

6   On fait du skate.

7   Nous faisons du VTT.

8   Vous faites du ski nautique.

9   Ils font du rafting.

10   Elles jouent au handball.

11   Les enfants jouent au mini-golf.

12   Les ados font du géocaching.

4   Parlez

Activité à deux : les élèves engagent une discussion sur les activités proposées par la Maison des Jeunes de Neuville.

5   Écrivez

Cette activité permet aux élèves de consolider à l'écrit ce dont ils viennent de discuter et d'utiliser le vocabulaire nouveau. Encouragez-les aussi à utiliser les verbes modaux.

Rappelez-leur d'utiliser les conventions pour un prospectus (un titre et une ou plusieurs des caractéristiques suivantes : des sous-titres, une liste à puces, typographie différente, encadrements, colonnes, illustrations). Le registre est impersonnel ou formel et le ton persuasif.

Activités supplémentaires :

 Voir Fiche d'activité 50

Lisez le premier document sur la Maison des Jeunes et dites si les phrases suivantes sont vraies ou fausses. Justifiez vos réponses en utilisant des mots tirés du texte.

1   La Maison des Jeunes n'offre pas d'activités pour les adultes. **VRAI** (accueille les jeunes âgés de 11 à 18 ans)

2   Pendant la période scolaire, la Maison des Jeunes est fermée. **FAUX** (des activités le mercredi après-midi, le vendredi soir et le samedi toute la journée)

3   En été, la Maison des Jeunes est ouverte tous les jours. **FAUX** (ouverte six jours par semaine)

4   Pendant les vacances, on peut passer jusqu'à neuf heures dans la Maison des Jeunes. **VRAI** (de 9h à 18h)

5   Les séjours organisés par la Maison des Jeunes durent sept jours. **FAUX** (des séjours de cinq jours)

6   Pour devenir membre, il suffit de payer 15 euros. **FAUX** (il est nécessaire de remplir une fiche d'inscription)

7   Les membres de la Maison des Jeunes ne doivent pas payer pour les activités. **VRAI** (sont gratuites pour les membres)

8   On peut envoyer sa fiche d'inscription remplie par la poste. **FAUX** (déposez-la à la mairie)

📄 *Voir Fiche d'activité 51*

Lisez le second document sur la Maison des Jeunes et répondez aux questions.

1   Combien de séjours la Maison des Jeunes offre-t-elle en juillet ? (un)

2   Dans quelle région de France se trouve La Chapelle-Blanche ? (au pied des Alpes)

3   Qu'est-ce que les journées sorties ont en commun ? (les activités ne se passent pas à la Maison des Jeunes / sont en plein air)

4   Quelle est l'activité la plus fréquente à la Maison des Jeunes ? (projet clip vidéo)

5   Peut-on souvent faire du ski nautique ? (non, seulement samedi 12 juillet)

6 Quelles activités ne sont pas sportives ? (projet clip vidéo et barbecue)

7 Combien d'activités aquatiques sont offertes par la Maison des Jeunes ? (cinq : piscine, ski nautique, rafting, baignade, canoë-kayak)

8 Est-ce que la Maison des Jeunes organise des compétitions ? Si oui, lesquelles ? (oui – tournoi de football et tournoi de handball)

....

📄 *Voir Fiche d'activité 52*

Lisez le troisième document sur la Maison des Jeunes et remplissez les blancs du résumé avec les mots exacts tirés du texte.

Rémi a [1] à une [2] d'adolescents à se servir des [3] de peinture et à [4] une grande [5]. Puis il leur a permis de peindre [6] d'une fresque. Il leur a aussi [7] qu'il était nécessaire de [8] avec un [9] et des [10] quand on fait ce genre d'activité. Les jeunes ont été très heureux d'[11] une nouvelle technique de peinture et d'avoir la possibilité d'[12] leur créativité.

Réponse

1 appris, 2 douzaine, 3 bombes, 4 peindre, 5 surface, 6 l'intérieur, 7 expliqué, 8 se protéger, 9 masque, 10 gants, 11 apprendre, 12 exprimer

C. *Vous mangez bien ?*

1 Parlez

1 Activité à deux : à tour de rôle, les élèves décrivent l'affiche à leur partenaire, ce qui leur permet de réviser le vocabulaire qu'ils ont déjà appris dans le livre 1. Ils identifient la catégorie de texte à laquelle appartient ce document.

2 Les élèves engagent une discussion de classe pour identifier le destinataire, le contexte, le but de l'affiche et les conventions propres à ce type de document. Puis, avec leur partenaire, ils se demandent si ces mêmes informations pourraient être présentées d'une autre façon et si cela serait aussi efficace.

Les élèves réfléchissent ensuite à l'utilité de l'affiche et disent ce qu'ils y ajouteraient d'autre.

Réponse

1 catégorie de texte : texte professionnel

justification : affiche produite par un organisme public français

2 destinataire : les familles

contexte : la santé publique

but : encourager les gens à bien manger / à s'alimenter de façon équilibrée

conventions : titre, illustrations, différentes typographies, registre impersonnel, style informatif

2 Lisez

Les activités qui suivent permettent aux élèves de montrer qu'ils ont compris les différents messages et de s'entraîner aux exercices de compréhension de l'examen.

Réponse

1 1 les salades, 2 la viande et les frites, 3 sa mère, 4 sa mère travaille tous les soirs, 5 des légumes

2 1 J, 2 I, 3 H, 4 E

3 1 Parce qu'ils ne savent pas comment revenir à un poids normal ; de plus, il y a plusieurs fast-foods près du lycée.

2 Pour retrouver leurs copains.

3 Pour être minces comme des mannequins.

4 Parce que les mannequins sur les photos de mode ne sont pas naturellement minces. Les magazines retouchent souvent les photos.

Rappel grammaire

Depuis

Cette section permet de réviser un point grammatical qui a été couvert dans le livre 1.

3 Lisez

Après avoir relevé toutes les expressions avec *depuis* dans les textes d'Emma, Rosalie et Ibrahim dans la section A, les élèves indiquent si elles expriment une durée ou un point de départ. Demandez-leur ensuite si la structure utilisée pour exprimer cette notion est la même dans la langue d'instruction du lycée.

Réponse

Emma : Je m'entraîne dur depuis janvier – point de départ.

Rosalie : Je suis supporteur des *Canadiens* depuis que je suis toute petite – point de départ. Depuis sa création, le *Rock'n'Roll Marathon Series* a collecté – point de départ.

Ibrahim : Depuis lundi, je suis joueur professionnel – point de départ. J'attends ce moment depuis 10 ans – durée.

📖 Cahier d'exercices 6/3

Cet exercice permet aux élèves de s'entraîner à utiliser *depuis*.

Réponse

1 Je ne mange plus de viande depuis deux ans. – *durée*

2 Audrey est allergique aux cacahuètes depuis toujours. – *point de départ et durée*

3 Je bois plus d'eau depuis cet été. – *point de départ*

4 Mes amis et moi, nous mangeons moins de burgers depuis un an. – *durée*

5 Depuis l'âge de 12 ans, je ne mets plus de sucre dans mon café. – *point de départ*

6 Depuis l'année dernière, le gouvernement conseille d'éviter les bonbons. – *point de départ*

4 Parlez

Activité à deux : les élèves discutent de leurs habitudes alimentaires. Pour aller plus loin, ils peuvent aussi exprimer une opinion polie sur les habitudes alimentaires de leur partenaire et leur donner des conseils.

5 Écrivez

Cette activité permet de consolider à l'écrit ce dont les élèves viennent de discuter. Rappelez aux élèves que dans un message sur un réseau social, il faut indiquer l'heure, la date et le nom de l'auteur. Le registre est familier et le ton reflètera les sentiments de l'auteur. Les élèves peuvent ensuite avoir une discussion sur les informations mentionnées dans le *Point info*.

Activités supplémentaires :

 Voir Fiche d'activité 53

Lisez le premier message (Kévin) et trouvez dans le texte les mots exacts qui correspondent aux définitions suivantes.

1 l'action de se nourrir

2 le contraire de « facile »

3 un lieu public où on peut prendre un repas simple

4 des personnes avec qui on est ami

5 la personne que ma mère a épousée

6 la personne qui m'a mis au monde

7 un repas que l'on prend le soir

8 le contraire de « quelquefois »

9 le contraire de « lent »

10 samedi et dimanche

Réponse

1 manger, 2 difficile, 3 cafétéria, 4 copains, 5 mon père, 6 ma mère, 7 dîner, 8 souvent, 9 rapide, 10 week-end

 Voir Fiche d'activité 54

Lisez le second message (Moussa) et remplissez chaque blanc dans le résumé avec un des mots de la liste. Attention : il y a plus de mots que de blancs.

La vie est [1] pour Moussa parce qu'il ne peut pas manger de [2]. Il a une [3] au gluten et les aliments à base de blé lui donnent une [4]. Comme les [5] dans les magasins contiennent souvent [6] de gluten, il mange [7] des repas préparés par ses parents et il ne prend jamais ses repas [8]. Ses parents utilisent aussi un [9] différent pour préparer ses repas et éviter de [10] sa nourriture.

à la maison – allergie – au lycée – beaucoup – contaminer – difficile – équipement – facile – féculents – gaspiller – indigestion – légumes – maladies – mal à la tête – pâtes – pièce – produits – quelquefois – toujours – un peu

Réponse

1 difficile, 2 féculents, 3 allergie, 4 indigestion, 5 produits, 6 un peu, 7 toujours, 8 au lycée, 9 équipement, 10 contaminer

 Voir Fiche d'activité 55

Lisez le troisième message (Élodie) et dites si les phrases suivantes sont vraies ou fausses. Justifiez vos réponses en utilisant des mots tirés du texte.

1 Certains jeunes qu'Élodie connaît n'arrivent pas à perdre du poids. **VRAI** (ils ne savent pas comment revenir à un poids normal)

2 Près de son lycée, il y a quatre nouveaux fast-foods. **FAUX** (deux nouveaux)

3 Les élèves vont au fast-food pour y rencontrer leurs amis. **VRAI** (pour retrouver les copains)

4 Certaines amies d'Élodie suivent un régime pour perdre du poids. **VRAI** (elles veulent être aussi minces que…)

5 Les amies d'Élodie sont des mannequins. **FAUX** (elles veulent être aussi minces que des mannequins)

6 Les photos de mode sont trompeuses. **VRAI** (sont souvent retouchées)

7 Tous les mannequins sont minces. **FAUX** (en réalité, les mannequins ne sont pas si minces que ça)

D. *On est ce que l'on mange*

1 Mise en route

Activité à deux : les élèves entament cette section par une discussion sur ce qui est important quand ils se nourrissent et font leurs courses. Ceci leur permet d'exprimer leurs opinions et de les justifier en utilisant les mots de l'encadré *Vocabulaire*.

2 Lisez

Cette activité teste la compréhension générale des messages.

Réponse

la santé : Zoé, Karim ; le plaisir : Olivia ; le bien-être des animaux : Zoé, Karim, Olivia ; la solidarité / le commerce équitable : Olivia, Bienaimé ; manger des produits frais, locaux et de saison : Zoé ; réduire l'empreinte carbone : Zoé

3   Lisez

Cette activité teste aussi la compréhension générale des messages.

Réponse

1 Olivia, 2 Karim, 3 Zoé, 4 Bienaimé, 5 Zoé, 6 Olivia, 7 Karim

4   Lisez et écrivez

Cette activité demande une compréhension plus approfondie des messages.

Réponse

1   Il n'est pas enfermé dans une cage, il peut courir dans l'herbe, il mange principalement du grain, il est tué de façon humaine.

2   Parce qu'Olivia achète du chocolat de commerce équitable ; c'est important pour les villages haïtiens de vendre du cacao à l'étranger.

3   Regarder les étiquettes pour savoir d'où il vient.

4   Acheter directement dans une ferme de la région ; faire les courses dans une épicerie qui achète des produits locaux ; faire de l'autocueillette.

5   Parlez

Activité à deux qui permet aux élèves d'exprimer et de défendre leurs opinions sur les sujets abordés dans cette section.

Grammaire en contexte

Le gérondif

On ne s'attend pas à ce que les élèves utilisent le gérondif au niveau *ab initio*, mais comme c'est une forme courante du verbe, il est important qu'ils le comprennent et sachent le reconnaître dans les textes authentiques.

6   Lisez

Les élèves relèvent tous les gérondifs dans les messages et indiquent s'ils expriment la manière ou la simultanéité.

Réponse

Gérondifs exprimant la manière : en consommant, en cultivant, en achetant

Gérondifs exprimant la simultanéité : en laissant

📖 Cahier d'exercices 6/4

Cet exercice permet aux élèves de consolider le gérondif. Demandez aux élèves de répondre en utilisant la première personne du singulier, comme dans les exemples.

Réponse possible

1   1   Je protège le bien-être des animaux en achetant un poulet bio.

2   Je connais l'origine des produits en lisant les étiquettes.

3   Je vois souvent nos nouveaux voisins en sortant de la maison.

4   Je traite humainement les poulets en les laissant dans le jardin.

5   Je découvre le commerce équitable en regardant le site web d'Éthiquable.

6   J'aide les pays en développement en choisissant mon thé ou mon sucre.

7   Je rencontre des amis en faisant mes courses au magasin bio.

8   J'aide les petits producteurs en payant le chocolat un peu plus cher.

2   1   manière

2   manière

3   simultanéité

4   manière

5   manière

6   manière

7   simultanéité

8   manière

7   Écrivez

Cette activité est un bon entraînement à l'épreuve d'expression écrite de l'examen. Rappelez aux élèves de respecter les conventions propres à ce type de texte : date, sujet, formule d'appel, salutation finale, signature ; registre formel et ton courtois.

Point info

En allant sur les sites d'Éthiquable et Équiterre, les élèves peuvent en apprendre plus sur les organisations qui encouragent la consommation responsable et le commerce équitable. Ils peuvent aussi faire des recherches sur de telles organisations dans leur pays et les comparer à Éthiquable et Équiterre.

E. *Le sommeil*

Interview avec Fatima Abdulali, psychologue : pourquoi les ados dorment-ils mal ?

Les activités qui suivent testent la compréhension du texte.

1   Lisez

Réponse

1 **K**, 2 **C**, 3 **B**, 4 **J**, 5 **E**, 6 **H**

2   Lisez et écrivez

Réponse

1   Les jeunes voient le sommeil comme une régression, quelque chose pour les bébés. Ils le perçoivent aussi comme une perte de temps.

2   Ils devraient se coucher vers 22 heures, car la durée minimum d'une bonne nuit de sommeil, à leur âge, c'est neuf heures et 15 minutes.

3   En semaine, beaucoup ne se réveillent pas à temps pour aller au lycée. Le week-end, c'est pire. Cela devient l'une des premières causes de conflit dans les familles.

....

Activités supplémentaires :

📄 *Voir Fiche d'activité 56*

Les expressions de la colonne de gauche sont reprises des paragraphes 1 et 2 de l'interview avec Fatima Abdulali. Trouvez, pour chaque expression de la colonne de gauche, l'expression dans la colonne de droite dont la signification est la plus proche. Attention : il y a plus d'expressions dans la colonne de droite que dans la colonne de gauche.

Exemple : 1 C

1	*régression*	☐	**A** tarder
			B tôt
2	bébés	☐	**C** *retour en arrière*
3	perte	☐	**D** dispute
4	car	☐	**E** agression
			F économie
5	remettre à plus tard	☐	**G** enfants en très bas âge
6	se coucher	☐	**H** jeunes
7	à temps	☐	**I** gaspillage
			J raisons
8	bien entendu	☐	**K** parce que
			L retarder
9	causes	☐	**M** s'allonger
10	conflit	☐	**N** aller dormir
			O à l'heure
			P évidemment
			Q comme
			R à cause de
			S sources
			T dispute
			U colère

Réponse

1 **C**, 2 **G**, 3 **I**, 4 **K**, 5 **L**, 6 **N**, 7 **O**, 8 **P**, 9 **J**, 10 **D**

....

📄 *Voir Fiche d'activité 57*

Indiquez si les phrases suivantes sont vraies ou fausses selon l'interview avec Fatima Abdulali. Justifiez vos réponses en utilisant des mots tirés des paragraphes 6 et 7 du texte.

1   Il est important d'éduquer les adolescents sur l'importance du sommeil. **VRAI** (Il faut faire un travail pédagogique.)

2   Il y a seulement deux signes qui indiquent qu'on a besoin de dormir. **FAUX** (quand on bâille, quand les yeux se ferment, quand la température du corps baisse)

3   Pour s'endormir facilement, il faut répéter les mêmes actions tous les soirs. **VRAI** (Il est donc important d'avoir un rituel.)

4   La meilleure chose pour se détendre avant d'aller se coucher, c'est de regarder une bonne émission à la télé. **FAUX** (il faut éviter les médias avec écran)

5   Le soir, il est conseillé de ne pas écouter de la musique. **FAUX** (Le soir, c'est mieux d'écouter la radio.)

Rappel grammaire

Les connecteurs logiques

Rappelez aux élèves l'importance des connecteurs logiques. Vous pouvez leur demander de faire à livre fermé une liste des connecteurs dont ils se souviennent, puis ils vérifient si ce sont les mêmes que ceux de l'encadré *Rappel grammaire* dans la section E. Demandez-leur ensuite de relever tous les connecteurs logiques utilisés dans l'interview. Pour s'entraîner davantage, ils peuvent écrire des phrases avec chacun des connecteurs sur leur liste, ou les catégoriser, par exemple :

addition : (et) puis, aussi, de plus

alternative : par contre, mais

cause : étant donné, car

classification, énumération : d'abord, au départ

concession : en fait

conclusion, conséquence : donc, alors

condition, supposition : apparemment

illustration : par exemple, autrefois

liaison : d'ailleurs, mais, en effet, puis, de plus

📖 Cahier d'exercices 6/5

Cet exercice permet de consolider l'usage des connecteurs logiques.

Réponse

1 puis, 2 aussi, 3 par exemple, 4 bien entendu, 5 Autrefois, 6 En fait, 7 De plus, 8 Donc, 9 et

Cahier d'exercices 6/6

Cet exercice permet de réviser les pronoms personnels complément d'objet, qui ont été couverts dans le chapitre 4 du livre 2.

Réponse

1   Le journaliste <u>lui</u> pose des questions sur le sommeil des ados.

2   Fatima <u>lui</u> explique les problèmes.

3   Les ados <u>le</u> considèrent comme quelque chose d'enfantin.

4   La lumière des écrans <u>les</u> empêche de s'endormir.

5   Fatima <u>les</u> décrit.

6   Elle <u>leur</u> conseille d'avoir un rituel le soir.

7   C'est important de <u>l'</u>éteindre.

8   Fatima <u>leur</u> propose des techniques de relaxation.

9   On <u>les</u> imagine qui montent dans le ciel.

10 Le journaliste <u>la</u> remercie pour l'interview.

3   Parlez

Activité à deux : les élèves discutent des problèmes dont on parle dans l'interview.

4   Écrivez

Cette activité permet aux élèves de s'exercer à écrire le texte d'une interview en utilisant les sujets dont ils ont discuté et le vocabulaire qu'ils ont appris. Encouragez-les à utiliser des connecteurs logiques. Rappelez-leur que, dans une interview, il doit y avoir des questions et des réponses.

F. *Écouter et comprendre*

Dans cette section, les élèves apprendront à lire une introduction pour en tirer autant d'informations que possible et ils s'exerceront à répondre aux questions à choix multiple.

1   Comment lire une introduction pour en tirer autant d'informations que possible

1   Les élèves lisent les introductions et disent combien de personnes ils vont entendre.

2   Ils identifient ensuite le sujet de chaque enregistrement.

Réponse

1   1 deux, 2 deux, 3 deux, 4 une, 5 une, 6 une

2   1 les loisirs, 2 l'alimentation, 3 les loisirs, 4 la santé, 5 l'alimentation, 6 la santé / les loisirs

2   Répondre aux questions à choix multiple

Avant d'écouter l'enregistrement, demandez aux élèves de lire la liste de conseils dans l'encadré, puis l'introduction et ensuite les questions. Cette activité leur permet de se concentrer sur le sujet de l'enregistrement avant de l'entendre et d'anticiper les réponses.

1   Les élèves écoutent l'enregistrement et choisissent la bonne option pour terminer chaque phrase.

2   Les élèves lisent la transcription de l'enregistrement et vérifient leurs réponses.

🔊 Audio

Nolwenn	On habite Nantes depuis une semaine. Qu'est-ce qu'il y a comme activités pour les jeunes ici, Dylan ?
Dylan	Tu es plutôt sportive, ou bien tu préfères la musique ? Il y a une super salle de concert à Nantes, le Zénith. Pour y aller, on doit réserver les billets longtemps à l'avance.
Nolwenn	Bonne idée ! Là où j'habitais avant, on ne pouvait pas aller à des concerts parce qu'il n'y avait pas de grande salle. Si on voulait écouter un concert de rock, on devait aller à Paris.
Dylan	Et le sport, ça t'intéresse ? Moi, je suis supporteur des *Canaris*. C'est le club de foot de Nantes. On les appelle « les *Canaris* » parce qu'ils portent un maillot jaune.
Nolwenn	À vrai dire, Dylan, le sport en spectatrice, je n'aime pas beaucoup. Je suis active et je veux garder la forme.
Dylan	Justement, je suis membre d'un club de tennis. Tu veux jouer avec moi samedi?
Nolwenn	D'accord, avec plaisir.

Réponse

1 **C**, 2 **B**, 3 **C**, 4 **A**, 5 **C**

3 Reconnaître le temps des verbes et les adverbes de temps

Le but de cette activité est d'aider les élèves à identifier le temps des verbes qu'ils entendent. Conseillez-leur d'identifier d'abord l'adverbe de temps ou la locution adverbiale qui se trouve dans la phrase qu'ils entendent avant de choisir l'option A ou B.

🔊 Audio

1 Hier, vous étiez dans un magasin bio ?

2 J'ai fait une grande salade ce matin.

3 Le jeune footballeur a eu beaucoup de chance la saison dernière.

4 Énora va faire de la planche à voile l'été prochain.

5 Elles vont partir après-demain.

6 Nous allions à la Maison des Jeunes quand j'avais 12 ans.

Réponse

1 Adverbe : hier – **A** (passé)

2 Adverbe : ce matin – **A** (passé)

3 Adverbe : la saison dernière – **B** (passé)

4 Adverbe : l'été prochain – **A** (futur)

5 Adverbe : après-demain – **B** (futur)

6 Adverbe : quand j'avais 12 ans – **B** (passé)

4 Choisir les affirmations vraies

Les élèves lisent l'introduction et les affirmations **A–H**. Ils lisent aussi les conseils dans les encadrés. Cette activité leur permet d'anticiper les réponses.

1 Ils écoutent l'enregistrement et choisissent les **quatre** affirmations vraies.

2 Les élèves lisent la transcription de l'enregistrement et vérifient leurs réponses.

🔊 Audio

Interviewer	Bonjour Laura. Alors, tu as 15 ans et tu es une nageuse très rapide. En fait, tu viens de remporter une compétition au niveau national. Tu dois être contente !
Laura	Bien sûr, je suis vraiment heureuse. Non seulement j'ai remporté la compétition mais en plus j'ai amélioré mon record personnel. Pour moi, le record personnel, c'est plus important que la médaille.
Interviewer	Comment t'entraînes-tu pour arriver à ces résultats ?
Laura	Je m'entraîne à la piscine tous les matins de 6 heures à 8 heures, avant d'aller au collège. Heureusement, la piscine est tout près du collège. Le soir, après les cours, je fais une heure de jogging.
Interviewer	En plus, tu fais du jogging tous les jours ?
Laura	Oui, presque tous les jours. Enfin, en hiver, s'il pleut et s'il fait froid, je vais à la salle de musculation et je cours sur le tapis. Je dois m'entraîner un peu tous les jours, à l'extérieur ou en salle, si je veux garder la forme. C'est vraiment important…

Réponse

Réponses vraies : **A, C, F, G**

G. *À l'écoute : faites vos preuves !*

1   Écoutez

1   Les élèves écoutent l'enregistrement et choisissent la bonne option pour terminer chaque phrase.

2   Les élèves lisent la transcription de l'enregistrement et vérifient leurs réponses.

🔊 Audio

Lucas	Je suis au Maroc depuis trois jours et la cuisine marocaine me plaît beaucoup. J'aime surtout le couscous parce que j'adore les saveurs épicées. C'est délicieux !
Djamila	C'est vrai, c'est bon et en plus c'est équilibré, comme ça contient beaucoup de légumes, des féculents et aussi un peu de viande, par exemple du poulet. Est-ce que tu as essayé le tajine ?
Lucas	Non, qu'est-ce que c'est ?
Djamila	Le tajine, c'est une spécialité de la cuisine du Maroc, avec de la viande et des fruits comme les abricots ou les citrons. On peut aussi le préparer avec du poisson.
Lucas	Malheureusement, depuis l'âge de 10 ans, je suis allergique au poisson et je ne peux pas du tout en manger. C'est dommage, parce que j'aimais beaucoup ça et normalement, c'est bon pour la santé !
Djamila	As-tu goûté aux pâtisseries marocaines ? Elles sont très sucrées, c'est vrai, donc on doit en manger avec modération, mais elles sont délicieuses.

Réponse

1 **C**, 2 **B**, 3 **B**, 4 **B**, 5 **A**

2   Écoutez

1   Les élèves écoutent la première partie de l'enregistrement et choisissent la bonne option pour terminer chaque phrase.

2   Les élèves écoutent le reste de l'enregistrement et répondent aux questions.

3   Les élèves lisent la transcription de l'enregistrement et vérifient leurs réponses.

🔊 Audio

Première partie

Bonjour et merci de me recevoir dans votre lycée ! Je suis venue vous parler de Marchécoop, un supermarché pas comme les autres. Marchécoop est ouvert depuis 2010. Marchécoop, c'est une coopérative, c'est-à-dire un magasin qui appartient aux employés. Les employés ne sont pas payés. Ce sont des bénévoles, des gens ordinaires qui acceptent de travailler trois heures par mois au supermarché. Les clients, eux, doivent d'abord payer 100 euros pour participer au projet. Ensuite, ils peuvent y faire des courses aussi souvent qu'ils veulent.

Deuxième partie

Au début, il n'y avait pas beaucoup de choix, juste quelques dizaines de produits. Depuis, la coopérative s'est développée et agrandie et on y trouve maintenant des centaines de produits différents.

En sélectionnant les produits, Marchécoop applique trois principes bien clairs : des produits locaux, du commerce équitable et aussi le respect du bien-être des animaux.

Premier principe, la plupart des aliments doivent être locaux. Les légumes, les fruits, la viande viennent de producteurs locaux, qui habitent à moins de 150 kilomètres de Bruxelles. Il y a quelques exceptions, bien sûr, comme les oranges ou les bananes, qui ne poussent pas en Belgique. Le résultat, c'est que nos produits sont frais et plein de vitamines. Aussi, notre empreinte carbone est minimale, parce que la durée du transport est très courte.

Notre deuxième principe, c'est le commerce équitable et solidaire. Nos producteurs sont toujours bien payés, même si les clients doivent payer les produits un peu plus cher.

Troisièmement, Marchécoop n'est pas réservé aux végétariens. On y trouve de la viande, mais elle provient d'animaux qui ont été bien traités. Les poulets ont couru dans l'herbe, les vaches ont grandi dans les prés… Le bien-être des animaux est un principe important pour nous.

En conclusion, en faisant ses courses à Marchécoop, on est un consommateur responsable et tout le monde y gagne !

Réponse

1   1 **B**, 2 **C**, 3 **C**, 4 **A**

2   1 des centaines, 2 des producteurs locaux, 3 oranges, bananes, 4 frais, plein de vitamines, 5 le commerce équitable / solidaire, 6 la viande

3   Écoutez

1   Les élèves écoutent un extrait d'une émission à la radio. Après avoir écouté la première partie de l'enregistrement, ils remplacent le blanc dans chacune des phrases par un mot du texte.

2   Les élèves écoutent le reste de l'enregistrement et choisissent les **cinq** affirmations vraies.

3   Les élèves lisent la transcription de l'enregistrement et vérifient leurs réponses.

🔊 Audio

Première partie

Marika	Bonjour et bienvenue dans mon émission, *Dites-moi tout !* Vous avez entre 12 et 18 ans et des questions sur votre hygiène de vie ? Je suis Marika Leblanc, je vous écoute et je vous réponds.
	Le premier appel vient de Karim. Bonjour Karim! Quelle est ta question ?
Karim	Bonjour Marika ! Alors, mes parents ont déménagé et je ne connais personne à Saint-Jean, ma nouvelle ville. Je me suis inscrit au club d'athlétisme pour rencontrer d'autres jeunes, mais je ne suis pas très bon en sport. Comment est-ce que je peux m'améliorer ?
Marika	D'abord, Karim, bravo pour ton initiative ! En t'inscrivant au club d'athlétisme, tu pourras te faire de nouveaux amis mais aussi garder la forme et rester en bonne santé. Pour devenir bon athlète, tu dois t'entraîner régulièrement. En allant à la piscine, par exemple, ou à la salle de musculation, je suis sûre que tu vas vite t'améliorer. Bonne chance, Karim !
Karim	Merci Marika !

Deuxième partie

Marika	Une auditrice, maintenant, Lily. Quelle est ta question, Lily ?
Lily	Mon problème, c'est que je manque d'énergie. J'ai des examens en ce moment, mais je n'arrive pas à me concentrer. Quelquefois, je m'endors même pendant les cours ! Je dois réussir les examens parce qu'ensuite je veux aller à l'université.
Marika	C'est normal à l'adolescence d'être fatigué, parce que ton corps change et tu grandis. Est-ce que tu fais attention à ton alimentation ? Tu dois manger équilibré : beaucoup de fruits et légumes, des protéines, par exemple un peu de viande, de poisson ou d'œufs. Et comme boisson, surtout de l'eau. Évite les fast-foods et les produits trop sucrés : l'énergie qu'ils donnent ne dure pas et tu seras encore plus fatiguée après.
Lily	Merci à toi, Marika !
Marika	Maintenant, nous avons Tom en ligne. Tom, je t'écoute !
Tom	Mon problème, c'est que le soir, je n'arrive pas à m'endormir. Pourtant, mon lit est confortable… Le matin, je me réveille tard et mes parents se mettent en colère.
Marika	Ne t'inquiète pas, Tom, tu n'es pas le seul. Dis-moi, est-ce que tu lis le soir avant de te coucher ?
Tom	Oui, je lis les messages de mes amis sur les réseaux sociaux et j'y réponds.
Marika	Ah, tu lis sur les réseaux sociaux ! Voilà le problème. C'est l'écran allumé de ta tablette ou de ton téléphone qui t'empêche de dormir.
	En lisant un livre ou en écoutant la radio, tu pourras plus facilement t'endormir. Essaie, tu verras…

Réponse

1   1 ville, 2 inscrit, 3 sport, 4 régulièrement, 5 piscine

2   réponses vraies : 1, 5, 6, 9, 10

Révisions

Manger, bouger, chacun à sa façon

1   Parlez

Cette activité constitue un bon entraînement à l'examen oral. Vous pouvez aussi demander aux élèves de faire une courte présentation de l'une des photos.

2   Écrivez

Cette activité permet aux élèves de s'entraîner à l'épreuve d'expression écrite de l'examen.

Point de réflexion

Les élèves engagent une discussion sur la question :

« Manger équilibré, faire du sport, est-ce que c'est un luxe de nos jours ? »

Encouragez-les à considérer les points suivants :

Est-ce que c'est une question d'argent ? Une question d'éducation ?

Est-ce que cela dépend du lieu où on habite ? Du milieu dans lequel on vit ? De la culture ?

Est-ce que tout le monde a les mêmes chances : dans votre pays ou votre communauté ? dans les pays développés et les pays en développement ?

Cahier d'exercices 6/7

Rappel grammaire

Les exercices supplémentaires permettent aux élèves de consolider les points de grammaire couverts dans ce chapitre.

Pouvoir, vouloir, devoir

1   Les élèves complètent le tableau avec la forme correcte du verbe au temps requis.

Réponse

	pouvoir	vouloir	devoir
P	je peux nous pouvons	tu veux vous voulez	il doit elles doivent
I	tu pouvais vous pouviez	elle voulait ils voulaient	je devais ils devaient
PC	nous avons pu ils ont pu	j'ai voulu il a voulu	nous avons dû vous avez dû
F	il pourra elles pourront	tu voudras vous voudrez	je devrai nous devrons
C	je pourrais nous pourrions	nous voudrions elles voudraient	elle devrait elles devraient

2   Les élèves complètent les conversations en conjuguant *pouvoir*, *vouloir* ou *devoir* au temps requis.

Réponse

1 doit, 2 pourrons, pourrais, 3 devrait, veut, pourra, 4 Veux, voudrais, peux, dois, 5 devait, a pu, 6 pouviez, devions

Depuis

3   Les élèves remettent les phrases avec *depuis* dans le bon ordre et identifient si *depuis* indique un point de départ (PD) ou une durée (D).

Réponse

1   Je vais à la salle de sport depuis six mois. D

2   Élodie a mal au ventre depuis hier. PD

3   Tom et Louis font des tournois de tennis depuis janvier. PD

4   Husna ne boit pas de lait depuis deux ans. D

4   Les élèves identifient si *depuis* dans les phrases indique un point de départ (PD) ou une durée (D) et ils conjuguent les verbes au présent.

Réponse

1   Depuis 10 ans, on recommande les aliments sans gluten. D

2   Kévin et Moussa se connaissent depuis l'âge de 12 ans. PD

3   Depuis 2017, les photos de mannequins trop minces sont illégales. PD

4   Lila ne mange pas de viande depuis cinq ans. D

Pour plus de pratique, demandez aux élèves d'écrire des phrases avec *depuis* et de noter si chaque phrase indique un point de départ ou une durée.

7 Protégeons notre environnement

Thèmes et sujets	**Partage de la planète** Environnement **Expériences** Habitudes quotidiennes
Aspects couverts	Les différentes formes de pollution Les énergies renouvelables Les ressources naturelles L'écologie, le recyclage L'individu et l'engagement en faveur de l'environnement
Grammaire	La négation (rappel) Les connecteurs logiques pour exprimer la cause et la conséquence Les phrases avec *si* (rappel) Exprimer une cause et son effet
Textes	**Réceptifs** Liste (table des matières), extrait de brochure, dépliant, interview, article de magazine, infographie, extrait de blog, graphique, messages sur forum, extrait de site web **Productifs** Extrait de guide, brochure, interview, campagne de promotion (écrite ou orale), conversation, commentaire sur blog, affiche, message sur forum, e-mail, court article
Coin IB	**Théorie de la connaissance** • La globalisation est-elle un avantage ou un inconvénient pour la protection de l'environnement ? • Sommes-nous en train de détruire notre planète ? • Fait-on assez pour protéger notre environnement ? • La violence est-elle justifiée quand il s'agit de la défense de l'environnement ? **Créativité, action, service (CAS)** • Vous habitez dans une ville écologique. Créez une brochure pour les visiteurs de la ville expliquant ce que les habitants font pour réduire l'empreinte carbone et les inviter à faire la même chose durant leur séjour. • Organisez ou participez à une campagne anti-gaspillage dans votre lycée ou votre ville ou à une campagne pour la défense de la nature et la protection de l'environnement. **Point de réflexion** • Peut-on encore être optimiste pour l'avenir de la planète ? **Examen oral individuel** • Décrire des photos qui illustrent les dangers de la pollution • Avoir une discussion sur la pollution et la protection de l'environnement et sur le gaspillage alimentaire **Épreuve d'expression écrite** • Écrire une brochure intitulée : « Comment être écolo au lycée » • Écrire un message sur un forum pour dire ce qu'on fait pour protéger son environnement • Écrire un commentaire sur un blog au sujet du gaspillage alimentaire • Rédiger le texte d'une affiche pour une campagne anti-gaspillage • Écrire un message sur un forum pour parler d'un problème environnemental • Écrire un message sur un forum pour donner son avis sur les meilleures formes d'énergie • Écrire un e-mail à une association pour la protection de l'environnement

Ce chapitre a trait aux thèmes *Partage de la planète* et *Expériences*. Il couvre les sujets de l'environnement et des habitudes quotidiennes ainsi que le vocabulaire se rapportant aux enjeux environnementaux (le recyclage, les emballages, le gaspillage, la pollution, l'engagement écologique, différentes formes de pollution, énergies renouvelables), aux achats et aux transports. Sur le plan grammatical, les élèves réviseront la négation et le conditionnel, et apprendront à exprimer la cause et la conséquence.

Différents types de texte seront abordés : liste (table des matières), extrait de brochure, dépliant, interview, article de magazine, infographie, extrait de blog, graphique, messages sur forum, extrait de site web.

Les élèves développeront leurs compétences productives et interactives en utilisant dans les différentes activités orales ou écrites le vocabulaire et la grammaire couverts dans ce chapitre. Ils pourront aussi s'entraîner aux épreuves écrites et orales de l'examen et avoir des discussions sur les effets de la pollution, l'importance de la protection de l'environnement et l'avenir de la planète.

1 Mise en route

Activité à deux : les élèves cherchent ensemble le vocabulaire nécessaire pour décrire l'image et ce qu'elle évoque, puis expriment leurs opinions sur l'intention de l'artiste.

Réponse possible

1 le danger, la pollution, le problème du nucléaire, l'air vicié, se protéger, les fumées toxiques…

2 L'artiste montre une image sombre de l'avenir si on ne fait rien.

2 Parlez

Les élèves écrivent une dizaine de phrases pour dire ce que la photo évoque pour eux, puis ils en discutent en classe.

Réponse possible

Elle évoque la protection de la nature, l'importance de l'eau, l'entraide, la solidarité, etc. L'avenir est « vert » si on protège la planète.

A. *Comment être un parfait éco-citoyen ?*

Petit guide de l'éco-citoyen

1 Lisez

1 Les élèves identifient le but et les destinataires du premier document de la section A.

2 Les élèves identifient les conventions de ce type de texte.

3 Les élèves donnent le genre et la signification des noms utilisés dans les titres de chapitre.

4 Les élèves font correspondre chaque extrait de la brochure à un titre de chapitre dans le sommaire, pour montrer qu'ils en ont compris le sens.

Réponse

1 but : informer sur les gestes écologiques à faire tous les jours chez soi

destinataires : le grand public, les jeunes

2 conventions : titre, images, paragraphes, registre semi-soutenu, ton assertif

3 Noms masculins : chauffage, compostage, jardinage, lave-linge et lave-vaisselle, nettoyage, recyclage des objets, tri sélectif

Noms féminins : climatisation, durabilité, eau, électricité

4 **A** 6 (électricité), **B** 9 (nettoyage), **C** 7 (jardinage), **D** 4 (durabilité), **E** 11 (tri sélectif)

Faites remarquer aux élèves que les noms qui finissent en -*té* et en -*tion* sont généralement féminins et ceux qui finissent en -*age* sont généralement masculins (voir le chapitre 9, section B).

2 Lisez

Cette activité a pour but de faire travailler les élèves sur le vocabulaire du texte.

Réponse

1 **B**, 2 **G**, 3 **H**, 4 **E**

Rappel grammaire

La négation (1)

Révisez avec les élèves la forme négative et les mots négatifs.

3 Écrivez

Cette activité permet aux élèves de réviser la forme négative et de se familiariser un peu plus avec le vocabulaire du texte 1. Elle leur permet aussi de démontrer leur compréhension conceptuelle en discutant des conventions, du registre et du ton de leur texte.

Réponse possible

J'utilise encore des produits chimiques pour nettoyer la maison. Je n'utilise aucun produit naturel, ni vinaigre blanc contre le calcaire, ni page de journal mouillée pour les vitres, etc.

J'utilise désherbants, engrais et pesticides chimiques. Je n'utilise pas l'eau de cuisson des pâtes ou des pommes de terre pour tuer les mauvaises herbes ni l'eau de cuisson des œufs et des légumes comme engrais. Je ne plante pas de thym ou de menthe pour éloigner les insectes nuisibles.

Je ne suis pas du tout contre les produits jetables (comme les lingettes et l'essuie-tout). Je ne préfère pas investir dans des produits réutilisables. Je ne refuse pas les sacs en plastique et je n'utilise jamais de sac en toile ou de panier pour faire les courses.

Je ne mets ni papier, ni carton, ni plastique, ni verre dans les containers adaptés. Je ne fais pas attention aux produits toxiques ou dangereux comme les piles : je ne les mets jamais dans des containers spéciaux.

Cahier d'exercices 7/1

Cet exercice permet de consolider la forme négative.

Réponse

1 Je n'ai jamais utilisé d'engrais chimique.

2 Je n'utilise plus de pesticides.

3 Je ne cultive ni tomates OGM ni maïs OGM.

4 Je n'utilise aucun sac en plastique.

4 Écrivez

1 Les élèves écrivent des conseils pour un ou plusieurs des chapitres du guide de l'éco-citoyen qui ne figurent pas dans la section A. Vous pouvez aussi leur demander d'ajouter des conseils aux différentes sections du texte.

2 Les élèves comparent leur texte avec une autre paire, puis ils engagent une discussion pour vérifier qu'ils ont bien utilisé les conventions pour ce type de texte et adopté le bon registre et le bon ton.

....

Activité supplémentaire à deux : le jeu du menteur. Ce petit jeu permet aux élèves de s'entraîner à utiliser la forme négative à l'oral tout en s'amusant. Les élèves écrivent d'abord ce qu'ils faisaient qui n'était pas écolo quand ils étaient plus jeunes et ce qu'ils font maintenant qui est très écolo. Ils lisent ensuite leurs phrases à leur partenaire qui doit deviner si leur camarade dit ou ne dit pas la vérité. Par exemple, l'élève A dit : *Avant, je prenais des bains mais maintenant, je n'en prends plus. Je prends uniquement des douches.* L'élève B dit : *Tu mens !* et l'élève A répond : *Non, perdu ! C'est la vérité !* ou *Oui gagné ! Ce n'est pas la vérité.*

Ville de Vannes

Le tri sélectif : mythes et réalités

5 Lisez et parlez

1 Les élèves identifient le type de texte et ses conventions.

2 Dans cette activité, les élèves continuent à travailler la forme négative, en particulier la forme négative avec un verbe à l'infinitif.

3 Les élèves comparent ensuite la ville de Vannes à la leur.

Réponse

1 type de texte : prospectus

conventions : titre, images, liste numérotée, encadrements, registre impersonnel et ton persuasif

2 Réponse possible : À mon avis, numéro 2 est faux ; on peut mettre les emballages gras (beurre, huile, mayonnaise, etc.) dans le bac à recyclage car ils sont nettoyés après.

Numéro 3 est vrai ; on peut laisser les bouchons sur les bouteilles en plastique avant de les trier et ils sont recyclés en même temps que les bouteilles.

Numéro 4 est faux ; on ne peut pas mettre le papier, le carton et les déchets organiques dans la même poubelle. Le papier et le carton sont recyclés et les déchets organiques peuvent faire du compost.

Je crois que numéro 5 est faux. On ne doit pas mettre les emballages les uns dans les autres (par exemple une bouteille en plastique dans un carton) pour qu'ils prennent moins de place. Cela complique le travail de tri, les plastiques et les cartons ne sont pas recyclés ensemble.

Numéro 6 est vrai. Il est possible de recycler un emballage qui a ce logo (c'est le logo – ruban de Möbius – qui est le logo universel des matériaux recyclables depuis 1970).

6 Écrivez

Cette activité est un bon entraînement à l'épreuve d'expression écrite (voir l'appendice *Conseils pour l'examen*). Encouragez les élèves à utiliser la forme négative. Rappelez-leur qu'une brochure doit avoir des titres, des intertitres, une liste à puces ou numérotée, un registre formel ou impersonnel et un ton persuasif.

Les élèves peuvent aussi écrire un message pour un site web, comme par exemple celui de la Fondation Nicolas Hulot, pour dire ce qu'ils font pour protéger l'environnement. Vous pouvez aussi leur demander de faire un sondage dans le lycée pour savoir ce que les élèves et les profs font pour protéger l'environnement, puis de faire une présentation à la classe pour donner les résultats de leur enquête.

B. *Les dangers du plastique*

Le fléau des sacs en plastique : est-ce un mal inévitable ?

1 Lisez

Cette activité teste la compréhension du texte et entraîne les élèves à faire des phrases longues en réutilisant les mots du texte.

Réponse

1 Ils sont aussi malheureusement très présents dans le paysage africain.

2 Le Burkina Faso perd chaque année 30 % de ses vaches, qui meurent parce qu'elles ont avalé des sacs en plastique car elles pensaient que c'était de la nourriture.

3   Non, les animaux marins comme les tortues souffrent aussi.

4   Parce que les sacs en plastique bloquent les systèmes d'évacuation des eaux, ce qui augmente les risques d'inondations. À cause des eaux stagnantes il y a plus de moustiques, et plus de moustiques veut dire plus de malaria.

5   Parce que le sac soi-disant biodégradable ne se dégrade qu'un petit peu plus rapidement que le non-biodégradable.

6   Non, vu qu'ils sont déjà interdits dans plusieurs pays africains et que le problème continue.

7   Utiliser des sacs faits à partir d'autres matières organiques qui se dégradent vraiment rapidement ; faire une campagne forte pour promouvoir l'utilisation de sacs réutilisables ou des paniers pour faire les courses.

8   Limiter la pollution par les déchets en plastique et lutter contre la pauvreté par la création d'emplois pour les jeunes et les femmes.

Grammaire en contexte

Les connecteurs logiques pour exprimer une cause

Expliquez aux élèves les différentes façons d'exprimer une cause.

2   Lisez et écrivez

Cette activité introduit le point grammatical dans l'encadré en demandant aux élèves de relever les expressions exprimant une cause puis de se familiariser un peu plus avec ce point en s'entraînant à utiliser ces expressions dans des phrases.

Réponse

1   parce que, à cause des, car, puisqu', comme, grâce à

2   2 à cause des, 3 à cause de la, 4 grâce au, 5 grâce aux

📖 Cahier d'exercices 7/2

Cet exercice permet de continuer à s'entraîner à utiliser les expressions exprimant une cause.

Réponse

1 grâce au (écolo), 2 Grâce aux (écolo), 3 À cause des (écolo), 4 Grâce aux (pas écolo), 5 À cause des (pas écolo)

Activité supplémentaire à deux : les élèves recréent l'interview en utilisant leurs propres mots et en l'adaptant à leur environnement. L'élève A pose les questions et l'élève B donne les réponses, puis ils inversent les rôles. Par exemple, l'élève A dit : *Pourquoi les sacs en plastique vous inquiètent-ils tant ?* et l'élève B répond : *C'est un produit très polluant qu'on trouve partout dans le monde.*

3   Parlez

Les élèves engagent une discussion pour expliquer pourquoi Luc pense que le sac en plastique est « un triste symbole de notre société de surconsommation » et dire s'ils sont d'accord avec lui.

4   Écrivez

Dans cette activité de groupe, les élèves peuvent donner libre cours à leur imagination et à leur créativité tout en utilisant ce qu'ils ont appris dans ce chapitre. Encouragez chaque groupe à utiliser un support différent. Rappelez-leur d'utiliser les conventions propres au type de texte qu'ils ont choisi. Ils peuvent ensuite présenter leur travail fini au reste de la classe.

Activités supplémentaires :

 Voir Fiche d'activité 58

Lisez le texte de l'interview avec Luc Kodombo et indiquez si les phrases suivantes sont vraies ou fausses. Justifiez vos réponses avec des mots tirés du texte.

1   En Afrique, on utilise entre 500 et 1 000 milliards de sacs en plastique. **FAUX** (dans le monde entier)

2   Les sacs en plastique présentent un grand danger. **VRAI** (ils sont très dangereux)

3   Les sacs en plastique peuvent causer la mort d'un animal. **VRAI** (des vaches meurent chaque année)

4   Les sacs en plastique permettent de se débarrasser des moustiques. **FAUX** (il y a plus de moustiques)

5   Les sacs en matière organique ne sont pas biodégradables. **FAUX** (se dégradent vraiment rapidement)

6   L'interdiction des sacs en plastique ne résoudra pas le problème. **VRAI** (ils sont déjà interdits dans plusieurs pays africains et le problème continue)

7   Le but du projet TVDP est de recycler les déchets plastiques. **VRAI** (en les collectant, pour les transformer en poubelles ou autres objets en plastique)

8   Le projet TVDP donne du travail aux jeunes et aux femmes. **VRAI** (la création d'emplois pour les jeunes et les femmes)

 Voir Fiche d'activité 59

Trouvez dans le texte de l'interview avec Luc Kodombo les mots exacts qui ont le sens contraire des mots suivants.

1	joyeux	7	moins
2	heureusement	8	lentement
3	absents	9	permis
4	baisse	10	augmenter
5	naissent	11	inconvénient
6	courantes	12	richesse

Réponse

1 triste, 2 malheureusement, 3 présents, 4 augmentation, 5 meurent, 6 stagnantes, 7 plus, 8 vite / rapidement, 9 interdits, 10 réduire, 11 avantage, 12 pauvreté

 Voir Fiche d'activité 60

Les phrases suivantes sont tirées de l'interview avec Luc Kodombo. Réécrivez chaque phrase en remplaçant les mots soulignés par le pronom personnel qui convient.

1 On utilise entre 500 et 1 000 milliards <u>de sacs en plastique</u> <u>dans le monde entier</u> chaque année. (On **y en** utilise entre 500 et 1 000 milliards chaque année)

2 <u>les sacs</u> bloquent <u>les systèmes d'évacuation des eaux</u>… (**ils les** bloquent)

3 ils sont déjà interdits <u>dans plusieurs pays africains</u>… (ils **y** sont déjà interdits)

4 Son but est de réduire l'impact <u>des déchets plastiques</u>… (Son but est d'**en** réduire l'impact)

5 Il s'agit de limiter <u>la pollution</u>… (Il s'agit de **la** limiter)

C. *La meilleure solution aux déchets ? Ne pas en produire !*

Avant de faire faire aux élèves les activités de compréhension et de vocabulaire qui suivent, dites-leur de faire un remue-méninges des noms de magasins qu'ils connaissent et des articles qu'on vend dans une épicerie.

1 Lisez

Réponse

1 réutilisables, 2 plusieurs fois, 3 santé, 4 économique, 5 uniquement, 6 recyclage, 7 écologique, 8 locaux, 9 transport, 10 centre-ville

2 Lisez et écrivez

Réponse

1 en vrac, 2 le consommateur, 3 meilleur marché, 4 le coût

3 Lisez

Réponse

1 1 **D**, 2 **C**, 3 **A**, 4 **B**

2 Réponse possible : On réduit les déchets au minimum, si bien que les frais de tri et de recyclage sont aussi réduits.

Les frais de recyclage sont réduits, par conséquent les impôts locaux sont aussi réduits.

On réduit les déchets au minimum, c'est donc bénéfique à la planète.

La Recharge achète seulement des produits locaux, de sorte que cela évite les frais de recyclage.

Le magasin est en plein centre-ville, alors on n'a pas besoin de prendre sa voiture pour aller dans les zones commerciales.

Rappel grammaire

Exprimer la conséquence

Révisez les expressions qui indiquent la conséquence.

 Cahier d'exercices 7/3

Cet exercice permet de consolider les expressions de cause et de conséquence.

Réponse

1 car, 2 donc, 3 de sorte qu', 4 parce qu', 5 puisqu'

4 Parlez

Activité à deux : les élèves jouent le rôle de deux consommateurs : l'un pour l'idée de La Recharge et l'autre contre. Encouragez-les à utiliser les expressions de cause et de conséquence et le verbe *penser* à la forme affirmative et négative. Rappelez aux élèves qu'on utilise le subjonctif après *je ne pense pas*.

Vous pouvez aussi leur demander de revisiter le texte sur le Burkina Faso, section B du chapitre 7, et d'écrire des phrases sur ce texte qui contiennent des expressions de cause et de conséquence.

Activité supplémentaire :

 Voir Fiche d'activité 61

Trouvez parmi les phrases **A–J** se rapportant au texte sur La Recharge les **cinq** qui sont vraies.

A La Recharge est un nouveau supermarché.

B Quand on fait ses courses à La Recharge, il faut apporter ses sacs.

C Les produits à La Recharge sont dans des emballages jetables.

D On ne peut rien acheter à La Recharge si on n'apporte pas ses contenants.

E Certains emballages peuvent être dangereux.

F Les produits vendus à La Recharge sont moins chers que dans les autres magasins.

G Quand on va faire ses courses à La Recharge, on achète juste ce dont on a besoin.

H   On peut acheter des produits exotiques à La Recharge.

I   La Recharge se trouve dans la zone commerciale.

J   La Recharge ressemble aux magasins d'autrefois.

Réponse

B, E, F, G, J

D. *Le Canada : champion du gaspillage alimentaire*

1   Lisez

Cette activité permet aux élèves à la fois d'enrichir leur vocabulaire et de tester la compréhension de l'infographie.

Réponse

1   **A, C, D, F, G**

2   **B**   Au Canada, les consommateurs gaspillent 40 % de leur nourriture.

    E   Les Canadiens jettent trois à cinq fois plus d'aliments qu'ils ne pensent.

    H   Une famille canadienne jette 30 litres de lait par an.

    I   123 kg de fruits et légumes par famille sont perdus chaque année au Canada.

    J   Les Canadiens gaspillent moins de viande que de légumes. (16 kg de viande par famille contre 123 kg de fruits et légumes)

2   Écrivez

Avant de faire faire cette activité aux élèves, révisez avec eux l'imparfait, le conditionnel et les structures avec *si*.

Réponse

1   était / gaspilleraient

2   jetterait / comprenait

3   utiliseraient / planifiaient

4   reprenait / se servirait

Rappel grammaire

Les phrases avec *si*

Après avoir révisé avec les élèves l'imparfait, le conditionnel et les structures avec *si*, vous pouvez leur demander d'écrire une dizaine de phrases avec *si*. Rappelez-leur aussi que quand le verbe dans la proposition principale est au futur, le verbe après *si* est au présent.

Vous pouvez expliquer aux élèves que la structure *si* + présent + futur dans la proposition principale est

utilisée pour exprimer une probabilité ou une quasi-certitude, tandis que *si* + imparfait + conditionnel dans la proposition principale est utilisée pour exprimer une hypothèse.

3   Parlez et écrivez

Cette activité en groupe permet aux élèves d'utiliser le vocabulaire des textes et de travailler un peu plus les phrases avec *si*.

Vous pouvez aussi demander aux élèves de revisiter les autres textes du chapitre et d'écrire en un temps donné le plus grand nombre possible de phrases avec *si*.

Activité supplémentaire :

📄   *Voir Fiche d'activité 62*

Trouvez dans l'infographie « Le Canada » les mots qui correspondent aux définitions suivantes.

1   des choses qu'on mange

2   un endroit où poussent des cultures

3   un article de vaisselle / un récipient dans lequel on sert de la nourriture

4   un appareil ménager qui sert à garder la nourriture au frais

5   on y met des déchets

6   ce que les végétariens ne mangent pas

7   un endroit où on va faire ses courses

8   se dit d'un produit qui a dépassé la date de péremption

9   on en prend trois ou quatre par jour

10   l'action de préparer et faire cuire des aliments

11   ce que l'on n'a pas mangé à la fin d'un repas

12   rendre meilleur

Réponse

1 aliments, 2 champ, 3 assiette, 4 frigo, 5 poubelle, 6 viande / steak, 7 magasin, 8 périmé, 9 repas, 10 cuisiner, 11 restes, 12 améliorer

E. *Un blog anti-gaspillage*

1   Lisez

Cette activité teste la compréhension générale du texte.

Réponse

1 février, 2 janvier, 3 février, 4 janvier, 5 mars

2   Lisez

Cette activité permet de revoir les expressions de cause et de conséquence.

Réponse

1   elle gaspille moins / elle fait des économies / elle mange mieux.

2   ses listes de courses.

3   qu'elle n'oublie plus ce qu'il y a dedans.

4   la date de fraîcheur.

3   Écrivez et parlez

Pour consolider la structure *si* + imparfait + proposition principale au conditionnel, les élèves écrivent en un temps limité des phrases sur le texte contenant cette structure et les lisent ensuite à la classe.

Rappel grammaire

La négation (2)

Révisez la forme négative et la forme interro-négative.

📖 Cahier d'exercices 7/4

Cet exercice permet aux élèves de consolider ce qu'ils viennent de réviser.

Réponse

1   Ne va pas au supermarché une seule fois par semaine.

2   Je n'ai jamais fait de boissons avec des fruits abîmés.

3   Les producteurs ne vont plus utiliser des produits dangereux sur les fruits.

4   Je ne mange plus rien quand je fais les courses.

5   Dans ma famille, on préfère ne pas jeter les restes.

4   Écrivez

Dans cette activité, les élèves peuvent utiliser le vocabulaire et les structures qu'ils viennent de voir pour s'entraîner à l'épreuve d'expression écrite de l'examen.

5   Écrivez

Les élèves continuent à s'entraîner à l'épreuve d'expression écrite en rédigeant un texte pour une campagne anti-gaspillage (par exemple : une affiche, un article, un prospectus). Rappelez-leur d'utiliser les conventions propres au type de texte qu'ils choisissent.

Activité supplémentaire :

 Voir Fiche d'activité 63

Parmi les conseils A–J, identifiez les **cinq** conseils que Julie a donnés dans son blog.

A   Pensez à ce que vous voulez manger à l'avance.

B   Faites vos courses au dernier moment.

C   Faites une liste pour vous aider à acheter seulement ce dont vous avez besoin.

D   Faites vos courses une fois par semaine.

E   Allez au marché acheter des produits frais.

F   Congelez le surplus de nourriture.

G   Mettez les produits frais à l'avant du frigo.

H   Gardez une liste des aliments à manger dans le frigo.

I   N'oubliez pas d'écrire sur la liste les dates d'achat de chaque aliment.

J   Ne mangez pas les produits périmés depuis longtemps.

Réponse

A, C, E, F, J

F. *Quelle pollution vous inquiète le plus pour la planète ?*

1   Mise en route

Les élèves peuvent faire des recherches sur Internet pour trouver des exemples illustrant les différentes formes de pollution mentionnées par les mots du nuage.

Ils peuvent ensuite créer leur propre nuage de mots pour chacune des différentes formes de pollution. Par exemple : La pollution atmosphérique : l'air pollué, les gaz d'échappement, la fumée d'usine, le gaz carbonique, les gaz à effet de serre, respirer, les maladies respiratoires, nocif, dangereux, l'essence, le pétrole, le charbon, les combustibles fossiles, les émissions de gaz, les moteurs…

2   Lisez et parlez

Faites réviser aux élèves les termes de comparaison avant de leur faire faire l'activité.

J'aime ma Terre

3   Compréhension

Cette activité teste la compréhension du texte.

Réponse

1   C'est terrible quand il y a un accident grave… c'est une pollution invisible, qui affecte tout ce qui nous entoure et sur de très grandes distances. Il y a aussi le problème des déchets nucléaires.

2   L'eau est très précieuse, nous ne pouvons pas vivre sans elle.

3   L'utilisation excessive de combustibles fossiles comme le pétrole, le charbon ou le gaz naturel.

4 Lisez

Cette activité permet aux élèves de se familiariser avec les expressions de cause et effet.

Réponse

1 **D**, 2 **A**, 3 **B**, 4 **F**, 5 **E**

Grammaire en contexte

Exprimer une cause et son effet

Expliquez aux élèves les différentes façons d'exprimer une cause et un effet. Révisez aussi le gérondif (chapitre 6, section D) et faites-leur faire plus d'exercices.

Activité supplémentaire :

 Voir Fiche d'activité 64

En utilisant les expressions de cause et effet que vous venez d'apprendre, transformez les deux phrases en une seule.

Exemple : Je vais au lycée à pied. J'évite de polluer la planète. → En allant au lycée à pied, j'évite de polluer la planète.

1   Les gens veulent tous rouler en voiture. Ils polluent l'air avec les gaz d'échappement.

2   L'air est pollué dans les villes. Il y a de plus en plus de gens qui souffrent de maladies respiratoires.

3   On prend un bus électrique. On contribue à la protection de l'environnement.

4   Je ne laisse plus les lumières allumées dans ma maison. Je dépense moins d'argent pour l'électricité.

5   Je recycle les déchets organiques. Je fais du compost pour mon jardin.

6   Il y a trop de lumières allumées dans les villes. On ne voit plus les étoiles la nuit.

7   Il y a de plus en plus de voitures dans les rues. L'air devient irrespirable.

8   On jette de plus en plus de produits chimiques dans les rivières. Les poissons meurent.

9   L'énergie nucléaire est très dangereuse. On ne devrait pas l'utiliser.

10 Je prends une douche plutôt qu'un bain. J'économise de l'eau.

Réponse possible

1   Comme les gens veulent tous rouler en voiture, ils polluent l'air avec les gaz d'échappements.

2   C'est parce que l'air est pollué dans les villes qu'il y a de plus en plus de gens qui souffrent de maladies respiratoires.

3   En prenant un bus électrique, on contribue à la protection de l'environnement.

4   C'est parce que je ne laisse plus les lumières allumées dans ma maison que je dépense moins d'argent pour l'électricité.

5   En recyclant les déchets organiques, je fais du compost pour mon jardin.

6   C'est parce qu'il y a trop de lumières allumées dans les villes qu'on ne voit plus les étoiles la nuit.

7   Comme il y a de plus en plus de voitures dans les rues, l'air devient irrespirable.

8   C'est parce qu'on jette de plus en plus de produits chimiques dans les rivières que les poissons meurent.

9   Comme l'énergie nucléaire est très dangereuse, on ne devrait pas l'utiliser.

10 En prenant une douche plutôt qu'un bain, j'économise de l'eau.

5 Écrivez

Cette activité permet aux élèves de s'entraîner à l'épreuve d'expression écrite de l'examen et d'utiliser le vocabulaire et les structures qu'ils viennent d'apprendre. Rappelez-leur d'utiliser les conventions appropriées à un message sur un forum.

Activité supplémentaire :

 Voir Fiche d'activité 65

Trouvez dans les messages de Chloé, Justin et Katya les mots exacts qui correspondent aux définitions suivantes.

1   des usines qui produisent de l'énergie

2   ce qu'on ne voit pas

3   des choses qu'on jette

4   ce qu'on ne peut pas détruire

5   se dit d'une chose qui a de la valeur

6   des produits qu'on utilise pour tuer les insectes

7   l'action de devenir plus chaud

8   des substances qui brûlent

9   le fait de devenir plus élevé

10 de vastes étendues d'eau

Réponse

1 centrales, 2 invisible, 3 déchets, 4 indestructible,
5 précieuse, 6 pesticides, 7 réchauffement,
8 combustibles, 9 augmentation, 10 océans

 Voir Fiche d'activité 66

Les phrases **A–H** se rapportent aux messages du forum « J'aime ma Terre ». Trouvez les **quatre** phrases qui sont vraies selon les opinions de Chloé, Justin et Katya.

A   Chloé est en faveur de l'énergie nucléaire.

B   Selon Chloé, la pollution nucléaire est nocive car elle est invisible.

C   Chloé dit qu'on ne peut pas se débarrasser des déchets nucléaires.

D   Justin soutient les agriculteurs.

E   Justin pense que les pesticides polluent les rivières.

F   Katya se soucie de la pollution de l'eau.

G   Katya ne pense pas que les combustibles fossiles soient dangereux.

H   Katya croit que l'effet de serre est responsable de l'augmentation des catastrophes naturelles.

Réponse

B, C, E, H

G. *Quelle solution énergétique vous paraît être la meilleure ?*

J'aime ma Terre

1   Compréhension

Cette activité permet de familiariser les élèves un peu plus avec les différentes formes d'énergie.

Réponse

1   l'énergie nucléaire, l'énergie thermique, l'énergie solaire, l'énergie éolienne, l'énergie de la biomasse, l'énergie marémotrice. L'énergie marémotrice n'est pas représentée sur les photos.

2   L'énergie nucléaire est efficace et il n'y a pas beaucoup d'accidents. Elle est moins propre que l'énergie thermique mais plus efficace.

    L'énergie solaire ne pollue pas, elle est renouvelable et facile à installer.

    L'énergie éolienne et l'énergie solaire sont propres et tout le monde peut en produire chez soi.

    L'énergie de la biomasse est utile pour se débarrasser des déchets.

    L'énergie marémotrice n'est pas chère à produire.

2   Lisez et écrivez

Cette activité teste la compréhension et entraîne les élèves à manipuler la langue des textes en utilisant les expressions qu'ils ont appris plus tôt.

Réponse possible

1   C'est parce que nos besoins en électricité vont augmenter que moi, je suis pour le nucléaire.

2   Comme dans mon pays, il y a toujours du soleil et il y a de la place, on devrait investir plus dans l'énergie solaire.

3   En mettant des panneaux solaires sur sa maison et une éolienne dans son jardin, chacun produirait son électricité.

4   Comme on peut brûler toutes sortes de déchets pour produire de la chaleur et de l'électricité, la biomasse, c'est deux solutions en une.

5   C'est parce que Madagascar est une île que ce serait une bonne idée d'y développer l'énergie marémotrice.

3   Écrivez

Dans cette activité, les élèves utilisent le vocabulaire et les structures qu'ils ont appris dans ce chapitre pour exprimer par écrit leurs opinions sur les différentes formes d'énergie qui existent.

4   Parlez

1   À deux, les élèves font une liste des expressions qu'ils connaissent pour donner leur avis.

2   Activité de groupe : chaque groupe choisit une photo et engage une discussion sur les avantages et les inconvénients de l'installation qu'ils ont choisie.

Activité supplémentaire :

 Voir Fiche d'activité 67

Indiquez si les phrases ci-dessous qui se rapportent aux messages du forum « J'aime ma Terre » sont vraies ou fausses. Justifiez vos réponses avec des mots tirés du texte.

1   Pour Lucas, l'énergie thermique est la plus propre et la plus efficace. **FAUX** (moins efficace)

2   Pour Lucas, l'énergie nucléaire n'est pas très dangereuse. **VRAI** (il n'y a pas souvent d'accidents)

3   Abdel pense que l'énergie solaire n'est pas assez utilisée dans son pays. **VRAI** (Je trouve qu'on devrait investir plus dans l'énergie solaire)

4   Abdel vit dans un pays chaud. **VRAI** (dans mon pays, il y a toujours du soleil)

5   Saskia est française. **FAUX** (Québec)

6   Saskia pense que nous pourrions tous utiliser l'énergie éolienne et l'énergie solaire. **VRAI** (On pourrait mettre des panneaux solaires sur sa maison et une éolienne dans son jardin et chacun produirait sa propre électricité)

7   Albert pense que brûler du bois et des déchets n'est pas une bonne idée. **FAUX** (l'énergie de la biomasse me semble être idéale)

8   Madagascar est un pays entouré d'eau. **VRAI** (c'est une île)

9   L'énergie marémotrice est trop coûteuse. **FAUX** (Ça ne coûterait pas trop cher)

10   Ambre pense qu'exploiter la mer est une mauvaise idée. **FAUX** (ce serait une bonne idée d'y développer l'énergie marémotrice)

H. *L'environnement : la responsabilité de tous*

1 Lisez

Cette activité teste la compréhension du texte.

Réponse

1 le soutien de ses 17 000 membres
2 la Wallonie et Bruxelles
3 a déjà transformé 4 300 hectares de terrains en réserves naturelles
4 en devenant membre
5 près de chez eux
6 la nature et les activités humaines

2 Écrivez

Cette activité permet aux élèves de s'entraîner à l'épreuve d'expression écrite de l'examen et d'utiliser le vocabulaire du texte.

3 Recherchez

Cette activité est un bon entraînement à l'épreuve d'expression écrite et à l'examen oral individuel. Rappelez aux élèves d'utiliser les conventions appropriées. Pour aller plus loin, les élèves peuvent ensuite comparer cette association à celle d'un pays francophone.

4 Imaginez

Les élèves peuvent laisser libre cours à leur imagination et inventer une bulle pour le dessin. Pour aller plus loin, ils peuvent faire d'autres dessins avec une bulle pour le magazine de l'école.

I. *Il faut passer à l'action*

1 Lisez

Cette activité teste la compréhension des deux textes.

Réponse

1 **A** paragraphe 3, **B** paragraphe 1, **C** paragraphe 2
2 **B** Elle a toujours été intéressée par l'écologie, elle est devenue membre du conseil municipal pour pouvoir prendre des décisions. **C** Elle a mis sur pied une initiative de ramassage scolaire en calèche à cheval.

3 Les gouvernements ne font rien ou pas assez face aux urgences des crises écologiques.
4 attaquer les baleiniers, bloquer les trains de déchets nucléaires, détruire les laboratoires de vivisection, brûler les 4x4 pollueurs
5 ceux qui menacent la survie de notre planète par leurs comportements irresponsables et les gouvernements
6 … ne pas agir, par tous les moyens, c'est là le crime violent parce qu'on laisse mourir des espèces animales.

Activités supplémentaires :

 Voir Fiche d'activité 68

Remplissez les blancs dans le résumé du message de Sylvia avec le mot de la liste qui convient le mieux. Attention : il y a plus de mots que de blancs.

C'est parce qu'elle avait une [1] pour l'environnement que Sylvia Gauthier est devenue [2]. Ceci lui a permis de [3] des lois pour [4] l'environnement dans sa [5] où, grâce à elle, les enfants vont maintenant à l'école en [6]. Elle a ainsi fait des [7] pour sa ville et elle a rendu les enfants [8]. Dans son message, elle [9] les lycéens à devenir des [10].

améliorer – assurer – avion – calèche – créer – délégué – demande – éco-citoyens – économies – encourage – heureux – lois – lutte – passion – pays – politicienne – politiciens – gagner – tristes – ville

Réponse

1 passion, 2 politicienne, 3 créer, 4 améliorer, 5 ville, 6 calèche, 7 économies, 8 heureux, 9 encourage, 10 éco-citoyens

 Voir Fiche d'activité 69

Reliez les débuts de phrases dans la colonne de gauche à la fin de phrase dans la colonne de droite qui convient le mieux selon le message des éco-guerriers. Attention : il y a plus de fins de phrases que de débuts.

Exemple : 1 B

1	***On ne peut pas faire confiance aux gouvernements parce qu'…*** □	**A**	laisse mourir certaines espèces animales.
2	En attaquant les baleiniers,… □	**B**	***ils ne font rien.***
		C	on peut sauver les baleines.
3	Les trains qui transportent des déchets nucléaires sont dangereux ;… □	**D**	le nombre de pollueurs augmentera.
		E	il faut donc les arrêter.
		F	se comportent de façon responsable.
4	Si on détruit les 4x4,… □	**G**	il faut donc les détruire.
5	Les terroristes écologiques sont des personnes qui… □	**H**	il y aura moins de pollution atmosphérique.
		I	on agit faire du mal aux baleines.
6	C'est pour protéger la nature que… □	**J**	ne respectent pas l'environnement.
		K	devenir des terroristes.
7	C'est parce que les industries polluent l'eau et l'air que… □	**L**	certaines personnes utilisent la violence.
		M	nous devons agir.
		N	ils tuent des animaux.

Réponse

1 **B**, 2 **C**, 3 **E**, 4 **H**, 5 **J**, 6 **L**, 7 **M**

2　Écrivez et parlez

Les élèves réfléchissent d'abord à la question en écrivant une liste d'arguments pour et contre, puis engagent une discussion de classe dans laquelle ils défendent leurs points de vue.

J. *Écouter et comprendre*

Dans cette section, les élèves apprendront à repérer les catégories de mots selon leurs terminaisons, l'ordre des mots dans la phrase et les mots qui changent le sens de la phrase.

1　Les catégories de mots

1　Les élèves écoutent autant de fois qu'ils ont besoin chaque phrase enregistrée et notent les mots listés.

2　Les élèves réécoutent les phrases en lisant la transcription et surlignent les terminaisons.

🔊 Audio

1　C'est avec pessim**isme** que les experts constatent qu'une augmenta**tion** du tour**isme** dans notre ville provoque**ra** un niveau de pollu**tion** danger**eux** et incontrôl**able**.

2　Des consommat**eurs** ont exprimé, dans les journ**aux** d'hier, leurs inquié**tude**s sur la façon dont les product**eurs** traitent les anim**aux** qu'ils élèvent.

3　Personnelle**ment**, avant, j'ét**ais** vrai**ment** act**if** : je fais**ais** du tri sélect**if** et, avec mes parents, nous essay**ions** de ne pas utiliser de produits noc**ifs** dans le jardin mais unique**ment** des produits naturels.

4　Avant, je gaspillais beaucoup de nourriture mais maintenant je ne gaspille plus : j'ai l**u** de nomb**reux** articles sur l'anti-gaspillage et en suiv**ant** leurs conseils, j'ai p**u** réduire ma consomma**tion**. J'ai moins acheté de plats préparés par exemple. J'ai aussi choisi de ne plus manger de viande et je suis deven**ue** végétarienne.

Réponse

1　2 noms en *-isme* : pessimisme, tourisme ; 2 noms en *-tion* : augmentation, pollution ; 1 adjectif en *-able* : incontrôlable ; 1 adjectif en *-eux* : dangereux ; 1 verbe au futur : provoquera

2　2 noms au pluriel en *-aux* : journaux, animaux ; 2 noms en *-eur* : consommateurs, producteurs ; 1 nom en *-tude* : inquiétudes ; 1 verbe au passé composé : ont exprimé

3　3 adjectifs en *-if* : actif, sélectif, nocifs ; 3 adverbes en *-ment* : Personnellement, vraiment, uniquement ; 3 verbes à l'imparfait : j'étais, je faisais, nous essayions

4　1 adjectif en *-eux* : nombreux ; 1 nom en *-tion* : consommation ; 1 participe présent (gérondif) : en suivant ; 5 verbes au passé composé : j'ai lu, j'ai pu, j'ai acheté, J'ai choisi, je suis devenue

---

2　L'ordre des mots : les pronoms COD et COI

1　Les élèves écoutent les phrases et notent chaque pronom COD ou COI et décident à quoi il se rapporte.

2　Les élèves réécoutent les phrases en lisant la transcription et surlignent les pronoms COD ou COI et ce à quoi ils se rapportent.

🔊 **Audio**

1 Je fais **mes courses** dans des magasins bio : je **les** fais toujours le vendredi soir après le travail.

2 Pour éviter d'utiliser un sac en plastique, je prends **un panier** et je **l'**utilise toujours au marché.

3 Je suis contre **les emballages** en plastique autour des fruits, d'ailleurs je **les** laisse souvent dans les poubelles du supermarché.

4 Il y a **une nouvelle épicerie bio** dans ma ville mais je **la** trouve un peu trop chère.

5 Mes parents préfèrent aller chez **les bouchers bio** parce qu'ils **leur** vendent de la bonne viande locale.

6 Quand **ma mère** va au marché, je **lui** demande toujours d'acheter des œufs frais bio.

Réponse

2 l' – B, 3 les – A, 4 la – A, 5 leur – B, 6 lui – B

3 Les mots qui changent le sens de la phrase

1 Les élèves écoutent chaque phrase et notent les sept connecteurs dans l'ordre où ils les entendent.

2 Les élèves réécoutent les phrases et décident pour chaque personne si elle utilise des pesticides ou pas.

3 Les élèves réécoutent les phrases en lisant la transcription et surlignent les connecteurs logiques.

🔊 **Audio**

1 Je refuse d'utiliser des produits chimiques chez moi, **y compris** les pesticides dans le jardin.

2 Je refuse d'utiliser des produits chimiques chez moi, **même** les pesticides dans le jardin.

3 Je refuse d'utiliser des produits chimiques chez moi, **surtout** les pesticides dans le jardin.

4 Je refuse d'utiliser des produits chimiques chez moi, **sauf** les pesticides dans le jardin.

5 Je refuse d'utiliser des produits chimiques chez moi, **à l'exception des** pesticides dans le jardin.

6 Je refuse d'utiliser des produits chimiques chez moi **mais** je me sers de pesticides dans le jardin.

7 Je refuse d'utiliser des produits chimiques chez moi. **Par contre**, je me sers de pesticides dans le jardin.

8 J'utilise souvent des produits chimiques chez moi, **sauf** les pesticides dans le jardin.

9 J'utilise souvent des produits chimiques chez moi, **surtout** des pesticides dans le jardin.

10 J'utilise souvent des produits chimiques chez moi, **y compris** les pesticides dans le jardin.

11 J'utilise souvent des produits chimiques chez moi, **mais** pas de pesticides dans le jardin.

12 J'utilise souvent des produits chimiques chez moi, **à l'exception de** pesticides dans le jardin.

13 J'utilise des produits chimiques chez moi, mais **seulement** des pesticides dans le jardin.

Réponse

1 y compris, même, surtout, sauf, à l'exception des, mais, Par contre, sauf, surtout, y compris, mais, à l'exception de, seulement

2 2 non, 3 non, 4 oui, 5 oui, 6 oui, 7 oui, 8 non, 9 oui, 10 oui, 11 non, 12 non, 13 oui

4 Les connecteurs logiques

1 Les élèves écoutent les phrases et notent les six connecteurs dans l'ordre où ils les entendent.

2 Les élèves réécoutent les phrases et identifient la personne qui n'est pas favorable à l'action des militants écologiques.

3 Les élèves réécoutent les phrases en lisant la transcription et surlignent les connecteurs logiques.

🔊 **Audio**

1 La situation est comme elle est **grâce à** l'action des militants des associations écologistes.

2 La situation est comme elle est **à cause de** l'action des militants des associations écologistes.

3 La situation est comme elle est **malgré** l'action des militants des associations écologistes.

4 La situation est comme elle est et **pourtant**, il y a l'action des militants des associations écologistes.

5 La situation est comme elle est et **cependant**, il y a l'action des militants des associations écologistes.

6 La situation est comme elle est **en dépit de** l'action des militants des associations écologistes.

Réponse

1 grâce à, à cause de, malgré, pourtant, cependant, en dépit de

2 la personne numéro 2

5 La négation

1 Les élèves écoutent chaque phrase et notent les six marques de la négation ou de la restriction dans l'ordre où ils les entendent et vérifient leur sens.

2 Les élèves réécoutent les phrases et décident pour chaque personne si elle est pour ou contre l'énergie solaire.

3 Les élèves réécoutent les phrases en lisant la transcription et surlignent les négations.

🔊 Audio

1 Selon moi, il **n'**y a **que** l'énergie solaire qui soit capable de fournir l'électricité nécessaire à nos besoins et ceci sans danger pour l'environnement.

2 Selon moi, l'énergie solaire **n'**est **pas** capable de fournir l'électricité nécessaire à nos besoins et ceci sans danger pour l'environnement.

3 Selon moi, l'énergie solaire est tout à fait capable de fournir l'électricité nécessaire à nos besoins et ceci sans danger pour l'environnement.

4 Selon moi, l'énergie solaire **n'**est **plus** capable de fournir l'électricité nécessaire à nos besoins.

5 De toutes les formes d'énergie, c'est l'énergie solaire qui est la plus capable de fournir l'électricité nécessaire à nos besoins.

6 Selon moi, l'énergie solaire **ne** sera **jamais** capable de fournir l'électricité nécessaire à nos besoins sans danger pour l'environnement.

7 Selon moi, il **n'**y a **aucune** énergie capable de fournir l'électricité nécessaire à nos besoins sans danger pour l'environnement, même l'énergie solaire.

8 Selon moi, l'énergie solaire **n'**est **ni** capable de fournir l'électricité nécessaire à nos besoins **ni** de le faire sans danger pour l'environnement.

Réponse

1 ne que, ne pas, ne plus, ne jamais, ne aucune, ne ni ni

2 1 pour, 2 contre, 3 pour, 4 contre, 5 pour, 6 contre, 7 contre, 8 contre

6 La voix passive

1 Les élèves écoutent les phrases et notent si elles sont à la voix active (A) ou passive (P).

2 Puis ils réécoutent les phrases et les traduisent dans la langue d'instruction du lycée.

3 Les élèves réécoutent les phrases en lisant la transcription et surlignent les formes du verbe à la voix passive.

🔊 Audio

1 Certains pays ont coupé trop d'arbres ces 50 dernières années.

2 Dans certains pays, des arbres **sont replantés** pour lutter contre les inondations.

3 Les problèmes climatiques **sont causés** par les gaz à effet de serre.

4 Les gaz à effet de serre ont contribué au réchauffement climatique.

5 La ville a ouvert un nouveau centre de recyclage des déchets.

6 Ce centre de recyclage des déchets **a été ouvert** par le maire de la ville.

7 Les rivières **sont polluées** par les pesticides utilisés par les agriculteurs.

8 Les agriculteurs ont pollué les rivières par les pesticides qu'ils utilisent.

9 Des panneaux solaires **sont installés** gratuitement par les associations de protection de l'environnement.

10 Les associations de protection de l'environnement ont installé des centaines de panneaux solaires en ville.

11 De nombreux militants écologistes **ont été arrêtés** pendant les manifestations.

12 La police a arrêté plusieurs militants pendant les récentes manifestations.

Réponse

1 **A**, 2 **P**, 3 **P**, 4 **A**, 5 **A**, 6 **P**, 7 **P**, 8 **A**, 9 **P**, 10 **A**, 11 **P**, 12 **A**

K. *À l'écoute : faites vos preuves !*

1 Écoutez

1 Les élèves écoutent l'enregistrement et répondent aux questions. Rappelez-leur de faire attention aux pronoms personnels.

2 Ils réécoutent et complètent le texte avec les mots-clés manquants, puis ils lisent la transcription de l'enregistrement pour vérifier leurs réponses.

🔊 Audio

Bonjour les enfants ! Vous aimez notre planète ? Alors, protégeons-la !

Numéro 1, l'eau : en laissant couler l'eau quand on se brosse les dents, on en gaspille plus de 12 litres. Incroyable non ? Alors, brossez-vous les dents le robinet fermé !

Numéro 2, le papier toilette : environ trois arbres sont coupés chaque seconde dans le monde pour fabriquer du papier toilette. Alors, ne le gaspillez plus ! Et demandez à vos parents d'en acheter fait à partir de papier recyclé.

Numéro 3, les déchets : il y a des canettes de soda chez vous ? Recyclez-les ! Avec 250 canettes, on peut faire un vélo ou une pièce de voiture ! Cool, non ?

Et puis, ne jetez surtout pas les piles à la poubelle. Une seule pile jetée pollue la terre et l'eau pendant plus de 50 ans ! Il faut les jeter dans les conteneurs spéciaux installés dans votre ville et demander à vos parents d'acheter des piles rechargeables.

Voilà, à la prochaine fois !

Réponse

1   1 plus de 12 litres, 2 du papier toilette, 3 acheter du papier toilette fait avec du papier recyclé, 4 un vélo / une pièce de voiture, 5 plus de 50 ans, 6 les jeter dans des conteneurs spéciaux / acheter des piles rechargeables

2   1 plus de 12 litres, 2 le papier toilette, 3 du papier toilette, 4 de papier recyclé, 5 des canettes de soda, 6 Recyclez-les, 7 250 canettes, 8 les piles, 9 Une seule pile jetée, 10 les conteneurs spéciaux

2   Écoutez

1   Les élèves choisissent la bonne option pour terminer chacune des phrases. Rappelez aux élèves de faire attention à la négation.

2   Ils réécoutent les phrases en lisant la transcription et soulignent les mots utiles pour justifier leurs réponses.

🔊 Audio

Interviewer	Anya, que fais-tu pour l'environnement ? Tu recycles le papier, par exemple ?
Anya	Oui, effectivement, je ne jette aucune feuille de papier usagée, je les garde toutes car je les recycle pour écrire des notes en cours et aussi pour mes listes de courses !
Interviewer	Et toi, Alban, que fais-tu pour l'environnement ?
Alban	Moi, j'ai appris à quel point les autres piles comme les piles au lithium ou aussi les piles alcalines peuvent être toxiques pour l'environnement alors maintenant je n'utilise plus que des piles rechargeables dans mes appareils électriques.
Interviewer	Sophie, tu es active dans la protection de l'environnement ?
Sophie	Oui, assez. Personnellement, j'ai réduit ma consommation de plastique : je n'utilise plus du tout de sacs en plastique pour faire les courses, y compris les sacs en plastique biodégradable. Par contre, je ne peux pas éviter les emballages plastique autour des fruits quand je les achète au supermarché.
Interviewer	Antoine, que fais-tu pour l'environnement ?
Antoine	Moi, j'essaie de ne pas gaspiller d'énergie. Je ne laisse jamais ni le chargeur de mon portable branché ni mon ordinateur en veille quand je ne m'en sers plus car je sais que cela consomme de l'énergie inutilement. Je fais bien attention à tout éteindre.

Réponse

1 **A**, 2 **A**, 3 **C**, 4 **B**

3   Écoutez

1   Les élèves remplacent le blanc dans chaque phrase par un mot de l'enregistrement.

2   Ils réécoutent les phrases en lisant la transcription et vérifient leurs réponses.

🔊 Audio

Interviewer	Monsieur Dumas, bonjour.
Pierre	Bonjour.
Interviewer	Vous êtes venu ce matin pour nous parler de *Planet'air*, l'association que vous avez fondée avec quelques amis.
Pierre	L'association a effectivement été fondée il y a un an par deux de mes amis et moi-même.
Interviewer	En quoi consiste donc l'action de *Planet'air* ?
Pierre	Nous avons choisi de nous concentrer sur la protection de la qualité de l'air que l'on respire dans notre environnement local. Pour cela, nous avons mis sur pied une campagne pour encourager les villes à tout faire pour protéger l'air.
Interviewer	Pouvez-vous nous donner un exemple ou deux ?
Pierre	Oui, bien sûr. Eh bien un exemple récent, c'est notre campagne sur la limitation de vitesse dans les villes. En limitant la vitesse de circulation des véhicules à 30 kilomètres à l'heure au centre-ville, la pollution sera grandement diminuée.
Interviewer	Et je crois que vous avez réussi puisque de plus en plus de villes du département ont adopté cette limitation de vitesse.
Pierre	Oui, effectivement. Et nous avons aussi fait une campagne pour ramener en ville une forme de transport écolo : les chevaux !
Interviewer	Le transport à cheval ? Vraiment ?
Pierre	Oui, tout à fait, par exemple pour le ramassage des déchets et pour le ramassage scolaire aussi ! C'est moins bruyant que les camions-poubelles, et encore moins polluant que les bus.
Interviewer	Et cette campagne a-t-elle eu du succès ?
Pierre	Oui, elle a été reçue très favorablement par beaucoup de petites villes qui ont décidé d'adopter les transports scolaires par voiture à cheval, à la grande joie des enfants, comme vous pouvez l'imaginer !
Interviewer	Et travaillez-vous en collaboration avec d'autres associations de protection de l'environnement?
Pierre	Tout à fait. Notre dernière action s'est faite en collaboration avec *Foresti'air*, un organisme régional de protection des forêts. Cet organisme a mis en évidence l'importance des arbres pour purifier l'air. Ensemble, nous faisons donc campagne pour encourager une exploitation durable des forêts.
Interviewer	Et alors, à l'avenir, sur quel aspect de la protection de l'air pensez-vous travailler ?
Pierre	Nous aimerions que le grand public soit mieux informé sur la nocivité de certains produits d'entretien par exemple, car il y en a qui sont très nocifs pour la santé quand on les respire trop souvent. On espère que les produits les plus dangereux seront interdits à l'avenir, de façon à éviter les problèmes respiratoires surtout chez les enfants.
Interviewer	D'accord, eh bien merci d'être venu participer à notre émission…

Réponse

1 fondé, 2 protection, 3 limitant, 4 adoptée, 5 chevaux, 6 favorablement, 7 associations / organismes, 8 durable, 9 nocifs, 10 seront

Révisions

L'avenir est-il vert ?

1 Parlez

Cette activité est un bon entraînement à l'examen oral individuel.

Réponse possible

Description : Au centre de cette photo, on voit une autoroute où circulent des voitures et des camions qui polluent l'environnement. À l'arrière-plan, on voit de nombreuses éoliennes qui produisent de l'énergie propre. Certains pensent que les éoliennes détruisent la beauté du paysage, mais moi je pense que les voitures sont plus dangereuses car elles émettent des gaz à effet de serre qui détruiront notre planète si nous ne faisons rien, tandis que les éoliennes produisent l'électricité dont nous avons besoin sans polluer l'environnement. Ce serait parfait si les véhicules sur la photo étaient électriques.

Réponses aux questions : Il a sans doute pris la photo pour montrer comment l'homme détruit son environnement : par des routes, des voitures qui polluent…

Elle est ironique parce qu'on voit à la fois un effort de l'homme pour produire une énergie propre qui ne pollue pas l'air et des voitures que l'homme utilise tous les jours et qui polluent l'environnement.

2 Écrivez

Les élèves écrivent une légende ou une bulle pour accompagner la photo.

Réponse possible

Légende : Alors qu'on pensait avoir tout détruit dans la nature, un arbre continue à pousser aux portes de la ville. Que faire ?

Bulle : « Hmmm... je me demande ce que c'est, ce truc vert. Je n'en ai encore jamais vu ! »

3 Écrivez

Cette activité permet aux élèves d'utiliser le vocabulaire appris dans ce chapitre et de s'entraîner à l'épreuve d'expression écrite de l'examen. Rappelez aux élèves d'utiliser les conventions approriées.

Point de réflexion

Les élèves engagent une discussion sur la question :

« Peut-on encore être optimiste pour l'avenir de la planète ? »

Encouragez-les à considérer les points suivants :

Point de vue pessimiste : Jusqu'à quel point la planète est-elle abîmée ? Est-ce irréversible ? Que fait-on pour arrêter la pollution ? Est-ce trop peu trop tard ?

Point de vue optimiste : Les changements climatiques sont-ils normaux ? La planète peut-elle se réparer si l'homme change de mentalité et consomme moins ?

Cahier d'exercices 7/5

Rappel grammaire

Les exercices supplémentaires permettent aux élèves de consolider les points de grammaire couverts dans ce chapitre.

Les phrases avec *si*

1   Les élèves écrivent les débuts et fins de phrases au bon endroit dans la grille.

Réponse

Condition / Hypothèse	Conséquence
le présent Si j'**ai** le temps le week-end,...	**le présent** ... je **vais** au marché fermier.
le présent Si tu **as** le temps,...	**l'impératif** ... **vas** au marché fermier.
le présent Si j'**ai** le temps demain,...	**le futur** ... j'**irai** au marché fermier.
l'imparfait Si j'**avais** plus de temps,...	**le conditionnel présent** ... j'**irais** au marché fermier.

2   Les élèves relient les débuts et les fins de phrases en faisant bien attention aux temps des verbes.

Réponse

2 **D**, 3 **H**, 4 **C**, 5 **B**, 6 **G**, 7 **E**, 8 **F**

3   Les élèves conjuguent les verbes au mode et au temps appropriés.

Réponse

1 organise, 2 apprend, 3 pourriez, 4 économiserez

4   Les élèves inventent une fin ou un début pour chacune des phrases.

Réponse possible

1   verbe au présent : Si on devient membre d'une association,...

2   verbe au présent / au futur : ...on met notre santé en risque. / ...on aura des problèmes de santé plus tard.

3   verbe au futur : ...la pollution continuera à empirer.

4   verbe à l'imparfait : Si on (n') utilisait moins (plus) de pesticides,...

5   verbe à l'imparfait : Si on avait tous des panneaux solaires...

6   verbe au futur : ...on n'améliorera jamais la situation.

Cahier d'exercices

Révisions de grammaire : Chapitres 6 et 7

Les exercices suivants permettent aux élèves de consolider les points de grammaire couverts dans les chapitres 6 et 7.

1   Les élèves complètent une description de la formation du participe présent.

Réponse

1   nous

2   étant – être

ayant – avoir

sachant – savoir

2   Les élèves écrivent des phrases similaires à celles de l'exemple en utilisant les mots donnés.

Réponse possible

1   a Si on sait / savait → on réduit / reduirait ;
b En sachant → on réduit / réduira / réduirait

2   a Si on fait / faisait → on sera / serait ;
b En faisant → on sera / serait

3   a Si on est → on combat
b En étant → on combat

4   a Si on a → on se fait ;
b En ayant → on se fait

5   a Si on achetait → on aiderait ;
b En achetant → on aide / aiderait

Faites vos preuves !

1   Les élèves trouvent et surlignent dans le message de Domi au moins huit des points de grammaire listés dans la grille de l'activité 3.

Réponse

Salut !

La planète est en danger à cause des actions irresponsables de l'homme. On ne peut plus continuer comme ça ! Hier, je suis devenu membre d'Équitabio. Grâce à cette association, je pourrai aider la planète, ce que je veux faire depuis longtemps.

Vous devez vous joindre à moi parce qu'en participant à leurs campagnes, on aidera à changer les façons de consommer. Si tout le monde consommait moins et mieux, on éviterait le gaspillage et on serait en meilleure santé de sorte que tout le monde gagne ! Vous n'avez donc rien à perdre en devenant membre, juste 10 euros de votre argent de poche pour l'adhésion !

Si vous voulez en savoir plus, vous pouvez aller sur le site www.equitabio.com. Qu'est-ce que vous attendez ?

À plus, Domi.

2   Les élèves remplacent chaque blanc dans le message de Julie avec un mot de l'encadré.

Réponse

1 depuis, 2 consommaient, 3 à cause de, 4 Grâce à, 5 veulent, 6 si bien que / donc / de sorte que / par conséquent / alors, 7 En achetant, 8 arrive, 9 devez, 10 ne + que

3   Sur une feuille, les élèves écrivent leur propre message et marquent un point à chaque fois qu'ils utilisent un point de grammaire de la liste.

8 Vivre ensemble

Thèmes et sujets	**Identités** Relations personnelles **Organisation sociale** Voisinage **Expériences** Fêtes et célébrations
Aspects couverts	Les relations avec les amis et la famille Les relations avec les voisins La Fête des voisins Les fêtes de famille
Grammaire	Les adjectifs possessifs (rappel) Les pronoms possessifs La position des adjectifs (rappel) Les adverbes irréguliers Les prépositions (rappel)
Textes	**Réceptifs** Diagramme, affiche, messages sur forum Internet, journal intime, interview, courrier à un magazine, articles de magazine, invitations / faire-parts **Productifs** Diagramme, liste, affiche, message pour forum sur Internet, journal intime, article (magazine), carte postale, e-mail, lettre, invitation / faire-part
Coin IB	**Théorie de la connaissance** • L'écrivain français Honoré de Balzac a dit : « La famille sera toujours à la base des sociétés ». Êtes-vous d'accord ? • Pour ou contre la Fête des voisins ? • Les traditions ont-elles encore une place dans la société du XXIᵉ siècle ? • Qu'est-ce que l'amitié ? • Les amis virtuels sont-ils de vrais amis ? • La famille traditionnelle est-elle en train de disparaître ? • A-t-on vraiment besoin des autres pour vivre heureux ? **Créativité, action, service (CAS)** • Créez une brochure de présentation d'une association de soutien aux familles que vous voudriez faire connaître, par exemple, Vacances & Familles (aide les familles démunies à partir en vacances). • Aidez à organiser une Fête des voisins dans votre quartier. • Aidez un(e) voisin(e) ou un(e) ami(e) en difficulté. **Point de réflexion** • Peut-on réussir et être heureux dans la vie sans amis ? **Examen oral individuel** • Décrire des photos représentant une famille ou des événements familiaux • Décrire une affiche **Épreuve d'expression écrite** • Écrire une page d'un journal intime, un e-mail, un article, le texte d'une affiche, un message, un faire-part / une invitation

Ce chapitre a trait aux thèmes *Identités, Organisation sociale* et *Expériences*. Il couvre les sujets se rapportant aux relations personnelles, au voisinage et aux fêtes et le vocabulaire sur les relations avec les amis, la famille et les voisins, ainsi que les fêtes de famille et de voisins. Dans ce chapitre, les élèves réviseront aussi les points grammaticaux suivants : adverbes, adjectifs possessifs, position des adjectifs, prépositions de position. Ce chapitre introduit également les adverbes irréguliers et les pronoms possessifs.

Dans ce chapitre, les élèves pourront lire différents types de texte : diagramme, affiche, messages sur forum Internet, journal intime, interview, courrier à un magazine, articles de magazine, invitations, faire-parts ; ils pourront aussi s'entraîner aux différentes tâches de l'examen écrit et oral.

Ils découvriront la Fête des voisins, certaines différences culturelles entre les Français et les Québécois, la vie de famille, les structures familiales et les traditions dans différents pays francophones. Ils feront d'autre part des recherches sur leurs propres traditions. Ils pourront aussi exprimer leurs opinions sur différents sujets tels que la famille, l'amitié, le mariage.

1   Mise en route

1   Les élèves indiquent ce que la carte heuristique représente en choisissant l'une des phrases proposées.

Réponse

D

2   Activité à deux : les élèves engagent une discussion sur les personnes avec qui ils sont en contact en répondant aux questions posées.

2   Écrivez

Les élèves font leur propre carte heuristique.

3   Écrivez

Les élèves écrivent des phrases avec l'aide de leur carte heuristique et en utilisant des mots qui vont ensemble.

A. *Voulez-vous dîner avec vos voisins ce soir ?*

1   Mise en route

Vous pouvez demander aux élèves de faire des recherches sur Internet sur la Fête des voisins et aussi sur l'association Max Havelaar, qui est devenue en 2014 un partenaire de la Fête des voisins, et de partager ensuite avec le reste de la classe le fruit de leurs recherches. (L'association Fairtrade Max Havelaar figurera aussi à la section B du chapitre 10.)

Les élèves répondent aux questions sur l'affiche. Vous pouvez aussi leur demander de décrire les personnes sur l'affiche ou leur poser d'autres questions.

Réponse possible

Les gens sont dans la rue, devant leurs maisons. Ils sont tous voisins. Ils ont tous l'air heureux. Ils sont en train de boire et de manger et ils bavardent ensemble.

....

Pour plus de pratique orale, les élèves peuvent choisir et décrire une image de l'affiche et imaginer la conversation entre les personnes sur l'image. Cette activité permet aux élèves de s'entraîner à l'examen oral individuel et de réviser le vocabulaire se rapportant à la description de personnes.

Réponse possible

En haut à gauche, il y a un homme et une femme qui sont en train de se parler. L'homme est à droite. Il est grand et brun. Il a un grand nez, une grande bouche et de grandes oreilles. Il sourit. Il porte un t-shirt bleu pâle et une montre. Il tient une assiette contenant des morceaux de pizza qu'il offre à la femme. La femme à côté de lui est assez grande et assez mince. Elle est blonde et elle a les cheveux longs. Elle a un t-shirt bleu rayé. Elle bavarde avec l'homme en souriant. Dans la main droite, elle tient un verre. Derrière eux, on voit d'autres personnes et des immeubles. Au-dessus de leurs têtes, il y a des petits drapeaux jaunes, rouges et verts.

Dialogue possible :

L'homme : Bonsoir, Madame. Avez-vous faim ? Je peux vous offrir de la pizza ? C'est délicieux. Je l'ai faite moi-même.

La femme : Oh merci, je veux bien. Ça sent bon !

2   Lisez

Les questions de ces activités testent la compréhension de l'affiche et du texte.

Réponse

1   1999, France

2   afin d'encourager les bons rapports entre voisins

3   Cette année, plus de neuf millions de Français y ont participé. / La fête a déjà dépassé les frontières de la France. / une vingtaine de pays européens y participent / Il y a plus de 3 000 fêtes à travers le Québec et on fête aussi les voisins au Togo.

4   en mai

3   Parlez et écrivez

1   Les élèves peuvent faire des recherches ou utiliser leur imagination pour préparer une liste de choses à faire pour organiser une Fête des voisins. Cette activité leur permet d'élargir leur vocabulaire et de s'entraîner à donner des instructions en utilisant l'infinitif ; encouragez-les à ne pas utiliser le même infinitif plus d'une fois.

2   Les élèves créent une affiche pour leur Fête des voisins. Cette activité donne la possibilité aux élèves de s'entraîner à l'épreuve d'expression écrite de l'examen (voir l'appendice *Conseils pour l'examen*). Encouragez-les à utiliser des verbes à l'impératif et rappelez-leur qu'une affiche doit avoir un titre.

3   Les élèves écrivent une invitation à leur Fête des voisins en utilisant les conventions pour ce type de texte.

....

Activités supplémentaires :

 Voir Fiche d'activité 70

Trouvez dans le texte « La Fête des voisins » le mot exact qui correspond aux définitions suivantes.

1   des personnes qui habitent à côté de chez vous

2   un groupe de personnes qui ont les mêmes idées et qui s'unissent dans un but déterminé

3 un bâtiment avec des appartements

4 une fois par an

5 une partie d'une ville

6 consommer de la nourriture

7 action de lutter contre quelque chose

8 ce qui sépare deux pays

Réponse

1 voisins, 2 association, 3 immeuble, 4 annuelle,
5 quartier, 6 manger, 7 combattre, 8 frontière

....

📄 *Voir Fiche d'activité 71*

Reliez chaque mot tiré du texte « La Fête des voisins »
dans la colonne de gauche à son synonyme dans la
colonne de droite. Attention : il y a plus de mots dans
la colonne de droite que dans la colonne de gauche.

Exemple : 1 D

1	*fête*	☐	A	animation
			B	attaches
2	organiser	☐	C	camaraderie
3	but	☐	D	*célébration*
			E	chacun
4	encourager	☐	F	cible
5	rapports	☐	G	demander
			H	faire connaissance
6	tout le monde	☐	I	inciter
7	connaître	☐	J	indépendant
			K	intention
8	solidarité	☐	L	liens
			M	préparer
9	isolement	☐	N	quelqu'un
10	succès	☐	O	réussite
			P	savoir
			Q	séparation
			R	solitude

Réponse

1 **D**, 2 **M**, 3 **K**, 4 **I**, 5 **L**, 6 **E**, 7 **H**, 8 **C**, 9 **R**, 10 **O**

La Fête des voisins, êtes-vous pour ou contre ?

4 Lisez

1 Après une lecture rapide du document, les élèves
identifient les personnes qui sont pour la Fête
des voisins. Vous pouvez aussi leur demander de
justifier leur réponse avec une citation du texte.

Réponse

Chloé (Mon quartier a fait une super Fête des voisins
cette année / il y avait une très bonne ambiance / On
était tous heureux…)

Martin (On s'est bien amusés / la fête a été un succès /
on veut tous organiser une autre célébration...)

2 Cette activité demande une lecture plus
approfondie du texte.

Réponse

1 **VRAI** (Presque tous les habitants de la rue sont venus)

2 **FAUX** (Je trouve ça triste… / C'est sans intérêt.)

3 **FAUX** (À mon avis, parler aux étrangers, c'est
ennuyeux. / Je n'ai pas le temps de m'occuper de la
vie des autres.)

4 **FAUX** (la Fête des voisins a eu lieu pour la première
fois dans le petit immeuble où j'habite)

5 **VRAI** (Tous avaient cuisiné des plats et apporté des
boissons.)

6 **FAUX** (je crois que nous n'avons pas besoin de la
Fête des voisins ici. / Je ne suis pas contre ce genre
de fête en général, seulement dans mon quartier.)

7 **VRAI** (j'ai l'impression que l'isolement est un vrai
problème dans les villes…)

5 Parlez

Activité à deux ou de classe : les élèves expriment leurs
opinions sur la Fête des voisins en disant s'ils sont d'accord
ou pas avec les jeunes du forum et pourquoi. Encouragez-
les à utiliser les expressions dans l'encadré *Vocabulaire*.

Il est important que les élèves sachent exprimer des
opinions à l'oral et à l'écrit ; vous pouvez donc leur
demander de relever dans les messages toutes les
phrases qui expriment une opinion. Vous pouvez aussi
mentionner que si les verbes exprimant une opinion
(par exemple : penser, croire, trouver) sont à la forme
négative ou interrogative, le verbe dans la proposition
subordonnée qui suit sera au subjonctif.

Réponse

Opinions directes

Mon quartier a fait une super Fête des voisins

il y avait une très bonne ambiance

C'était simple et facile !

C'est sans intérêt.

On s'est bien amusés.

la fête a été un succès

Opinions indirectes

Je trouve qu'avoir de bonnes relations avec les voisins, c'est une nécessité.

À mon avis, cette fête est une bonne occasion de se faire de nouveaux amis.

Je pense qu'on va sûrement répéter l'expérience l'an prochain.

Je trouve ça triste de devoir inventer une journée pour être gentil avec les autres.

À mon avis, parler aux étrangers, c'est ennuyeux.

Et je crois que maintenant qu'on se connaît, on sera plus aimables les uns envers les autres.

je crois que nous n'avons pas besoin de la Fête des voisins ici.

j'ai l'impression que l'isolement est un vrai problème dans les villes

je ne suis pas contre ce genre de fête en général, seulement dans mon quartier

📖 Cahier d'exercices 8/1

Cet exercice permet aux élèves de s'entraîner à exprimer des opinions positives et négatives et de les comparer avec celles des autres. Il n'y a pas de bonne ou de mauvaise réponse, celles-ci dépendront de l'opinion de l'élève.

Réponse possible

1   Selon moi, les gens qui habitent en ville vivent mieux parce qu'il y a plus de distractions. / Je trouve qu'on est plus heureux à la campagne, car on connaît tous ses voisins.

2   Je crois que les fêtes sont populaires car on aime tous s'amuser. / Personnellement, je trouve les fêtes un peu artificielles.

3   À mon avis, quand il n'y avait pas de réseaux sociaux, les gens sortaient beaucoup plus souvent pour se retrouver. / Je pense qu'on est plus sociable de nos jours parce qu'on peut rester plus facilement en contact avec ses amis grâce aux portables, aux réseaux sociaux, etc.

4   Je crois que les rues sont trop dangereuses pour les enfants parce qu'il y a trop de circulation. / Selon moi, jouer dehors, c'est bon pour la santé.

5   Je trouve qu'on a perdu l'esprit de communauté. / À mon avis, on n'a pas de problèmes sociaux.

6   Écrivez

Les élèves mettent en pratique les expressions d'opinion qu'ils viennent d'apprendre en écrivant un commentaire. Encouragez-les à utiliser une variété d'expressions.

Activité supplémentaire :

 Voir Fiche d'activité 72

Lisez les commentaires du réseau social sur « La Fête des voisins, êtes-vous pour ou contre ? ». À qui se rapporte chacune des phrases suivantes ? Qui dit que / qu'…

1   la Fête des voisins n'est pas une vraie fête ?

2   une Fête des voisins n'est pas nécessaire dans son quartier ?

3   la Fête des voisins rend les gens heureux ?

4   la Fête des voisins rend les gens plus gentils ?

5   il / elle n'a pas l'occasion de rencontrer ses voisins ?

6   il est important de connaître ses voisins ?

7   la Fête des voisins encourage la solidarité ?

8   la Fête des voisins permet de faire de nouvelles connaissances ?

9   il / elle n'a pas le temps de parler avec ses voisins ?

10   il / elle n'avait jamais assisté à une Fête des voisins ?

Réponse

1 Jonathan, 2 Farida, 3 Chloé, 4 Martin, 5 Martin, 6 Chloé, 7 Farida, 8 Chloé, 9 Jonathan, 10 Martin

B. *Un ami, c'est pour la vie ?*

Le journal d'Amélie

1   Mise en route

Après une lecture rapide, les élèves montrent leur compréhension globale du texte en répondant aux deux questions.

Réponse

Morgane, elle vole un bracelet / le vol à l'étalage

2   Lisez

Les activités qui suivent permettent aux élèves de montrer une compréhension plus approfondie du texte.

Réponse

1 Morgane, 2 les parfums, 3 Morgane, 4 les parents d'Amélie

3   Compréhension

Réponse

1 **B**, 2 **C**, 3 **B**, 4 **D**, 5 **B**, 6 **D**, 7 **A**

Rappel grammaire

Les adjectifs possessifs

Révisez avec les élèves les adjectifs possessifs qu'ils ont étudiés dans le livre 1, chapitre 1, section E.

Grammaire en contexte

Les pronoms possessifs

Expliquez aux élèves qu'un pronom possessif remplace un adjectif possessif + un nom et qu'il s'accorde en genre et en nombre avec le nom qu'il remplace. Les élèves n'ont pas besoin de les utiliser à ce niveau mais il est important qu'ils sachent les reconnaître et qu'ils les comprennent.

Vous pouvez leur demander de relever les deux pronoms possessifs dans le texte et d'indiquer à quels mots ils se rapportent. (*la mienne*, samedi 26 juillet, ligne 8, se rapporte à *sa chambre* / remplace *ma chambre* ; la tienne, dimanche 27 juillet, ligne 10, se rapporte à *ma décision* / remplace *ta décision*)

Demandez-leur de relever aussi dans le texte tous les adjectifs possessifs et les noms qu'ils qualifient, puis de dire par quel pronom ils les remplaceraient.

Réponse

ma meilleure amie (la mienne), ma sœur (la mienne), nos secrets (les nôtres), ma vie (la mienne), mon lit (le mien), sa chambre (la sienne), ses affaires (les siennes), ses achats (les siens), leurs parfums (les leurs), sa poche (la sienne), mes yeux (les miens), ma copine (la mienne), ses parents (les siens), tes affaires (les tiennes), ma décision (la mienne), sa meilleure amie (la sienne), mes parents (les miens), ta copine (la tienne), ton point de vue (le tien)

Cahier d'exercices 8/2

Cet exercice permet de réviser les adjectifs possessifs.

Réponse

Introduction : vos, leurs, vos, votre ; 1 vos, 2 votre, 3 ma, 4 son / sa, 5 leurs, 6 tes, 7 vos, 8 nos

4 Parlez

Activité à deux : jeu de rôles. Les élèves imaginent une conversation entre Amélie et son frère, où elle lui explique tout et lui demande des conseils. Ou encore, ils peuvent imaginer une conversation entre Amélie et Morgane.

Activité supplémentaire : demandez aux élèves de choisir parmi les trois possibilités suivantes une fin à l'histoire et de justifier leur choix : À votre avis, comment cette histoire va-t-elle se terminer ? Choisissez la fin **A**, **B** ou **C**.

Fin A : Amélie téléphone à sa copine. Morgane s'excuse. Elle explique qu'elle a horriblement honte et promet de ne jamais recommencer à voler.

Fin B : Morgane vient voir Amélie. Comme c'est la première fois que Morgane a volé et qu'elle regrette ce qu'elle a fait, Amélie lui pardonne et la persuade de rendre le bracelet au magasin.

Fin C : Quand Amélie retourne lui parler, Morgane réagit mal. Elle est très méchante, surtout quand Amélie dit qu'elle ne peut plus garder son secret.

Ils peuvent ensuite engager une discussion pour décider si Amélie devrait garder ou non le secret de Morgane.

5 Écrivez

Les élèves imaginent ce qu'Amélie écrit dans son journal le lendemain.

Activité supplémentaire : Pour plus de pratique, les élèves peuvent aussi imaginer ce que le frère d'Amélie écrit dans son journal après la conversation avec sa sœur. Ou encore, ils peuvent imaginer ce que Morgane a écrit dans le sien avant et après le vol. Rappelez-leur d'utiliser les conventions pour ce type de texte.

6 Parlez

Activité à deux ou en groupe : les élèves discutent du sujet proposé. Encouragez-les à utiliser les expressions qu'ils ont apprises plus tôt pour exprimer leurs opinions.

Autres sujets de discussion possibles : « Les amis virtuels comptent-ils autant que les amis dans la vie réelle ? » « Se disputer de temps en temps peut être le signe d'une relation saine si c'est fait dans le respect. »

Activités supplémentaires :

📄 *Voir Fiche d'activité 73*

Lisez ce qu'Amélie a écrit mardi et samedi et dites si les phrases suivantes sont vraies ou fausses. Justifiez vos réponses en utilisant des mots tirés du texte.

1 Mardi, Amélie est allée faire des courses avec Morgane. **FAUX** (allée au cinéma)

2 Mardi, Amélie et Morgane se sont bien amusées. **VRAI** (avons ri comme des folles / soirée géniale)

3 Amélie et Morgane aiment les mêmes choses. **VRAI** (on a les mêmes goûts)

4 Morgane est la sœur d'Amélie. **FAUX** (je la considère comme ma sœur)

5 Samedi, Amélie a fait le ménage dans toute sa maison. **FAUX** (fait mon lit et rangé ma chambre)

6 Le frère d'Amélie est désordonné. **VRAI** (ses affaires sont toujours en désordre)

7 Amélie est allée à la piscine avec sa mère. **FAUX** (au centre commercial)

8 Amélie s'intéresse aux parfums. **VRAI** (j'adore leurs parfums)

9 Amélie a surpris son amie en train de voler. **VRAI** (je l'ai vue glisser dans sa poche le bracelet)

10 Morgane a menti à son amie. **VRAI** (elle n'a pas été franche)

Voir Fiche d'activité 74

Lisez ce qu'Amélie a écrit dans son journal dimanche et mercredi et remplissez les blancs dans le résumé ci-dessous avec un des mots de la liste.

Dimanche, Amélie est allée [1] Morgane chez elle. Ses parents étaient [2]. Elle lui a dit qu'elle l'avait vue [3] dans un magasin. Morgane n'a rien voulu lui [4], mais elle lui a demandé de garder son [5]. Amélie était [6] parce qu'elle croyait que son amie était [7] et maintenant elle ne l'[8] plus. [9], elle a dit à ses parents qu'elle s'était fâchée avec son amie et son [10] lui a conseillé de la revoir.

absents – aime – confiance – contente – déteste – dire – faire des courses – gentils – honnête – malhonnête – mercredi – mère – parler – père – samedi – secret – téléphoner – triste – voir – voler

Réponse

1 voir, 2 absents, 3 voler, 4 dire, 5 secret, 6 triste, 7 honnête, 8 aime, 9 Mercredi, 10 père

C. *Les cousins francophones*

Entre Français et Québécois, on se comprend ?

1 Mise en route

1 Les élèves lisent l'interview à voix haute.

2 Les élèves identifient le destinataire et le but de l'article et justifient leur réponse.

Réponse

destinataire : les jeunes Québécois

justification : c'est un magazine québécois, *Entre chums*, et il est publié à Montréal

but : faire connaître certaines différences de langue et de culture entre les jeunes de France et du Québec

justification : titre (*Entre Français et Québécois, on se comprend ?*) ; sous-titre (Annie et Bruno sont français, mais il y a un an, ils sont venus vivre au Québec. Ils nous parlent de certaines différences linguistiques et culturelles entre ces deux régions francophones.)

2 Lisez

Les élèves répondent oralement ou par écrit aux questions sur le texte et peuvent ensuite faire une comparaison avec les coutumes de leur propre pays.

Réponse

1 NON (nous avons remarqué certaines différences / au Québec, ils utilisent des mots différents / Les Québécois disent « chum » pour copain, et « avant-midi » pour matin / ils appellent leur téléphone portable un « cell » ou « cellulaire » tandis que nous utilisons le mot « portable » ou « mobile ».)

2 OUI (le tutoiement est moins naturel ou fréquent en France qu'au Québec.)

3 NON (si en France les amis font souvent tout ensemble, les Québécois n'aiment pas se sentir obligés de passer tous leurs loisirs avec leurs nouveaux amis.)

4 OUI (nous allons au cinéma avec nos amis, nous allons patiner. / On nous a invités à des barbecues.)

5 Les Québécois (les Québécois sont connus pour leur ponctualité. / Pour un Français, arriver 15–20 minutes après l'heure, c'est normal, mais ici, c'est impoli.)

6 parce qu'au Québec, chacun mange ce qu'il apporte (chaque personne doit apporter sa propre nourriture. En France, par contre, si on apporte quelque chose à manger ou à boire, c'est pour le partager avec les autres.)

Activité supplémentaire : les élèves notent tous les adjectifs possessifs, indiquent quel mot ils qualifient et les remplacent par un pronom possessif.

Réponse

leur / culture → la leur

leur / téléphone → le leur

leurs / loisirs → les leurs

leurs / amis → les leurs

vos / amis → les vôtres

nos / amis → les nôtres

leur / ponctualité → la leur

sa / nourriture → la sienne

 Voir Fiche d'activité 75

Lisez le texte « Entre Français et Québécois, on se comprend ? ». Trouvez dans le texte les antonymes des mots suivants.

1 faux
2 similarités
3 soir
4 rare
5 jeunes
6 désagréable
7 difficile
8 ennemis
9 rarement
10 anciens
11 en retard
12 poli

Réponse

1 vrai / vrais, 2 différences, 3 matin, 4 fréquent, 5 âgées, 6 sympa, 7 facile, 8 amis, 9 souvent, 10 nouveaux, 11 à l'heure, 12 impoli

3 Écrivez

Ces activités sont une bonne préparation à l'épreuve d'expression écrite.

1   Les élèves écrivent un article dans lequel ils comparent les jeunes Québécois aux jeunes de leur pays. Rappelez-leur d'utiliser les conventions pour ce type de texte.

2   Les élèves écrivent un e-mail pour demander au magazine *Entre chums* de publier leur article. Avant de commencer la tâche, ils identifient les différences entre un e-mail et une lettre officielle.

Réponse

1   Dans leur article, les élèves peuvent inclure les informations suivantes :

- Les Québécois ont une culture nord-américaine tandis que les Français ont une culture européenne.

- Ils utilisent des mots différents.

- Le tutoiement est moins naturel ou fréquent en France qu'au Québec, surtout quand on parle à des personnes plus âgées.

- Dans les cafés et les bars, les garçons québécois ne draguent pas les filles comme en France.

- Il faut plus de temps pour se faire de vrais amis au Québec qu'en France.

- En France, les amis font souvent tout ensemble, mais les Québécois n'aiment pas se sentir obligés de passer tous leurs loisirs avec leurs nouveaux amis.

- Les Québécois sont connus pour leur ponctualité. Pour un Français, arriver 15–20 minutes après l'heure, c'est normal, mais au Québec, c'est impoli.

- Pour une fête où chaque personne doit apporter quelque chose à manger, un Français partage avec les autres, mais un Québécois apporte sa propre nourriture et ne la partage pas.

2   Un e-mail est plus court, le registre peut être moins formel et la salutation finale plus simple, par exemple : *Cordialement*.

D. *Qui dit famille dit conflit ?*

1   Lisez

1   Les élèves décrivent la photo, puis l'associent à une des lettres.

Réponse

Grégory

Vous pouvez aussi leur poser des questions, comme par exemple :

1   Où se passe la scène ? (dans la cuisine / la salle à manger)

2   Qui sont les personnes sur la photo et que font-elles ? (On voit une jeune fille et ses parents. Son père et sa mère se disputent et elle est triste ; elle a la tête dans les mains et elle semble pleurer.)

3   Décrivez le père. (Il est grand avec les cheveux courts et gris. Il a environ 40 ans. Il porte un jean bleu et un t-shirt gris clair. Il a l'air menaçant et fâché.)

4   Décrivez la mère. (Elle est grande aussi. Elle a l'air un peu plus jeune que le père. Elle a les cheveux châtain. Elle porte un pantalon et un t-shirt beiges. Elle aussi ne semble pas contente et elle tient à la main droite un verre qui contient peut-être une boisson alcoolisée.)

5   Selon vous, pour quelle(s) raison(s) les parents se disputent-ils ? (Peut-être parce qu'ils sont sous l'influence de l'alcool ou parce qu'ils ne sont pas d'accord sur quelque chose…)

2   Les élèves montrent qu'ils ont compris le sens général des messages en choisissant un titre pour chacun d'eux.

Réponse

Karim **B**, Noé **C**, Grégory **E**

Les activités qui suivent demandent une lecture plus approfondie des messages.

Réponse

3   Sa cousine. Elle le prend pour un taxi, et ne le remercie pas.

4   1 son beau-père, 2 sa sœur, 3 parce qu'il ne sait pas s'il a assez d'argent

5   1 sans arrêt, 2 des riens, 3 énergiques

Rappel grammaire

La position des adjectifs

Après avoir rappelé aux élèves les règles sur l'accord et la position des adjectifs, vous pouvez leur demander de relever tous les adjectifs dans les messages. Rappelez-leur aussi que certains adjectifs ont un sens différent selon leur position.

Réponse

Adjectifs placés avant le nom : grand, même, vieille, bonnes, mauvaise, nouvelle, mauvais, petit, nouveau

Adjectifs placés après le nom : méchant, strict, autoritaire, violentes, énergiques

📖 Cahier d'exercices 8/3

Cet exercice permet de consolider le point grammatical sur la position des adjectifs.

Réponse

1   Tu connais ma petite sœur ?

2   Les adolescents ont des décisions importantes à prendre.

3   Mon copain a deux beaux chiens.

4   Tous les matins, je mange un bon petit déjeuner.

5   J'habite une jolie banlieue mais il n'y a rien à faire.

6   Ma mère m'a acheté une veste noire pour mon anniversaire.

7   Les études occupent une grande partie de mon temps.

8   Mes parents m'ont dit que ma nouvelle copine leur a fait mauvaise impression.

2   Écrivez et parlez

Activité à deux : après avoir écrit une liste de phrases « vrai / faux » sur les trois lettres, les élèves les lisent à leur partenaire, qui dit si elles sont vraies ou fausses et qui justifie ses réponses. Les élèves plus doués peuvent faire cette activité sans regarder les messages.

3   Écrivez

Les élèves choisissent une lettre et écrivent une réponse avec leurs conseils. Rappelez-leur de ne pas oublier le but et le destinataire de leur lettre et d'utiliser un registre semi-formel et un ton chaleureux.

Ils peuvent aussi inventer un problème et écrire une lettre au magazine pour expliquer ce problème.

Activité supplémentaire :

 Voir Fiche d'activité 76

Lisez messages de Karim, Noé et Grégory. Répondez aux questions suivantes.

1   Qui a une grande famille ?

2   Qui aimerait avoir plus d'argent ?

3   Qui est généreux ?

4   Qui s'inquiète pour un membre de sa famille ?

5   Qui ne veut plus vivre chez lui ?

6   Qui vit dans une famille recomposée ?

7   Qui est souvent témoin de violence conjugale ?

8   Qui aimerait qu'on lui montre de la reconnaissance ?

Réponse

1 Karim, 2 Noé, 3 Karim, 4 Grégory, 5 Noé, 6 Noé, 7 Grégory, 8 Karim

E. *Portraits de famille*

À quoi ressemble la famille en France d'aujourd'hui ?

La famille au Sénégal

1   Mise en route

1   Les élèves identifient le type de texte et justifient leur réponse.

2   Les élèves répondent aux questions sur le dessin et engagent une discussion de classe sur les différents types de famille et mentionnent si la leur ressemble à celle sur l'image.

Réponse

1   type de texte (A et B) : article de journal

justification : titre, date, nom de l'auteur, introduction, conclusion

2   Le dessin représente une famille traditionnelle ou nucléaire. On y voit les grands-parents, le père, la mère et leurs enfants (un garçon et une fille). Il fait du soleil et ils ont tous l'air heureux.

Ma famille ressemble / ne ressemble pas à cette famille parce que...

2   Lisez

Les activités qui suivent testent la compréhension des textes.

Réponse

1   1   Les couples... divorçaient rarement.
    2   la famille traditionnelle ou nucléaire (avec un père et une mère) est en baisse
    3   Les situations familiales n'ont jamais été aussi diverses.
    4   85 % des 15–18 ans déclarent avoir besoin de leurs parents et aimeraient avoir encore plus d'échanges avec eux.

2   1 occupés, 2 vieilles, 3 séparément, 4 favorise, 5 tend à disparaître

3   1 **D**, 2 **B**, 3 **E**

4   1   la polygamie et l'insuffisance de logements.
    2   les vieilles traditions familiales sont encore présentes.
    3   les aider.
    4   qu'on ne s'entend pas toujours bien / que cela peut mener à des disputes et des conflits.
    5   cette pratique tend à disparaître un peu plus chaque année.

Activités supplémentaires :

 Voir Fiche d'activité 77

Lisez le texte **A** sur la famille en France et dites si les phrases suivantes sont vraies ou fausses. Justifiez vos réponses avec des mots du texte.

1   Dans les années 50, il y avait moins de divorces. **VRAI** (divorçaient rarement)

2   Il y a en France de moins en moins de familles traditionnelles. **VRAI** (est en baisse)

3   Maintenant, les divorces sont aussi fréquents que les mariages. **VRAI** (aussi courants)

4   En France, plus d'enfants vivent dans une famille recomposée que dans une famille monoparentale. **FAUX** (1 enfant sur 5 vit dans une famille monoparentale et 1 enfant sur 10 vit dans une famille recomposée)

5   Le nombre de familles nombreuses en France augmente. **FAUX** (sont de plus en plus rares)

Voir Fiche d'activité 78

Lisez le texte **B** sur la famille au Sénégal et choisissez les **cinq** phrases qui sont correctes selon le texte.

A   Au Sénégal, on attache peu d'importance à la famille.

B   Les familles sénégalaises se composent de beaucoup de personnes.

C   Les familles sont grandes à cause de la polygamie.

D   Au Sénégal, il y a un manque de logement.

E   Au Sénégal, les familles prennent toujours leurs repas ensemble.

F   Dans les familles sénégalaises, on s'entraide beaucoup.

G   Les relations entre les membres de la famille ne sont pas toujours bonnes.

H   Il n'y a jamais de problèmes dans les familles sénégalaises.

I   La polygamie est interdite au Sénégal.

J   La polygamie est en hausse au Sénégal.

Réponse

B, C, D, F, G

Grammaire en contexte

Les adverbes irréguliers

Faites d'abord réviser aux élèves les adverbes réguliers (voir la section A du chapitre 2) et donnez-leur ensuite des exemples d'adverbes irréguliers. Rappelez-leur qu'un adverbe qualifie un verbe ou un adjectif. Vous pouvez leur demander ensuite de relever tous les adverbes dans les deux textes : *souvent, rarement, aussi…*

3   Écrivez

Cette activité permet de réviser et d'élargir le vocabulaire sur la famille et aide à faire l'activité suivante.

4   Parlez

Activité à deux : les élèves décrivent les photos en donnant le plus possible de détails. Ils peuvent ensuite comparer leur famille à celles sur les photos et aussi à celles en France et au Sénégal, puis donner une description de leur famille idéale.

5   Recherchez et écrivez

Cette activité de recherche est une bonne préparation à l'épreuve d'expression écrite. Rappelez aux élèves qu'un article doit avoir un titre, des paragraphes et le nom de l'auteur. Encouragez-les à utiliser des adverbes et des connecteurs.

6   Écrivez

Activité de groupe : Les élèves commencent cette activité par une discussion sur l'importance et le rôle de la famille, qui permet aux élèves d'exprimer leurs opinions sur la question. Ils identifient ensuite les différences de conventions entre une lettre informelle et une carte postale. Puis ils écrivent une carte postale à leur correspondant(e) francophone pour décrire les membres de la famille et leurs relations avec eux.

Réponse

Le texte d'une carte postale est plus court et le ton plus familier s'il est destiné à un(e) ami(e).

F. *Du berceau au tombeau, les grandes étapes de la vie font l'objet de célébrations très importantes*

1   Mise en route

1   Les élèves identifient le but, les destinataires et les conventions des textes.

2   Les élèves identifient ensuite l'événement que chaque texte annonce.

Réponse

1   type : faire-part

but : annoncer quelque chose

destinataires : membres de la famille, proches, amis

conventions : nom de la personne qui envoie, objet du faire-part, renseignements pratiques (date, heure, lieu, etc.)

2   **A** le mariage d'un couple, **B** la naissance d'un bébé, **C** la mort d'une personne, **D** le PACS (pacte civil de solidarité) d'un couple

Expliquez aux élèves qu'en France, le pacte civil de solidarité (PACS) est un contrat conclu entre deux personnes majeures, de sexe différent ou de même sexe, par lequel ces deux personnes organisent leur vie en commun. La loi française instaurant le PACS a été votée en 1999 pour prendre en compte une partie des revendications des couples de même sexe qui voulaient une reconnaissance de leur statut. Le PACS permet aux couples homosexuels ou hétérosexuels de valider leur union devant la loi, sans pour autant devoir se marier. Les partenaires qui sont alors liés par un pacte civil de solidarité (PACS) ont des droits et des obligations réciproques. Lorsque deux personnes s'unissent par un PACS, on dit qu'elles « se pacsent ».

2 Lisez

Cette activité demande une lecture plus approfondie des faire-parts.

Réponse

Étape annoncée	Qui est l'expéditeur ?	Qui est le destinataire ?	Date / heure	Lieu
Naissance	Karine et Olivier (Delcourt)	membres de la famille, amis	2 novembre	X
Mariage	M et Mme Pierre Martinez	les invités au mariage	samedi 26 juillet à 15h	la mairie de Brive
PACS	Thomas Perrin et Clémence Duval	membres de la famille, amis	16 mars à 11h30	X
Décès	Mme Marie-Joëlle Tavernier	membres de la famille, amis	4 janvier (décès), 10 janvier à 16h (obsèques / cérémonie religieuse)	l'église Saint-Étienne (cérémonie religieuse), cimetière de Lille (inhumation)

3 Recherchez et écrivez

Cette activité permet aux élèves d'élargir leur vocabulaire et de s'entraîner à faire des recherches. Les élèves peuvent aussi relire les faire-parts et discuter le style et le format de chacun.

4 Écrivez

Les élèves choisissent un type de texte approprié pour écrire un texte pour un(e) ami(e) francophone sur une fête de famille.

5 Écrivez

Les élèves choisissent une étape de la vie importante dans leur culture et écrivent une invitation ou un faire-part pour cette célébration. Rappelez-leur d'utiliser les conventions propres à ce type de texte.

G. *La vie de couple*

Le mariage est-il encore à la mode ?

1 Lisez

Les activités suivantes permettent de tester la compréhension des deux textes et de s'entraîner aux exercices de compréhension de l'examen.

Réponse

1   Alassane

2   1   à la mairie

2   cela n'est pas obligatoire. / le seul mariage légal est le mariage civil à la mairie.

3   la robe blanche de la mariée

4   de nos jours, la moitié des femmes qui ont un enfant ne sont pas mariées

3   1   **FAUX** (elle porte un voile bleu nuit)

2   **FAUX** (on amène la mariée chez ses beaux-parents)

3   **VRAI** (Pour moi, le mariage n'est pas du tout démodé. / Je ne voudrais pas rester célibataire. / Je voudrais bien me marier un jour.)

4   **VRAI** (je suis tout à fait contre les mariages précoces)

📖 Cahier d'exercices 8/4

Cet exercice permet de consolider le vocabulaire que les élèves viennent d'apprendre.

Réponse

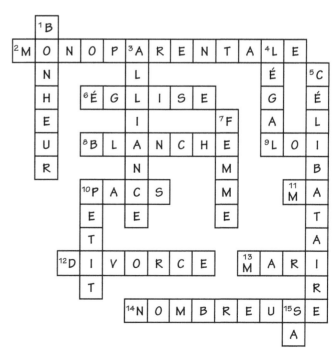

2 Parlez

Discussion de classe dans laquelle les élèves expriment leurs opinions sur le mariage, ce qui leur permet d'utiliser le vocabulaire qu'ils ont appris dans ce chapitre.

3 Recherchez et écrivez

Cette activité, dans laquelle les élèves doivent choisir un type de texte pour répondre aux questions d'une personne francophone, leur permet de faire des recherches avant de répondre ; elle est aussi un bon entraînement à l'épreuve d'expression écrite de l'examen. Vous pouvez aussi les encourager à poser à leur ami(e) francophone quelques questions.

Activité supplémentaire : les élèves utilisent, en fonction des propositions de la tâche suivante, le type de texte le plus approprié, et écrivent une rédaction entre 70 et 150 mots :

Vous avez assisté au mariage d'un membre de votre famille et le lendemain, vous écrivez un texte pour raconter cet événement.

A un article **B** une lettre **C** une page dans votre journal intime

H. *Écouter et comprendre*

Dans cette section, les élèves apprendront à différencier le sens des mots qui se ressemblent.

1 Les mots qui se ressemblent beaucoup mais qui ont un sens différent

Après avoir révisé la prononciation des sons français, les élèves écoutent l'enregistrement et avec l'aide de la grille ils notent le mot qu'ils entendent en premier.

🔊 Audio

1   les dents / les dons
2   un Lapon / un lapin
3   un bain / un banc
4   la rue / la roue
5   faux / feu
6   lis / lu
7   eux / aux
    jeune / jaune
8   les gens / les jeunes
9   coûteux / coûter
10 fumais / fumé
11 les sous / les choux
12 les joues / les choux
13 l'écran / les grands
14 le désert / le dessert
15 les gens / les ans

Réponse

Voir transcription

2 Faire attention au contexte

Les élèves écoutent l'enregistrement et sélectionnent le mot de la liste qu'ils entendent.

🔊 Audio

1   – Tu connais Monsieur Duclos, le monsieur qui habite au numéro 33 ?
    – Ah oui, je l'adore, il est vraiment très **marrant**. Il me fait toujours rire.

2   – C'est quoi, ça ?
    – Ça, c'est un petit **pain** de campagne. Il est vraiment très bien. Essaie !

3   – Qu'est-ce qu'il y a, ça ne va pas ?
    – Non, c'est nul, il y a beaucoup trop de **vent** aujourd'hui pour faire la fête.

4   – Hmmm, je n'ai pas trop chaud dehors, je crois que je vais aller chercher un **pull**.
    – Oui, vas-y et moi, je vais manger.

5   – Dis-moi, tu sais qui est ce monsieur, là, le petit avec la barbe et les **cheveux** gris ?
    – Non, je ne l'ai encore jamais vu.

6   – Vous habitez à quel étage ?
    – Au quinzième étage.
    – Waouh, vous devez avoir une **vue** fantastique.
    – Oui, c'est très bien.

7   – Tu n'es pas content avec la fête ?
    – Non, je trouve qu'il n'y a vraiment pas assez de **jeunes** ici.

8   – Qu'est-ce que tu as apporté à manger à la fête ?
    – J'ai apporté un peu de **poisson** et des fruits.

9   – Le voisin du numéro 22 n'est pas encore là ?
    – Non, son train va arriver en **gare** vers 13 heures.

10 – Madame Dutour est en retard, je ne la vois pas, ni elle ni sa famille.
    – Non, elle m'a dit qu'elle allait venir à la fête à **deux heures.**

11 – Et s'il commence à pleuvoir pendant la fête, qu'est-ce qu'on fait ?
    – Eh bien, on pourra **bouger** les tables sous le préau.

Réponse

1 **A**, 2 **A**, 3 **B**, 4 **A**, 5 **B**, 6 **A**, 7 **A**, 8 **B**, 9 **A**, 10 **A**, 11 **A**

3 Les noms qui ont la même prononciation mais un sens différent

Les élèves écoutent l'enregistrement et sélectionnent le nom qu'ils entendent.

🔊 Audio

1 – Salut Alex ! Qu'est-ce que tu bois ?

– J'ai pris un **verre** de limonade.

2 – Tu ne manges pas cette pomme ?

– Non, il y a un **ver** dedans, beurk !

3 – Tu aimes mon nouveau pull ?

– Hmmm… oui, sauf la couleur, je n'aime pas trop ce **vert**.

4 – Tu penses qu'il faut demander la permission pour organiser une fête dans la rue ?

– Oui, bien sûr. Il faut écrire à la **maire** de la ville.

5 – Je demande à ma **mère** de faire un gâteau pour la fête ?

– Oui, super. J'adore ses gâteaux !

6 – Si on allait faire un tour à la **mer**, cet après-midi ?

– D'accord, je prends mon maillot de bain et ma serviette !

7 – Tu veux venir voir un **ballet** au Grand Théâtre demain soir ?

– Bof… les ballets, la musique classique, tout ça. Je n'aime pas trop.

8 – Qu'est-ce que tu fais pour aider ta mère à la maison ?

– Euh… je passe le **balai** de temps en temps, c'est à peu près tout.

9 – Tu as mal à la gorge ? Tu n'as plus de **voix** !

– Oui, j'ai attrapé froid hier soir.

10 – Dépêche-toi, on va rater le train !

– Il part de quelle **voie** ? Ah voilà, voie sept. Vite !

11 – Tu t'es disputé avec ton père ?

– Oui, il était très en colère et a mis un **coup** de poing sur la table. J'ai eu peur !

12 – Ça ne va pas ?

– Non, j'ai très mal au **cou** depuis mon accident de voiture.

13 – J'ai besoin d'acheter un nouvel uniforme pour le travail.

– C'est toi qui dois payer le **coût** de l'uniforme ?

– Non, c'est mon employeur, heureusement !

14 – Elles coûtent environ combien, ces chaussures ?

– Environ **cent** euros. C'est assez cher.

15 – Perso, je ne pourrais jamais travailler comme docteur !

– Pourquoi ?

– Je ne supporte pas de voir du **sang** !

16 – Qu'est-ce que vous avez fait pendant le dernier **cours** de français ?

– Hmmm… je ne sais plus, de la grammaire, je crois.

17 – Tu jouais où avec tes copains quand tu étais petit ?

– Il y avait une **cour** intérieure dans l'immeuble où j'habitais. C'était sympa.

18 – Qu'est-ce qu'il y a ? Tu as mal ?

– Oui, je suis tombé sur le **court** de tennis pendant mon dernier match.

Réponse

1 verre, 2 ver, 3 vert, 4 maire, 5 mère, 6 mer, 7 ballet, 8 balai, 9 voix, 10 voie, 11 coup, 12 cou, 13 coût, 14 cent, 15 sang, 16 cours, 17 cour, 18 court

4 Les mots grammaticaux qui sont prononcés de la même façon

Les élèves écoutent l'enregistrement et identifient le(s) mot(s) qu'ils entendent.

🔊 Audio

1 – Je vais souvent voir mes grands-parents à Paris.
   – Tu **as** de la chance !

2 – Tu **es** fille unique ?
   – Non, j'**ai** trois frères !

3 – Comment **ça** va avec tes parents ?
   – **Ça** va, on s'entend bien.

4 – **Ce** qui m'énerve chez mes parents, c'est qu'ils **se** disputent tout le temps.

5 – D'où viennent **ses** parents ?
   – Je ne **sais** pas. Il ne **s'est** jamais confié à moi.
   – **C'est** délicat de lui demander…

6 – **C'est** une grande famille ?
   – Oui, il y a **sept** enfants !

7 – Patrick voudrait se marier avec **la** sœur de Sophie !
   – Vraiment ? Je me demande où il **l'a** rencontrée.

8 – Tu veux sortir ce soir ?
   – Non, mon frère **m'a** demandé de l'aider avec ses devoirs…

9 – **Mes** frères sont agaçants **mais** quand ils ne sont pas là, ils me manquent !

10 – Tes parents sont stricts ?
   – Non, ils **m'ont** toujours permis de sortir avec mes amis.

11 – Mes grands-parents **ont** une grande maison où nous passons tout l'été en famille.
   – C'est sympa, ça.

12 – Tes parents sont stricts ?

– Oui, je ne **peux** voir mes amis que le week-end.

13 – Tu vois souvent tes grands-parents ?

– Oui, ils habitent **près** de chez moi.

14 – Tu viens à la fête ce soir ?

– Je ne peux pas **sans** demander la permission à mes parents d'abord.

15 – Qu'est-ce que tu aimes chez ton père ?

– Je crois que c'est surtout **son** sens de l'humour.

Réponse

1 à, as ; 2 es, ai ; 3 ça ; 4 ce, se ; 5 ses, c'est (+ consonne), s'est, (je / tu) sais ; 6 c'est (+ voyelle), sept ; 7 la, l'a ; 8 m'a ; 9 mes, mais ; 10 m'ont ; 11 ont ; 12 (je) peux ; 13 près ; 14 sans ; 15 son

I. *À l'écoute : faites vos preuves !*

1 Écoutez

1 Les élèves remplissent le blanc dans chaque phrase par un mot du texte.

2 Ils réécoutent l'enregistrement en lisant la transcription et vérifient leurs réponses.

🔊 Audio

Anya	Tu t'entends bien avec ta famille, toi, Alex ?
Alex	Ça va en général, mais un problème avec mes parents, c'est qu'ils ne veulent pas m'aider à couvrir le coût de mes études. Ils disent qu'il faudra que je travaille à mi-temps pour payer mes études universitaires. Je ne sais pas si je pourrai à la fois aller en cours et avoir un boulot à mi-temps. En tout cas, je sais qu'il faudra que j'y arrive sans leur aide. Et toi Anya, c'est comment, avec tes parents ? Ils sont divorcés, non ?
Anya	Oui, ils ont divorcé il y a deux ans. Mais ce n'est pas vraiment un problème. Moi, mon gros problème, c'est surtout avec ma mère en fait, parce qu'on ne s'entend pas du tout toutes les deux. Je m'entends mieux avec mon beau-père en fait parce qu'il est plus prêt à m'écouter et à discuter que ma mère. Mon frère aîné est sympa mais je ne le vois que très peu, seulement pendant les vacances.

Réponse

1 coût, 2 cours, 3 sans, 4 mère, 5 prêt, 6 peu

2 Écoutez

1 Les élèves écoutent l'enregistrement et choisissent la bonne option

2 Ils réécoutent l'enregistrement en lisant la transcription et vérifient leurs réponses.

🔊 Audio

Journaliste	Katya, bonjour. En tant que sociologue, qu'est-ce que vous pouvez nous dire sur la famille française typique ?
Sociologue	Alors, tout d'abord, sachons que la France est le deuxième pays le plus peuplé d'Europe après l'Allemagne. La France est le pays européen où les femmes ont le plus d'enfants. Et la France, c'est aussi le pays qui compte le plus grand nombre d'enfants de moins de 18 ans.
Journaliste	Très intéressant. Et à quel âge a-t-on des enfants ?
Sociologue	Alors, selon l'UNAF, l'Union nationale des associations familiales, une Française a son premier enfant à l'âge de 30 ans et demi ; pour les hommes, c'est à 33 ans et demi en moyenne.
Journaliste	Donc, la famille française type, à quoi ressemble-t-elle ? Famille nucléaire avec ses deux parents, famille recomposée, famille monoparentale ? Qu'en est-il ?
Sociologue	Tout d'abord, il est à noter que 80 % des Français vivent en famille. Dans ces familles, les trois-quarts des enfants vivent en permanence avec leurs deux parents donc en famille nucléaire. Moins d'un cinquième (18 % exactement) vivent avec un seul parent et 7 % vivent en famille recomposée, avec un parent et un beau-parent.
Journaliste	La famille, c'est donc important pour les Français. Est-ce que ça l'est aussi pour les jeunes ?
Sociologue	Oui, pour les jeunes générations, la famille, c'est très important. 95 % des plus de 15 ans disent vouloir se marier et avoir des enfants plus tard et seulement moins de 8 % disent n'en vouloir qu'un.

Journaliste	La famille traditionnelle a donc encore de beaux jours devant elle en France ! Katya, merci beaucoup pour ces chiffres. Et maintenant, nous allons passer à…

Source pour les chiffres : http://www.udaf42.org/ sites/default/files/Chiffres_cles_2016.pdf

Réponse

1 **A**, 2 **A**, 3 **B**, 4 **C**, 5 **C**

---

3   Écoutez

1   Les élèves écoutent l'enregistrement et choisissent les **cinq** affirmations vraies.

2   Les élèves réécoutent et complètent le texte avec les mots-clés manquants, puis ils lisent la transcription de l'enregistrement pour vérifier leurs réponses.

🔊 Audio

Jean-Marc	Alors, cette Fête des voisins, ça s'est bien passé ?
Mylène	Oui, tu as raté une bonne soirée. Je pense que les gens se sont bien amusés… enfin ceux qui sont venus, en tout cas !
Jean-Marc	Oui… mais je sais aussi que certaines personnes n'étaient pas *du tout* contentes parce qu'il y avait trop de bruit hier soir…
Mylène	Ce sont toujours les mêmes personnes qui se plaignent. C'était encore Monsieur et Madame Duclos, non ?
Jean-Marc	Oui, c'est ça.
Mylène	Je le savais, ils sont toujours mécontents, les Duclos, ils ne parlent jamais à personne, alors pour eux, la Fête des voisins, c'est l'horreur ! Pourtant, cette fête, c'est très sympa, surtout parce que ça permet aux nouveaux voisins de connaître un peu tout le monde.
Jean-Marc	C'est vrai, tout le monde est tellement occupé, avec le travail, la vie de famille, tout ça, c'est bien de créer des occasions pour passer un peu de temps ensemble.
Mylène	Exactement. Et si on se connaît mieux, on peut commencer à échanger des services, comme arroser le jardin quand les voisins sont en vacances, s'occuper du chat, garder le courrier. C'est ça, l'esprit de bon voisinage !

Jean-Marc	Qu'est-ce que vous avez fait alors, hier soir ?
Mylène	Eh bien, cette année, nous avions demandé à tout le monde d'apporter un plat de sa région ou de son pays… On s'est ré-ga-lé ! Monsieur le Goff a fait des crêpes bretonnes, hmmmm… elles étaient excellentes !
Jean-Marc	Ah, ça me donne faim. C'est vraiment dommage que je n'aie pas pu venir !
Mylène	Après le repas, il y a eu des jeux pour les enfants et plus tard dans la soirée, on a mis de la musique et tout le monde a dansé, les seniors surtout, mais les jeunes et les enfants aussi, c'était très drôle et très sympa de voir ce mélange de générations.
Jean-Marc	Oui… et je sais qu'il y a eu de la musique, les Duclos m'ont dit que c'était horrible !
Mylène	Pffff ! Ils m'énervent, ces deux-là, ils ne savent pas s'amuser. En plus, on s'est arrêté comme promis à 22 heures précises. Une fête de rue, une fois dans l'année, c'est quand même supportable, non ?!
Jean-Marc	Vous allez en faire une autre l'année prochaine ?
Mylène	Oui, bien sûr ! Avec le comité, on a déjà décidé le thème : un défilé de costumes traditionnels de sa région ou de son pays. Ça sera amusant, non ? Enfin, les Duclos vont sûrement trouver ça ridicule, bien sûr…
Jean-Marc	Super idée, ça permettra aux gens de faire découvrir leur culture. Vous pourriez aussi jouer de la musique des différents pays ?
Mylène	Oui ! Et on jouera de la musique très fort, juste pour embêter les Duclos !

Réponse

1   **C, D, E, H, J**

2   1 tu as raté, 2 pas du tout contentes, 3 se plaignent, 4 Je le savais, 5 mécontents, 6 c'est l'horreur, 7 connaître, 8 un peu de temps ensemble, 9 de bon voisinage, 10 pu venir, 11 des jeux pour les enfants, 12 mis de la musique, 13 dansé, 14 ce mélange de générations, 15 de la musique, 16 s'est arrêté, 17 22 heures précises, 18 Oui, bien sûr, 19 Super idée, 20 découvrir leur culture

Révisions

En famille

1   Parlez

Cette activité constitue un bon entraînement à l'examen oral individuel. Les élèves décrivent l'image qui représente une famille du XVIIIe siècle, en utilisant les prépositions qui figurent dans l'encadré *Rappel grammaire*.

Vous pouvez aussi poser des questions aux élèves. Par exemple :

1   Où se passe la scène ? (À l'intérieur d'une maison, peut-être dans la salle à manger.)

2   Est-ce que c'est une famille moderne ? Pourquoi ? (Non, parce qu'ils ne portent pas de vêtements modernes.)

3   C'est quelle sorte de famille ? (C'est une famille nombreuse traditionnelle.)

2   Parlez

Les élèves engagent une discussion à deux ou en groupe sur la citation : « Une famille nombreuse est une famille heureuse. »

3   Écrivez

Cette activité permet aux élèves d'utiliser le vocabulaire qu'ils ont appris pour s'entraîner à l'épreuve écrite de l'examen.

Point de réflexion

Les élèves engagent une discussion sur la question :

« Peut-on réussir et être heureux dans la vie sans amis ? »

Encouragez-les à considérer les points suivants : Pourquoi se fait-on des amis ? Peut-on compter sur ses amis ? Les amis sont-ils plus importants que la famille ?

Cahier d'exercices 8/5

Rappel grammaire

Les exercices supplémentaires permettent aux élèves de consolider les points de grammaire couverts dans ce chapitre.

Les pronoms possessifs

1   Les élèves complètent la grille, puis ils vérifient leurs réponses dans leur manuel (section B du chapitre 8).

2   Les élèves complètent chaque phrase avec le pronom possessif qui convient.

Réponse

1 les miens, 2 les nôtres, 3 la sienne, 4 le tien, 5 les leurs, 6 le sien, 7 la leur, 8 les vôtres, 9 les miennes, 10 les tiens

Les adverbes irréguliers

3   Les élèves barrent le mot qui ne convient pas dans chacune des phrases.

Réponse

Mots corrects : 1 bon, 2 bien, 3 bien, 4 mauvais, 5 mal, 6 mauvais, 7 mieux, 8 meilleur, 9 meilleur

4   Les élèves barrent le mot qui ne convient pas dans chacune des phrases.

Réponse

Mots corrects : 1 très, 2 beaucoup, 3 très, 4 beaucoup de, 5 très, 6 beaucoup

9 La planète en danger

Thème et sujets	**Partage de la planète** Géographie physique Climat Environnement
Aspects couverts	Les catastrophes naturelles Le temps et la vie quotidienne Les changements climatiques Le réchauffement de la planète Les ressources naturelles Les espèces en voie de disparition
Grammaire	Les familles de mots Le genre : terminaisons typiques du masculin et féminin Les temps du passé (rappel) Les pronoms relatifs (rappel) : *qui, que, dont, où ; ce qui, ce que, ce dont*
Textes	**Réceptifs** Messages sur forum, articles, témoignage, interviews, rap **Productifs** Message sur forum, présentation écrite et orale, histoire courte, spot publicitaire (radio), communiqué de presse, poster
Coin IB	**Théorie de la connaissance** • L'eau est à la fois indispensable à la vie sur la Terre et une force dévastatrice. Discutez. • Jusqu'à quel point le temps influence-t-il notre vie de tous les jours ? • Est-ce que les activités agricoles, industrielles et commerciales de l'homme aggravent les risques de catastrophes naturelles ? • Peut-on éviter les catastrophes naturelles ? • Faut-il protéger les forêts ? **Créativité, action, service (CAS)** • Préparez une page web en français pour le site de votre ville. Présentez-y les problèmes environnementaux de votre région et suggérez aux visiteurs francophones des solutions écologiques pour éviter de les aggraver. • Organisez une aide aux personnes victimes d'un désastre naturel. **Point de réflexion** • Pourra-t-on un jour entièrement contrôler les phénomènes naturels et leurs effets sur l'homme ? **Examen oral individuel** • Interview avec une victime d'une catastrophe naturelle • Décrire une bande dessinée sur la destruction de l'environnement • Décrire une photo sur un désastre naturel • Discussion sur une catastrophe naturelle **Épreuve d'expression écrite** • Écrire un message sur un forum pour expliquer comment le temps influe sur notre vie de tous les jours • Écrire une histoire pour illustrer une bande dessinée • Rédiger une affiche pour annoncer la venue d'un camion-cinéma dans un village du Sénégal • Écrire une brochure sur les circuits d'écotourisme organisés par Océanium • Écrire un article sur la découverte d'eau dans le sous-sol africain • Rédiger une page web pour sensibiliser les touristes aux questions environnementales

Ce chapitre a trait au thème *Partage de la planète*. Il couvre les sujets se rapportant à la géographie physique, au climat et à l'environnement, ainsi que le vocabulaire sur les catastrophes naturelles, le temps, la vie quotidienne, les changements climatiques, le réchauffement de la planète, les ressources naturelles et les espèces en voie de disparition. Sur le plan grammatical, les élèves réviseront les temps du passé et les pronoms relatifs *qui, que, dont, où, ce qui, ce que, ce dont* et les connecteurs logiques de cause. Ils apprendront aussi à reconnaître et à créer des familles de mots, et à reconnaître le genre des noms d'après leur terminaison. Ils liront différents types de textes : messages sur forum, articles, témoignage, interviews et un rap. Ils pourront aussi s'entraîner aux épreuves écrites et orales de l'examen et avoir des discussions sur le temps et comment il peut affecter notre vie quotidienne, sur les catastrophes naturelles, sur les ressources naturelles et sur la protection de l'environnement.

1   Mise en route

Pour se familiariser avec le vocabulaire nouveau, les élèves identifient les catastrophes naturelles sur les photos.

Réponse

A sécheresse, **B** tornades, **C** tsunamis, **D** inondations, **E** éruptions volcaniques, **F** tremblements de terre

2   Parlez

Les élèves engagent une discussion sur les livres qu'ils ont lus ou les films qu'ils ont vus sur les catastrophes naturelles et l'importance de tels ouvrages.

A. *La vie selon la météo*

1   Compréhension

Ces activités testent la compréhension générale de l'article.

Réponse

1   1   été, hiver, automne, printemps

     2   il fait très chaud, il fait doux, il fait frais, il neige et il gèle, il fait froid, il pleut, il y a du vent

     3   parka, gants, écharpe, bonnet, robe, short, t-shirt, maillot de bain

     4   hockey sur glace, ski, patinage, natation, plongée

2   1 Samir et Théo, 2 Samir et Théo, 3 Théo et Sylvaine, 4 Théo et Sylvaine, 5 Claudia, Samir, Sylvaine, 6 Samir et Sylvaine

Pour aller plus loin, vous pouvez ensuite demander aux élèves d'ajouter d'autres mots aux quatre listes (saisons, météo, vêtements, sports) de la tâche 1.

2   Lisez et écrivez

Ces activités testent une compréhension plus approfondie des messages.

Réponse

1   **B, D, E**

2   1 commerçants, 2 faire la sieste, 3 dehors, 4 un plat épicé

3   1 le souper, 2 il regarde la télé ou fait du hockey sur glace, du ski ou du patinage, 3 pour éviter de sortir et d'avoir froid en hiver, 4 des poutines, des tourtières et des plats à base de sirop d'érable.

4   1   **VRAI** (la mer est mauvaise, surtout quand il y a des cyclones ou des ouragans)

     2   **FAUX** (en août il pleut, il y a du vent et la mer est mauvaise / il y a des cyclones ou des ouragans / Le risque est grand entre août et octobre)

     3   **VRAI** (Pendant la saison sèche, on vit dehors)

     4   **FAUX** (On ne manque pas de célébrer les fêtes comme Pâques et Noël en famille)

3   Parlez

Cette activité permet aux élèves de montrer qu'ils ont bien compris le texte et en même temps de décrire les images pour justifier leur réponse.

Réponse

Sylvaine **A**, Samir **B**, Claudia **C**, Théo **D**

Grammaire en contexte

Les familles de mots

Les familles de mots sont une bonne façon pour les élèves d'élargir leur vocabulaire et les aideront à deviner le sens des mots qu'ils ne connaissent pas et à associer les mots qui vont ensemble.

4   Lisez

Cette activité encourage les élèves à créer une famille de mots avec les mots des messages.

Réponse

noms : chaleur, chauffage

adjectifs : chaud, calorique

adverbe : chaudement

verbe : (se) réchauffer

Vous pouvez leur dire de créer d'autres familles de mots à partir des mots dans les messages ou de mots qu'ils connaissent. Par exemple : sèche / sec (adjectifs) → la sécheresse / le dessèchement (noms) → sécher / dessécher (verbes) → sèchement (adverbe).

5   Lisez

Dans cette activité, les élèves continuent à créer des familles de mots.

Réponse

douceur (nom) – doux (adjectif)

protection (nom) – protéger (verbe)

natation (nom) – nager (verbe)

tard (adverbe) – tardivement (adverbe)

célébration (nom) – célébrer (verbe)

tradition (nom) – traditionnel (adj), traditionnellement (adverbe)

familial (adjectif) – famille (nom)

pluie (nom) – il pleut (verbe), pluvieuse (adjectif)

Vous pouvez leur demander ensuite de compléter ces familles avec des mots qui ne sont pas dans le texte. Par exemple : douceur (nom) – doux (adjectif) – doucement (adverbe) – adoucir (verbe).

Cahier d'exercices 9/1

Cet exercice donne la possibilité aux élèves de travailler un peu plus les familles de mots.

Réponse possible

Nom	Adjectif	Adverbe	Verbe
proche, approche	prochain(e), proche	prochainement	approcher, s'approcher
progression	progressif/ive	progressivement	progresser
patience	patient(e)	patiemment	patienter
généralité	général(e)	généralement	généraliser
grandeur	grand(e)	grandement	grandir, s'agrandir
passion	passionnant(e)	passionnément	passionner
admiration	admirable	admirablement	admirer
respect	respectueux/euse	respectueusement	respecter

Activité supplémentaire à deux pour consolider les familles de mots : À l'aide d'un dictionnaire, les élèves se font d'abord une liste de familles de mots, puis l'élève A suggère un mot et l'élève B donne un autre mot de la même famille. (Il / Elle peut utiliser un dictionnaire pour trouver la réponse.) Par exemple :

Élève A : *Le nom est danger.*

Élève B : *L'adjectif est dangereux.*

Élève A : *L'adverbe est dangereusement.*

Élève B : *Euh… je ne sais pas.*

Élève A : *Un point pour moi !*

6 Écrivez

Cette activité permet aux élèves d'utiliser le vocabulaire qu'ils viennent d'apprendre et de s'entraîner à l'épreuve d'expression écrite de l'examen. Avant de commencer l'activité, les élèves identifient le type de texte, le registre et le ton qu'ils vont utiliser.

Réponse

type de texte : lettre ou e-mail ou message

style : soutenu

ton : informatif

Vous pouvez aussi leur demander d'écrire une carte postale à un(e) ami(e) d'un pays où ils passent leurs vacances pour lui dire l'influence que le temps a eu sur leur séjour.

7 Parlez

Discussion de classe sur l'influence que le temps peut avoir sur les gens.

Activités supplémentaires :

 Voir Fiche d'activité 79

Trouvez les mots dans le message de Claudia qui signifient le contraire des mots ci-dessous.

1 le nord

2 froid

3 à l'extérieur

4 fine

5 toujours

6 refroidir

Réponse

1 le sud, 2 chaud, 3 à l'intérieur, 4 épaisse, 5 de temps en temps, 6 réchauffer

 Voir Fiche d'activité 80

Lisez le message de Samir et répondez aux questions.

1   Pourquoi les commerçants ouvrent-ils tôt et ferment-ils tard ? (parce qu'il fait plus frais le matin et le soir et pour éviter que les gens sortent quand il fait le plus chaud)

2 Que font la plupart des gens l'après-midi ? (Ils font la sieste)

3 Où les gens prennent-ils leurs repas du soir ? (sur la terrasse ou dans la cour ou le jardin / dehors)

4 Quel temps fait-il en décembre ? (il fait doux)

5 Qu'est-ce qui pousse dans les jardins ? (beaucoup de légumes)

....

 Voir Fiche d'activité 81

Dites si les phases 1–5 sur le message de Théo sont vraies ou fausses. Justifiez vos réponses avec des mots tirés du texte.

1 Les Québécois prennent leur dîner vers 17h. **FAUX** (vers midi)

2 À la fin de l'automne, il fait noir vers 17h. **VRAI** (vers 17h, surtout à la fin de l'automne quand il fait nuit)

3 Le soir, les Québécois regardent le hockey sur glace à la télé. **FAUX** (on s'habille chaudement …pour aller faire du hockey sur glace)

4 L'hiver, les Québécois n'ont pas besoin de sortir dans le froid. **VRAI** (il y a une « ville intérieure », en sous-sol, où tout est accessible sans sortir)

5 Les Québécois mangent des aliments riches en calories pour avoir de l'énergie. **VRAI** (La nourriture traditionnelle est très riche au Québec, on a besoin d'énergie)

....

 Voir Fiche d'activité 82

Trouvez dans le message de Sylvaine les mots exacts qui correspondent aux définitions suivantes.

1 quelque chose qui garde les mains au chaud

2 quelque chose qu'on porte autour du cou

3 quelque chose qu'on met sur la tête

4 un meuble dans lequel on peut mettre des vêtements

5 un vêtement qu'on porte pour nager

6 une activité qui consiste à nager

7 une activité qui consiste à nager sous l'eau

8 à l'extérieur

9 fêter

10 un endroit dans la maison où brûle un feu

Réponse

1 gants, 2 écharpe, 3 bonnet, 4 armoire, 5 maillot de bain, 6 natation, 7 plongée, 8 dehors, 9 célébrer, 10 cheminée

B. *Quand la planète se met en colère…*

1   Lisez

Cette activité teste la compréhension générale du texte.

Réponse

1 **C**, 2 **A**, 3 **D**, 4 **E**, 5 **B**

2   Lisez et écrivez

Cette activité aide les élèves à se familiariser avec le contenu et le vocabulaire du texte.

Réponse

1 Le pays le plus à risque selon le classement de CATNAT, c'est le Bangladesh.

2 Les inondations, les glissements de terrain, les séismes, les avalanches, les éruptions, les incendies, les cyclones, les tempêtes, les orages et la foudre, la grêle, les tornades, le froid et la neige, les canicules, les sécheresses, les tsunamis et les événements extra-terrestres.

3 Parce que la population augmente dans les zones à risques.

4 Certains pays en développement sont plus vulnérables que les pays développés qui peuvent mieux faire face aux désastres naturels.

5 Le nombre de catastrophes naturelles dans le pays ; le nombre de morts et de blessés ; les dégâts causés ; les facteurs sociaux, politiques, économiques et environnementaux du pays ; la capacité du pays à faire face aux conséquences des catastrophes.

3   Lisez

Cette activité teste la compréhension du vocabulaire.

Réponse

1 **A** 1 le nombre de catastrophes naturelles dans le pays, **B** 3 les dégâts causés, **C** 5 la capacité du pays à faire face aux conséquences des catastrophes, **D** 2 le nombre de morts et de blessés, **E** 4 les facteurs sociaux, politiques, économiques et environnementaux du pays

2 Ces noms sont tous féminins.

4   Lisez et parlez

Activité à deux : les élèves engagent une discussion sur les risques de catastrophe naturelle dans leur pays. Pour obtenir plus d'informations, ils peuvent faire des recherches sur le site de CATNAT, en particulier sous l'onglet Données & Statistiques, section Risques-pays, Classement des pays par niveau de risque.

Grammaire en contexte

Le genre : terminaisons typiques du masculin et féminin

Bien qu'il y ait des exceptions aux règles énoncées, expliquez aux élèves que bien connaître les règles générales les aidera à utiliser correctement la majorité des noms.

Cahier d'exercices 9/2

Cet exercice permet aux élèves de se familiariser un peu plus avec le genre des noms et de faire les accords nécessaires pour comprendre l'importance du genre des noms pour le reste de la phrase.

Réponse

1 La vie des habitants d'Haïti est caractérisée par **une** incer**titude quotidienne.**

2 C'est une population très pauvre : **la** moi**tié** est **habillée** de guen**illes déchirées.**

3 Les plus **belles** résid**ences** n'ont pas résisté **au** pass**age dévastateur du dernier** typh**on.**

4 Les fiss**ures** ont été **causées** par **une** torn**ade** très **puissante.**

5 Il faut faire **un** inven**taire détaillé** de tous les médic**aments** qui ont été **expédiés** après cette catastrophe.

6 Beaucoup d'habitants ressentent **un profond** désesp**oir.**

7 L'orga**nisme** qui s'occupe **du** chan**tier** de reconstruction est **français.**

8 Les gens ici donnent l'impre**ssion** très **nette** qu'ils refusent de parler du volcan et que c'est presque **un** tab**ou.**

9 La montagne est **une** fron**tière naturelle** entre les deux na**tions voisines.**

5   Lisez et écrivez

Ces activités entraînent les élèves à identifier les noms masculins et féminins.

Réponse

1 Noms masculins : dommages, effondrement, décès, traumatisme

   Noms féminins : destruction, blessures, contamination, infections, épidémies, absence

2 démolition (f), collision (f), maison (f), culture (f), nourriture (f), barrage (m), réplique (f), tremblement (m)...

....

Pour aller plus loin, vous pouvez demander aux élèves de trouver d'autres mots pour chaque terminaison. Ils peuvent faire des recherches sur Internet en écrivant « mots finissant par... ». Vous pouvez aussi leur demander s'ils connaissent des exceptions, par exemple : *un dommage – exception : une image ; une promenade – exception : un camarade.*

6   Recherchez, écrivez et parlez

Activité de groupe : chaque groupe fait des recherches sur une catastrophe naturelle dans un des endroits mentionnés. Chaque groupe écrit ensuite une présentation qu'il fera oralement devant la classe.

Vous pouvez aussi demander aux élèves de comparer les risques de catastrophe naturelle dans leur pays et ceux dans un pays francophone de leur choix.

C. *12 janvier 2010, 16:53:10 – Séisme en Haïti*

Les 35 secondes qui ont changé ma vie

1   Compréhension

Cette activité teste la compréhension du texte et aide les élèves à s'entraîner à manipuler la langue du texte.

Réponse

1 Parce qu'il vivait avec sa famille : son père, sa mère et ses deux sœurs. Il allait au collège, il rêvait d'être ingénieur. Sa famille avait une petite maison, il aidait sa mère au jardin, ils avaient assez à manger. Ils étaient pauvres mais heureux.

2 Parce que le plafond s'est effondré presque aussitôt.

3 Comme il était coincé sous un gros bloc de béton, il ne pouvait pas bouger, il avait mal partout.

4 Le chirurgien l'a amputé de la jambe droite parce que le bloc de béton l'avait écrasée.

5 Son père et ses sœurs n'ont pas survécu au tremblement de terre. Il a retrouvé sa mère mais elle est morte en mars 2011, pendant l'épidémie de choléra.

6 Il vit maintenant chez une tante et vient de finir ses études au lycée. Il rêve toujours d'être ingénieur un jour. Pour le moment, il fabrique des colliers pour gagner de l'argent.

2   Lisez et écrivez

Cette activité permet de réviser les temps du passé de l'indicatif.

Faites remarquer aux élèves que le verbe *venir* à l'imparfait est utilisé ici comme auxiliaire pour former le passé récent dans un contexte passé. Cette structure peut aussi s'utiliser dans un contexte présent ; dans ce cas l'auxiliaire *venir* est conjugué au présent.

Rappelez aussi aux élèves que pour former le plus-que-parfait on utilise l'auxiliaire *être* ou *avoir* à l'imparfait, suivi du participe passé du verbe.

Réponse

passé composé	imparfait	plus-que-parfait
tout a changé	(je venais)	j'étais rentré
on a entendu	ma vie était	J'avais débarrassé
tout s'est mis	je vivais	m'avaient trouvé
s'est effondré	j'allais	j'avais passé
On n'a pas eu	je rêvais	m'avait amputé
Je suis resté	On avait	l'avait écrasée
J'ai perdu	j'aidais	n'avaient pas survécu
je me suis réveillé	on avait	
est arrivé	On était	
m'a pris	Il était	
Il m'a dit	un prof était	
Il m'a expliqué	(je venais)	
J'ai appris	j'aidais	
J'ai retrouvé	qui arrivait	
elle est morte	J'étais	
	Je ne pouvais pas	
	j'avais	
	Je ne savais pas	
	ma famille était	
	Je n'avais	
	j'étais	
	j'avais	
	C'était	

Rappel grammaire

Les temps du passé

Rappelez aux élèves ce qui distingue les différents temps du passé. Vous pouvez ensuite leur demander de revenir au texte et de justifier l'emploi de chacun des temps dans le texte.

Cahier d'exercices 9/3

Cet exercice permet de consolider les temps du passé à l'indicatif.

Réponse

1 je venais, 2 J'avais décidé, 3 j'étais, 4 faisait, 5 a eu, 6 s'est mis, 7 Je suis tombé, 8 j'ai réussi, 9 s'est écroulé, 10 je sortais, 11 j'étais, 12 couraient, 13 criaient, 14 étaient, 15 avait, 16 Je n'avais jamais vu, 17 J'ai commencé, 18 J'avais attrapé, 19 On pouvait, 20 s'étaient écroulés, 21 J'imaginais, 22 Je me suis mis

3 Écrivez et parlez

Pour approfondir un peu plus la compréhension du texte, les élèves écrivent des phrases « vrai / faux » sur le texte pour la classe.

4 Parlez

Activité à deux : les élèves imaginent une interview avec Benjamin ; l'un des élèves joue le rôle de l'interviewer et l'autre celui de Benjamin. Ils peuvent ensuite inverser les rôles.

Activités supplémentaires :

📄 *Voir Fiche d'activité 83*

Dites si les phrases 1–10 qui se rapportent au texte de Benjamin sont vraies ou fausses. Justifiez vos réponses avec des mots tirés du texte.

1 Benjamin a eu une enfance heureuse. **VRAI** (je venais d'avoir 12 ans et ma vie était parfaite)

2 Benjamin était fils unique. **FAUX** (mes deux sœurs)

3 Quand Benjamin était jeune, il habitait dans un appartement. **FAUX** (on avait une petite maison)

4 Le 12 janvier 2010, Benjamin est resté moins longtemps au collège. **VRAI** (j'étais rentré du collège plus tôt ce jour-là)

5 Benjamin était dans la cuisine quand la catastrophe est arrivée. **VRAI** (j'aidais ma mère à la cuisine quand tout à coup, on a entendu une explosion)

6 La maison de Benjamin n'a pas bougé. **FAUX** (puis tout s'est mis à bouger dans la maison et le plafond s'est effondré)

7 Benjamin n'a pas été blessé. **FAUX** (j'avais des blessures graves)

8 Benjamin a perdu un membre. **VRAI** (le chirurgien m'avait amputé de la jambe droite)

9 Benjamin a perdu toute sa famille dans le tremblement de terre. **FAUX** (J'ai retrouvé ma mère.)

10 La maman de Benjamin est décédée un an après le tremblement de terre. **VRAI** (elle est morte en mars 2011)

Voir Fiche d'activité 84

Trouvez dans le texte de Benjamin les mots exacts qui correspondent aux définitions suivantes.

1   un terrain à côté de la maison où on cultive des légumes

2   un établissement scolaire

3   une personne qui enseigne

4   une pièce dans laquelle on prépare à manger

5   un endroit où on va quand on est blessé ou très malade

6   une personne qui soigne des blessés

7   des personnes qui viennent aider des personnes en danger

8   un médecin qui fait des opérations

9   un mauvais rêve

10 des bijoux qu'on porte autour du cou

Réponse

1 jardin, 2 collège, 3 prof, 4 cuisine, 5 hôpital, 6 infirmier, 7 secouristes, 8 chirurgien, 9 cauchemar, 10 colliers

D. *Haïti : un séisme inévitable mais des conséquences évitables*

Haïti, janvier 2010 : Quoi faire pour ne plus jamais voir ça ?

1   Lisez et écrivez

Faites remarquer aux élèves qu'on peut dire *en Haïti* ou *à Haïti*.

L'activité teste la compréhension du texte et permet aux élèves d'écrire des phrases en utilisant les mots du texte.

Réponse

1   La capitale Port-au-Prince, parce que c'est l'endroit le plus peuplé et qu'elle est construite sur une zone sismique ; elle a été détruite deux fois déjà.

2   Oui, des scientifiques en avaient parlé en 2008 et 2009.

3   Haïti manquait d'argent et d'une bonne organisation.

4   On n'avait pas évacué la capitale, on n'avait pas renforcé les habitations qui se sont effondrées.

5   Les bâtiments qui s'écroulent.

6   Apprendre à la population les bons réflexes en cas de séisme ; interdire la construction de bâtiments qui ne sont pas aux normes parasismiques ; arrêter le phénomène de déboisement qui rend l'île vulnérable aux glissements de terrain.

2   Parlez

Les élèves engagent une discussion sur le lien entre les activités humaines et les catastrophes naturelles.

Activités supplémentaires :

 Voir Fiche d'activité 85

En vous basant sur l'interview avec Camille Honorat, indiquez si les phrases suivantes sont vraies ou fausses. Justifiez vos réponses avec des mots pris de l'interview.

1   Si on avait pris les mesures de prévention nécessaires, il n'y aurait pas eu de séisme en 2010. **FAUX** (on ne peut malheureusement pas arrêter la Terre de trembler)

2   On peut maintenant prédire la date exacte d'un tremblement de terre. **FAUX** (nous ne pouvions pas dire précisément quand)

3   Il n'y a jamais eu de séisme à Port-au-Prince. **FAUX** (Port-au-Prince était particulièrement à risque / elle est construite sur une zone sismique / un séisme l'a déjà complètement détruite deux fois au XVIIIe siècle)

4   Port-au-Prince est la ville où il y a le plus grand nombre d'habitants. **VRAI** (la capitale est l'endroit le plus peuplé de l'île)

5   S'il y avait eu une meilleure organisation et plus d'argent, il y aurait eu moins de victimes. **VRAI** (on n'a pris aucune mesure de prévention avant le séisme / pour prendre des mesures de prévention, il faut avoir de l'argent et une bonne organisation : les deux manquent en Haïti.)

6   Le tremblement de terre a tué beaucoup de gens. **FAUX** (ce n'est pas le tremblement de terre qui tue les gens mais les bâtiments qui s'écroulent.)

7   Les déboisements dans les zones sismiques sont déconseillés. **VRAI** (le phénomène de déboisement [qui] a rendu l'écosystème de l'île encore plus vulnérable aux glissements de terrain)

 Voir Fiche d'activité 86

Relisez l'interview avec Camille Honorat. Remplissez les blancs dans le résumé ci-dessous avec des mots exacts de l'interview.

En 2010, il y a eu un séisme en Haïti qui a fait des milliers de [1] parce que les autorités n'avaient pas [2] la capitale. Beaucoup de gens ont été tués par les maisons qui se sont [3] après les premières [4] parce que leur construction n'était pas conforme aux [5]. Tous les habitants de l'île doivent apprendre les [6] en cas de tremblement de terre et doivent arrêter le [7] qui cause les [8] de terrain. Mais ces mesures de prévention demandent de l'[9] et une bonne [10].

Réponse

1 victimes, 2 évacué, 3 effondrées, 4 secousses
5 normes parasismiques, 6 bons réflexes, 7 déboisement, 8 glissements, 9 argent, 10 organisation

E. *L'homme, ami ou ennemi de la planète ?*

L'écologie n'est plus une idée, c'est une nécessité !

1 Compréhension

Ces activités testent la compréhension générale du texte.

Réponse

1 C

2 paragraphe 1 : photos **C** et **F**, paragraphe 2 : photos **B** et **E**, paragraphe 3 : photos **A** et **D**

2 Lisez

Faites réviser les pronoms relatifs aux élèves avant de leur faire faire les activités.

Réponse

1 ligne 2 : que / l'eau ; ligne 3 : qui / les fibres ; ligne 3 : qui / le bois ; ligne 8 : qui / une plante (la bardane) ; ligne 9 : qui / micro-organismes

2 *ce qui* se rapporte à *les zones humides absorbent les eaux de pluies* ; *ce que* se rapporte à *protéger les sols de l'érosion*

3 1 ce que, 2 que, 3 où, 4 ce qui, 5 qui, 6 qui, 7 Ce que, 8 ce qui

Rappel grammaire

Les pronoms relatifs

Les pronoms relatifs ont déjà été couverts dans le livre 1 aux chapitres 6, 7, 9 et 12, mais il est bon de les réviser car ils permettent aux élèves de former des phrases complexes. Encouragez-les donc à les utiliser dans les rédactions.

Cahier d'exercices 9/4

Cet exercice permet de consolider les pronoms relatifs.

Réponse

1 **G**, 2 **C**, 3 **H**, 4 **A**, 5 **E**, 6 **D**, 7 **F**

3 Lisez

Cette activité permet de s'entraîner aux exercices de l'épreuve de compréhension de l'examen.

Réponse

2 le carburant, 3 l'homme, 4 les micro-organismes, 5 L'existence d'écosystèmes variés, 6 La nature, 7 les abeilles

4 Parlez

Cette activité est un bon entraînement à l'examen oral. Les élèves peuvent faire cette activité en groupe ou à deux : ils décrivent chaque photo et expliquent ce qui se passe ou ce qui s'est passé. Le but de cet exercice est de les faire utiliser non seulement le vocabulaire qu'ils viennent d'apprendre, mais aussi les pronoms relatifs.

Réponse possible

A Dans certains pays, il n'y a plus d'abeilles, ce qui oblige l'homme à polliniser les plantes à la main.

B Les forêts protègent les sols de l'érosion grâce aux racines des arbres, ce qui réduit le risque de glissement de terrain.

C La nature produit le bois qui sert à faire nos meubles et nos maisons.

D La dégradation des milieux naturels, qui est provoquée par l'homme, est très grave.

E Les zones humides, où on trouve des lacs et des marais, absorbent les eaux de pluie, ce qui permet d'éviter des inondations.

F C'est la nature qui a inspiré à l'homme l'idée du velcro.

5 Parlez

Activité de classe : les élèves décrivent et interprètent les dessins de la bande dessinée, puis complètent la phrase. Les élèves peuvent ensuite discuter de l'importance des forêts et pourquoi on doit les protéger.

Réponse possible

Si l'homme ne détruisait pas la forêt, et s'il ne coupait pas les arbres pour utiliser le bois, il ne détruirait pas l'habitat des oiseaux et n'aurait pas besoin de faire des petites maisons en bois pour les protéger !

Activité supplémentaire à deux : pour illustrer la bande dessinée, les élèves écrivent une courte histoire dans laquelle ils utilisent les pronoms relatifs qu'ils viennent de réviser. Ils peuvent ensuite lire l'histoire au reste de la classe qui vote pour la meilleure.

F. *L'homme a abîmé la planète : maintenant, il doit la protéger*

1 Lisez

Cette activité teste la compréhension du texte.

Réponse

1 Des écologistes, parce qu'ils voulaient protéger le milieu marin.

2 Sur terre comme sur mer, au Sénégal et dans les pays voisins.

3 Océanium participe à la création d'aires marines protégées et organise des opérations de nettoyage des fonds marins.

4 Sans mangrove, il n'y a plus de riz, car ce sont les palétuviers qui absorbent le sel de la mer et protègent les cultures.

5 En créant des ressources pédagogiques (films, affiches, expositions, guides techniques) et en organisant des séances de cinéma-débat.

6 Des camions-cinéma se déplacent pour montrer aux populations des villages, sur écran en plein air, des documentaires sur les problèmes écologiques.

7 Parce qu'ils garantissent la protection de la nature, ainsi que le bien-être et le développement économique des communautés locales.

2 Lisez et écrivez

1 Demandez aux élèves s'ils se rappellent comment on exprime la cause et la conséquence. Ceci a été couvert dans les chapitres 5, 6 et 7.

2 Cette activité permet aux élèves de s'entraîner à exprimer une cause et une conséquence.

Réponse

Pour chaque phrase, il y a trois structures possibles.

1 Nos activités industrielles polluent la mer (cause), par conséquent / alors on doit nettoyer les fonds marins (conséquence).

C'est parce que nos activités industrielles polluent la mer qu'on doit nettoyer les fonds marins.

On doit nettoyer les fonds marins parce que nos activités industrielles polluent la mer.

2 Il y a souvent des incendies de forêts (cause), par conséquent / alors Océanium plante des arbres et les protège (conséquence).

3 Les cultures comme le riz disparaissent (conséquence) parce que les hommes coupent les palétuviers (cause).

4 C'est parce que les palétuviers absorbent le sel de la mer (cause) que la mangrove protège les cultures (conséquence).

5 Océanium produit des ressources pédagogiques (conséquence) parce qu'on doit apprendre aux gens à protéger la nature (cause).

6 La population ne peut pas se déplacer (cause), par conséquent / alors les camions-cinéma vont de village en village (conséquence).

7 C'est parce qu'il faut protéger la nature et la vie des habitants (cause) qu'Océanium propose des circuits écotouristes (conséquence).

3 Écrivez et parlez

Activité à deux : les élèves écrivent le texte d'un spot publicitaire de radio d'une minute pour promouvoir les actions d'Océanium et le présentent ensuite à la classe qui choisira le meilleur. Avant d'écrire le texte, les élèves identifient les conventions, le registre et le ton qu'ils vont utiliser.

Réponse

conventions : indiquer à qui s'adresse la présentation, une introduction, une conclusion, un ou plusieurs procédés rhétoriques (par exemple une question, une exclamation)

registre : soutenu

ton : informatif mais accrocheur

Activité supplémentaire : les élèves peuvent écrire une brochure sur les circuits d'écotourisme organisés par Océanium pour encourager les touristes à les essayer ou rédiger une affiche annonçant la venue d'un camion-cinéma dans un village du Sénégal et invitant les habitants du village à venir assister à une séance de cinéma-débat.

G. *L'eau sous le Sahara : un espoir pour l'Afrique ?*

1 Compréhension

Cette activité permet de consolider un peu plus les connecteurs logiques.

Réponse

(lignes 6 et 7) à cause du, (ligne 9) pourtant, (ligne 12) en effet, (ligne 16) à cause de, (ligne 17) En plus, (ligne 20) Par contre

2 Lisez

Ces activités testent la compréhension générale du texte, et ensuite la compréhension du vocabulaire.

Réponse

1 1 E, 2 F, 3 A, 4 C

2 1 le forage, 2 (très) coûteux, 3 excessive, 4 rapidement, 5 manuelles, 6 abreuvé, 7 irriguées, 8 l'exode rural

3 Parlez

Les élèves engagent une discussion de classe sur les avantages et les dangers de la découverte mentionnée dans le texte.

4 Écrivez

Cette activité permet aux élèves d'utiliser le vocabulaire du texte et de de s'entraîner à l'épreuve d'expression écrite de l'examen. Rappelez-leur d'utiliser les conventions propres à ce type de texte.

H. *Écouter et comprendre*

Dans cette section, les élèves apprendront ce qu'ils doivent faire durant les différentes étapes de l'activité de compréhension orale.

1 Lecture des questions = travail de prédiction

Avant de faire les activités, il est conseillé aux élèves de revoir ce qu'ils ont appris dans les chapitres 3 et 6. Les élèves écoutent l'enregistrement et notent les mots-clés qui répondent aux questions.

🔊 Audio

1a **Deux jeunes Français** ont créé l'association Éco-Jeunes il y a un an.

1b Deux jeunes Français ont créé l'association Éco-Jeunes **il y a un an.**

2a Il y a déjà environ 150 membres, **tous étudiants à l'université.**

2b Il y a déjà environ **150 membres**, tous étudiants à l'université.

3a L'association se spécialise dans **la protection des abeilles** car les abeilles sont en danger.

3b L'association se spécialise dans la protection des abeilles **car les abeilles sont en danger.**

4a Les réunions ont lieu **le samedi matin** dans le café en face de l'université.

4b Les réunions ont lieu le samedi matin **dans le café** en face de l'université.

Réponse

En caractères gras dans la transcription

2 Prédire ce que vous allez entendre

Les élèves lisent les phrases d'introduction aux textes qu'ils vont entendre (dans les activités 3 et 4), regardent les questions et écrivent à deux des mots et des phrases possibles.

Réponse possible

1 il fait beau, il pleut, les températures moyennes sont élevées / d'environ X degrés, il y a du vent, il y a des cyclones

2 L'ouragan a fait des victimes / blessés / morts. Il a causé des dégâts / des dommages matériels.

3 construire / adapter des bâtiments, informer la population

4 la nourriture, l'eau, l'air, les matériaux pour construire les maisons / l'énergie dont on a besoin

3 Que faire lors de la première écoute

Les élèves écoutent les enregistrements. Pour chacun ils entourent le vocabulaire qu'ils avaient prédit dans l'activité 2 et notent d'autres mots qui servent à répondre aux questions 1–4.

🔊 Audio

1

Interviewer Comment est le climat de la Guadeloupe ?

Ariane Le climat de la Guadeloupe est très agréable. Il fait beau, avec des températures moyennes d'environ 20–25 degrés toute l'année. Par contre, pendant la saison des pluies, de juillet à décembre, il pleut souvent et il pleut beaucoup, il y a du vent et parfois des cyclones.

2

Interviewer Que s'est-il passé lors du passage de l'ouragan Hugo en Guadeloupe ?

Sylvain En 1989, la Guadeloupe a particulièrement souffert de l'ouragan Hugo, le plus violent de son histoire. Il a fait des victimes, des milliers de blessés et plus de 100 personnes sont mortes. Il a aussi fait des dégâts considérables dans toutes les îles des Antilles.

Les dommages matériels ont été considérables, dû au vent qui soufflait à plus de 200 kilomètres à l'heure et aux inondations qui ont suivi. Et tout ceci sans parler du traumatisme psychologique des populations locales qui ont, pour beaucoup, tout perdu suite à l'ouragan.

3

Marie	Est-ce qu'on peut empêcher un tremblement de terre ?
Pierre	Non, c'est impossible, on peut juste essayer de réduire les effets d'un tremblement de terre.
Marie	Qu'est-ce qu'on peut faire ?
Pierre	Il faut apprendre à la population quoi faire en cas de tremblement de terre pour éviter la panique et réduire le nombre de victimes et il faut aussi construire des bâtiments qui ne s'écroulent pas pendant un tremblement de terre.

4

Interviewer	La nature est très importante pour nous, les êtres humains.
Katie	C'est vrai. Elle nous donne notre nourriture et notre eau, elle nous donne l'air qu'on respire, elle donne les matériaux qu'on utilise pour construire nos maisons, elle nous donne aussi l'énergie qu'on utilise pour s'éclairer et se chauffer. Si nous abîmons la nature, nous risquons notre survie.

Réponse

Voir réponse pour l'activité 2.

4   Que faire lors de la deuxième et la troisième écoute

1   Les élèves réécoutent et commencent à noter leurs réponses aux questions de l'activité 2.

2   Ils discutent en classe de ce qu'ils ont compris et comment ils l'ont compris.

3   Les élèves réécoutent une dernière fois les quatre textes enregistrés pour compléter ou vérifier leurs réponses.

4   Ils lisent la transcription et vérifient leurs réponses.

Réponse

1   agréable, Il fait beau, températures moyennes d'environ 20–25 degrés toute l'année ; de juillet à décembre, il pleut souvent et il pleut beaucoup, il y a du vent et parfois des cyclones

2   Il a fait des victimes, des milliers de blessés, plus de 100 morts. Il a causé des dégâts considérables / des dommages matériels.

3   informer la population / apprendre aux gens quoi faire, construire / adapter des bâtiments

4   la nourriture / l'eau, l'air, les matériaux pour construire les maisons, l'énergie (pour s'éclairer et se chauffer)

5   Après la dernière écoute

Les élèves discutent en classe des différences entre la forme écrite et la forme orale du texte, et des stratégies qu'ils ont utilisées pour mieux comprendre la forme orale du texte.

I. *À l'écoute : faites vos preuves !*

1   Écoutez

1   Les élèves écoutent et choisissent la bonne option pour compléter chacune des phrases.

2   Ils réécoutent l'enregistrement en lisant la transcription et vérifient leurs réponses.

🔊 Audio

Journaliste	Nicolas Destier, vous revenez d'une visite dans le Nunavik, cette immense région dans le nord du Québec.
Nicolas	Oui, effectivement, je viens juste de rentrer à Paris après un voyage de deux jours. J'ai donc passé deux mois en compagnie de familles inuites mais j'aurais aimé y rester au moins un an !
Journaliste	Parlez-moi un peu du climat dans cette région.
Nicolas	Le climat y est de type polaire, c'est-à-dire qu'il y fait donc normalement toujours froid. Les températures moyennes annuelles sont entre –5 et –10 degrés. Il fait souvent –30 en décembre et jamais beaucoup plus de 10 ou 15 degrés en été. Il n'y a qu'en juillet et en août qu'il ne neige pas !
Journaliste	On entend beaucoup parler des changements climatiques dans les zones polaires. Avez-vous observé des conséquences de ces changements au Nunavik ?
Nicolas	Oui, les températures ont beaucoup augmenté ces dernières années et cela va sans doute continuer. On m'a dit qu'en 2050, il pourrait faire de 5 à 10 degrés plus chaud en hiver et qu'il risque aussi de plus pleuvoir en été et de plus neiger le reste de l'année. Cela va beaucoup affecter la vie quotidienne des populations locales.
Journaliste	Nicolas Destier, merci pour votre témoignage…

Réponse

1 **B**, 2 **A**, 3 **C**, 4 **C**

2 Écoutez

1 Avant d'écouter l'enregistrement, les élèves lisent les questions pour repérer ce qu'on leur demande et prédire des réponses possibles.

2 Ils réécoutent l'enregistrement en lisant la transcription et vérifient leurs prédictions et leurs réponses.

🔊 Audio

Le Vanuatu, un archipel de l'océan Pacifique, est l'endroit où il est le plus risqué de vivre au monde pour ses 260 000 habitants. Le Vanuatu arrive en première place dans le classement des pays à risques de catastrophes naturelles.

L'archipel est régulièrement touché par des éruptions volcaniques, des séismes et des cyclones. En mars 2015, le cyclone Pam, la pire catastrophe dans l'histoire du Vanuatu, a frappé l'archipel avec des vents à plus de 300 kilomètres heure, détruisant plus de 90 % des habitations et des infrastructures.

Mais le principal facteur de risque au Vanuatu, c'est la hausse du niveau de la mer.

Les habitants de villages situés en bord de mer ont dû plusieurs fois se déplacer à l'intérieur de l'île mais les éruptions volcaniques et les tremblements de terre fréquents compliquent beaucoup la relocalisation de la population. Alors, les Vanuatuans ne savent plus où aller. C'est ici, au Vanuatu, qu'on a parlé pour la première fois de « réfugiés climatiques ».

Réponse

1 260 000, 2 première, 3 éruptions volcaniques / séismes / cyclones, 4 2015, 5 la hausse du niveau de la mer, 6 les habitants ne savent plus où aller

3 Écoutez

1 Les élèves écoutent l'enregistrement et relient chaque phrase à une personne du texte.

2 Ils réécoutent et complètent le texte avec les mots-clés manquants, puis lisent la transcription pour vérifier leurs réponses.

🔊 Audio

Quentin Tu as vu, Julie ? Il y a encore eu une catastrophe, un ouragan en Asie. Il a fait plein de victimes et beaucoup de dégâts. C'est horrible !

Julie Oui... personnellement, je suis très inquiète pour l'avenir de notre planète. J'ai très peur avec toutes ces catastrophes naturelles qui se multiplient.

Quentin Moi aussi, tous ces changements climatiques, ça m'inquiète. Le réchauffement climatique aggrave les catastrophes naturelles.

Julie Oui, on doit faire quelque chose. Personnellement, je suis devenue membre d'une association et je participe à beaucoup d'actions pour aider les victimes de catastrophes naturelles.

Quentin Quelle association ?

Julie Elle s'appelle SOS Attitude et elle fait de l'aide d'urgence très spécialisée : elle apporte des abris d'urgence, des tentes de très bonne qualité, aux familles qui sont victimes de tremblements de terre ou de tsunami.

Quentin C'est super, je t'admire.

Julie Eh bien, alors et toi, qu'est-ce que tu fais pour aider ?

Quentin Euh... ben en fait, j'aimerais bien aider les victimes mais je ne sais pas trop quoi faire.

Julie Pourquoi tu ne fais pas comme moi ? Je participe aux campagnes de collecte de fonds dans les rues. On arrive à avoir beaucoup d'argent, tu sais !

Quentin Hmmm, demander de l'argent aux gens dans la rue, comme ça, ce n'est pas vraiment mon truc. Je voudrais bien faire du bénévolat, mais je préférerais aller aider les victimes sur place. Par exemple, apporter les tentes d'urgence, ça oui, je pourrais faire.

Julie Ah ça, moi, je ne pense pas que je pourrais le faire, c'est trop dur. Mais si toi tu penses que ça t'intéresserait vraiment, tu devrais contacter SOS Attitude. Ils ont toujours besoin de volontaires.

Quentin Je crois que je suis un peu trop jeune, mais peut-être l'année prochaine quand j'aurai 18 ans.

Julie De toute façon, avant tout ça, il faut commencer par des actions de tous les jours. Personnellement, j'essaie vraiment de réduire mon empreinte carbone, de consommer moins d'énergie et d'éviter de polluer.

Quentin Exact. Et moi, je ne me déplace qu'en transports en commun, je ne prends jamais de bain et je mange des produits de saison et des produits locaux. Il faut faire ce qu'on peut à notre niveau.

Réponse

1   1 Julie et Quentin, 2 Julie et Quentin, 3 Julie,
4 Quentin, 5 Julie, 6 Quentin, 7 Quentin, 8 Julie, 9
Julie et Quentin

2   1 C'est horrible, 2 je suis très inquiète, 3 J'ai très
peur, 4 ça m'inquiète, 5 membre d'une association,
6 beaucoup d'actions pour aider, 7 je ne sais pas
trop quoi faire, 8 Je participe aux campagnes de
collecte de fonds, 9 ce n'est pas vraiment mon truc,
10 je préférerais aller aider les victimes sur place,
11 je ne pense pas, 12 c'est trop dur, 13 j'essaie
vraiment, 14 moins d'énergie, 15 d'éviter de
polluer, 16 transports en commun, 17 de bain,
18 produits de saison et des produits locaux

Révisions

Quand la terre bouge…

1   Parlez

Cette activité de classe est un bon entraînement à
l'examen oral individuel et permet de mettre en
pratique le vocabulaire appris dans ce chapitre.
Encouragez les élèves à utiliser des verbes aux
différents temps du passé et des pronoms relatifs.

2   Lisez et écrivez

Les élèves identifient le destinataire et le but du
rap, puis ils écrivent à deux un poster amusant sur la
protection de la nature pour afficher dans le lycée.
Rappelez-leur d'utiliser les conventions pour ce type de
texte.

Réponse

destinataire : les Parisiens qui utilisent des moyens de
transport qui polluent

but : encourager les Parisiens à se déplacer à pied ou à
bicyclette ou en utilisant les transports en commun

Point de réflexion

Les élèves engagent une discussion sur la question :

« Pourra-t-on un jour entièrement contrôler les
phénomènes naturels et leurs effets sur l'homme ? »

Encouragez-les à considérer les points suivants :

La technologie permettra-t-elle d'éviter les désastres
naturels ?

Chaque individu a-t-il un rôle à jouer dans la
prévention de ces catastrophes naturelles ?

Que faire pour aider au mieux les victimes de
catastrophes naturelles ?

Comment renforcer la résilience des victimes de
désastres naturels ?

 ## Cahier d'exercices 9/5

Rappel grammaire

Les exercices supplémentaires permettent aux élèves
de consolider les points de grammaire couverts dans ce
chapitre.

Les pronoms relatifs

1   Les élèves complètent le tableau avec les pronoms
relatifs appropriés.

Réponse

Pronom relatif	remplace un nom	remplace une phrase ou une idée
sujet	qui	ce qui
objet direct	que / qu'	ce que / qu'
objet indirect (après verbe + *de*)	dont	ce dont

2   Les élèves relèvent tous les pronoms relatifs et
indiquent à qui ou à quoi chaque mot ou groupe
de mots se rapporte.

Réponse

1   qui : les habitations

2   ce qui : les inondations entraînent très souvent des
pannes d'électricité

3   dont : l'eau potable

4   que : un autre problème

5   Ce que : les conséquences psychologiques

6   ce dont : la perte d'objets sentimentaux

3   Les élèves choisissent et entourent le bon pronom
relatif.

Réponse

2 qui, 3 Ce qui, 4 ce que, 5 que, 6 dont, 7 où, 8 Ce dont

 ## Cahier d'exercices

Révisions de grammaire : Chapitres 8 et 9

1   Les élèves transforment chaque phrase en
remplaçant les mots soulignés par un pronom
relatif.

Réponse

1   On peut donner des jouets ou des vêtements **dont**
on n'a plus besoin.

2   Le réchauffement climatique est un problème **qui**
me fait peur.

3   Je ne voudrais pas habiter au Japon **où** il y a trop de tremblements de terre.

4   Cet article, **que** je trouve intéressant, parle des relations entre les membres d'une famille.

5   Certaines personnes ne voient jamais leur famille, **ce que** je ne comprends pas.

6   J'ai écrit une lettre à un magazine, **ce qui** m'a beaucoup aidé.

Faites vos preuves !

1   Les élèves lisent la lettre d'Hamid et surlignent les huit points grammaticaux listés dans la grille de l'activité 3.

Réponse

Chers voisins,

Je vous écris pour vous proposer une idée que vous trouverez bonne, j'espère !

Hier soir, je regardais les informations à la télé quand les images d'enfants victimes d'un terrible tremblement de terre m'ont beaucoup choqué. Je me suis demandé ce que je pouvais faire pour aider. J'ai découvert l'association *Terre extrême*, où j'ai parlé à un jeune bénévole fantastique qui m'a dit que ce dont les enfants avaient besoin, c'était des jouets. Ils acceptent les vieux jouets en bon état. J'ai nettoyé les miens et je les ai tout de suite apportés à l'association.

Je vous propose donc d'organiser une grande fête de quartier, sur la place Granger, ou sous le préau de l'école Dumain s'il pleut, dimanche prochain entre 14 et 16 heures, pour collecter les jouets dont vos enfants n'ont plus besoin. Apportez des gâteaux et des boissons et venez passer un bon moment ensemble pour aider les enfants !

Pour plus de renseignements veuillez me contacter :

Tél: 06 87 32 45 65
E-mail: hamidbercha@hotmail.fr

Je vous remercie d'avance.

Cordialement,

Hamid

2   Les élèves lisent la lettre de Yasmina et la complètent avec les mots de l'encadré.

Réponse

1 suis allée, 2 mes, 3 dans, 4 leurs, 5 petit, 6 calme, 7 où, 8 avions passé, 9 qui, 10 ce que, 11 Ce dont, 12 entre, 13 dont, 14 les miens, 15 les vôtres

3   Sur une feuille, les élèves écrivent une lettre à leurs voisins pour expliquer comment ils peuvent contribuer à l'action de soutien aux enfants victimes de désastres naturels. Ils marquent un point à chaque fois qu'ils utilisent un point de grammaire de la liste.

10 Problèmes mondiaux

Thèmes et sujets	**Organisation sociale** Problèmes sociaux **Partage de la planète** Questions mondiales
Aspects couverts	La pauvreté infantile L'aide au développement La guerre Les ONG L'ONU et son travail Les initiatives des jeunes en faveur de la paix et de la tolérance
Grammaire	Les adverbes d'affirmation et de doute L'impératif (rappel) Les connecteurs logiques : présentation, conclusion Les verbes pronominaux au passé composé (rappel) La voix passive (rappel) Le participe passé employé comme adjectif Les verbes en -ir (rappel)
Textes	**Réceptifs** Interview, articles, blog, critique de livre, critique de film, messages sur forum de discussion **Productifs** E-mail, lettre, présentation, blog, affiche, article (pour un site web), forum en ligne
Coin IB	**Théorie de la connaissance** • « La paix dans le monde est impossible. » Êtes-vous d'accord ? Pourquoi ? • Les pays riches devraient-ils aider les pays en voie de développement ? Pourquoi ? • Pourquoi la pauvreté infantile existe-t-elle toujours au XXIe siècle ? • Les guerres sont-elles inévitables ? • Les interventions de l'ONU sont-elles toujours justifiées ? • À qui attribueriez-vous le prix Nobel de la paix ? Pourquoi ? • Peut-on changer le monde ? **Créativité, action, service (CAS)** • Créez une affiche avec un slogan pour sensibiliser les jeunes à l'un des problèmes évoqués dans ce chapitre et les inviter à participer à un événement ou une action pour venir en aide aux personnes touchées par ce problème. • Participez à un projet d'aide contre la pauvreté infantile dans votre localité. • Participez à des activités de volontariat pendant les vacances. **Point de réflexion** • Qui peut résoudre les problèmes mondiaux ? Les gouvernements, les ONG ou les individus ? **Examen oral individuel** • Décrire des images illustrant la pauvreté infantile et des actions de volontariat **Épreuve d'expression écrite** • Écrire une présentation sur l'aide aux pays en développement • Rédiger le texte d'une affiche annonçant un événement au profit d'une association humanitaire • Écrire un article sur cet événement • Écrire une lettre pour postuler à un travail de volontariat

Ce chapitre a trait aux thèmes *Organisation sociale* et *Partage de la planète*. Il couvre les sujets se rapportant aux problèmes sociaux et aux questions mondiales, ainsi que le vocabulaire sur la pauvreté infantile, l'aide au développement, la guerre, les ONG, le travail de l'ONU et les initiatives des jeunes en faveur de la paix et de la tolérance. Seront aussi traités dans ce chapitre les points grammaticaux suivants : les adverbes d'affirmation et de doute, l'impératif (révision), les connecteurs logiques, les verbes pronominaux au passé composé (révision), la voix passive (révision), le participe passé employé comme adjectif, les verbes réguliers et irréguliers en -ir (révision). Les élèves étudieront des textes sur la pauvreté infantile, l'aide au développement, l'impact des conflits sur les jeunes, l'ONU et son travail et les initiatives des jeunes en faveur de la paix et de la tolérance. Ils pourront aussi exprimer leurs opinions sur ces différents sujets.

1 Mise en route

Les élèves regardent l'image, la décrivent et réfléchissent sur la signification du slogan : « J'ai tout perdu, mais l'avenir m'appartient ». Ils engagent ensuite une discussion sur les sujets des réfugiés et de la pauvreté infantile.

2 Parlez

Les élèves donnent leur réaction au gros titre sur l'augmentation des inégalités et de la pauvreté infantile dans les pays de l'Organisation de Coopération et de Développement Économiques (OCDE). Vous pouvez leur donner les informations suivantes sur l'OCDE, ou leur demander de faire leurs propres recherches.

L'OCDE a été officiellement créée le 30 septembre 1961 et regroupe aujourd'hui 34 pays membres qui se réunissent régulièrement pour identifier les problèmes, en discuter, les analyser, et trouver des solutions pour les résoudre. Les 34 pays sont : l'Allemagne, l'Australie, l'Autriche, la Belgique, le Canada, le Chili, la Corée, le Danemark, l'Espagne, l'Estonie, les États-Unis, la Finlande, la France, la Grèce, la Hongrie, l'Irlande, l'Islande, Israël, l'Italie, le Japon, le Luxembourg, le Mexique, la Norvège, la Nouvelle-Zélande, les Pays-Bas, la Pologne, le Portugal, la République slovaque, la République tchèque, le Royaume-Uni, la Slovénie, la Suède, la Suisse, la Turquie.

A. Des enfants pauvres dans tous les pays

1 Lisez

Les élèves identifient la catégorie de texte et les conventions propres à une interview. (Source pour les chiffres et les données : EAPN et EUROCHILD, mars 2013.)

Réponse

catégorie : texte des médias de masse

type : interview

conventions : des questions et des réponses, un titre, le nom de l'auteur, la date, utilise *je* et *vous*

2 Lisez

1 Cette activité permet de travailler le vocabulaire du texte de l'interview sur la pauvreté infantile.

Réponse

1 **G**, 2 **M**, 3 **F**, 4 **J**, 5 **L**, 6 **O**, 7 **N**

2 Cette activité teste la compréhension générale du texte de l'interview.

Réponse

1 **A**, 2 **C**, 3 **B**

Activités supplémentaires :

 Voir Fiche d'activité 87

Relisez l'interview avec la sociologue Paula Meyer. Trouvez dans le troisième paragraphe les mots qui ont le même sens que les mots ou expressions suivants.

1	assister	7	célébration de son jour de naissance
2	normales		
3	cours	8	rejetés
4	action de nager	9	aussi
5	camarades	10	ségrégations
6	repas pris en fin d'après-midi		

Réponse

1 participer, 2 ordinaires, 3 leçons, 4 natation, 5 amis, 6 goûter, 7 anniversaire, 8 exclus, 9 également, 10 discriminations

 Voir Fiche d'activité 88

Relisez l'interview avec la sociologue Paula Meyer. Trouvez dans le quatrième paragraphe les mots qui ont un sens opposé aux mots ou expressions suivants.

1	riches	4	plus
2	rarement	5	finir
3	bien		

Réponse

1 pauvres, 2 souvent, 3 mal, 4 moins, 5 commencer

 Voir Fiche d'activité 89

Répondez aux questions suivantes. Basez vos réponses sur la totalité de l'interview avec Paula Meyer.

1 Qu'est-ce que le chiffre « 25 millions » représente ?

2 Comment la pauvreté affecte-t-elle les enfants ?

3 Pourquoi les enfants pauvres se sentent-ils exclus ?

4 De quoi peut aussi souffrir un enfant qui se sent exclu ?

5 De quoi souffrent les enfants pauvres dans les pays en développement ?

6 Pourquoi est-ce important pour les pays de l'Union européenne de trouver une solution à la pauvreté infantile en Europe ?

7 Quels sont les avantages de proposer un petit déjeuner à tous les élèves ?

Réponse

1 Le nombre d'enfants dans les pays de l'Union européenne qui vivent dans la pauvreté.

2 Leur alimentation est inappropriée, ils vivent dans un logement et un environnement insalubres et ils reçoivent des soins de santé inadéquats.

3 Leur pauvreté les empêche de participer à des activités ordinaires (comme partir en voyage scolaire, suivre des leçons de natation, inviter des amis, aller à un goûter d'anniversaire ou répondre à une invitation, partir en vacances).

4 Il peut souffrir de discriminations.

5 Ils souffrent de la faim, la malnutrition et la maladie.

6 Pour être le leader mondial dans le développement et l'aide humanitaire. / Pour donner des leçons aux pays en développement.

7 Le petit déjeuner pour tous permet aux élèves de mieux travailler et de bien s'intégrer car ils ne se sentent pas exclus.

Rappel grammaire

L'impératif

Vous pouvez commencer par poser des questions aux élèves pour voir s'ils se souviennent de ce qu'ils ont déjà appris sur l'impératif dans le livre 1 (chapitre 5)) et dans le livre 2 (chapitre 1, section E). Par exemple : *Comment conjugue-t-on un verbe à l'impératif ? Pourquoi l'utilise-t-on ?*

📖 Cahier d'exercices 10/1

Ces exercices permettent de travailler l'impératif de différents types de verbes à la première et deuxième personne du pluriel avec des pronoms personnels complément d'objet.

Réponse

1 1 Augmentez l'aide financière.
2 Aidez les familles en difficulté.
3 Parlez aux représentants des familles.
4 Écoutez les associations d'aide à l'enfance.
5 Prenez des mesures immédiates.
6 Trouvez des emplois pour tous.

2 7 Partageons nos idées.
8 Proposons nos solutions.
9 Échangeons nos points de vue.
10 Téléphonons au journal local.
11 Participons à la journée d'information.
12 Formons un groupe de discussion.
13 Soyons solidaires des familles pauvres.
14 Informons-nous dans la presse.

3 1 Augmentez-la. Ne l'augmentez pas.
2 Aidez-les. Ne les aidez pas.
3 Parlez-leur. Ne leur parlez pas.
4 Écoutez-les. Ne les écoutez pas.
7 Partageons-les. Ne les partageons pas.
8 Proposons-les. Ne les proposons pas.

9 Échangeons-les. Ne les échangeons pas.
10 Téléphonons-lui. Ne lui téléphonons pas.

Grammaire en contexte

Adverbes d'affirmation et de doute

Les adverbes d'affirmation et de doute sont très fréquents dans les conversations et aussi dans la langue écrite, comme par exemple dans le texte d'une interview. Rappelez aux élèves que pour répondre affirmativement à une question négative, on utilise *si* et non pas *oui*. Par exemple : *Tu n'as pas fait tes devoirs ? Si, je les ai faits hier soir.*

3 Lisez

Les élèves relèvent tous les adverbes d'affirmation et de doute dans le texte.

Réponse

Adverbes d'affirmation: volontiers, vraiment, certainement, tout à fait (x2), si, bien sûr, oui

Adverbes de doute : peut-être

Vous pouvez ensuite leur demander d'ajouter d'autres adverbes à la liste. Par exemple : *assurément, aussi, absolument, certes, d'accord, exactement, précisément* (adverbes d'affirmation) ; *apparemment, probablement, sans doute, vraisemblablement* (adverbes de doute).

Les élèves peuvent aussi poser des questions à un(e) partenaire qui doit répondre chaque fois en utilisant l'un des adverbes ci-dessus.

📖 Cahier d'exercices 10/2

Cet exercice permet aux élèves se familiariser un peu plus avec les adverbes qu'ils viennent d'apprendre.

Réponse

1 Certainement, 2 Bien sûr, 3 Si, 4 Oui, 5 D'accord, 6 Peut-être

Activités supplémentaires : les élèves engagent une discussion de classe sur les différents aspects de la pauvreté infantile (avoir faim, avoir froid, habiter dans un logement insalubre, ne pas avoir accès aux loisirs, se sentir exclu...) pour établir s'ils sont les mêmes dans tous les pays. Encouragez-les à utiliser les adverbes qu'ils viennent d'apprendre et le vocabulaire nouveau rencontré dans l'interview.

Ils peuvent aussi faire des recherches sur la pauvreté infantile dans leur ville ou leur région, puis essayer de trouver les raisons de cette pauvreté. Ils peuvent ensuite discuter ensemble des mesures qui pourraient être prises pour la réduire.

4 Compréhension

Les élèves identifient les conventions d'un message court et le registre utilisé.

Réponse

conventions : une formule d'appel, une signature

registre : formel

5 Écrivez

Cette activité donne la possibilité aux élèves d'utiliser le vocabulaire nouveau et les idées dont ils viennent de discuter dans un contexte pratique tout en les préparant à l'épreuve d'expression écrite. Rappelez aux élèves d'utiliser les conventions propres à ce type de texte.

Autre activité possible : Écrivez une lettre au proviseur du lycée pour lui demander d'offrir le petit déjeuner gratuit à tous les élèves. Expliquez la raison et les avantages de cette initiative.

B. *Aider les pays en développement : aide publique ou commerce équitable ?*

L'aide publique au développement (APD) : est-ce que c'est efficace ?

1 Lisez

Les élèves identifient la catégorie et le type de texte ainsi que le contexte, le destinataire et le but.

Réponse

catégorie : médias de masse

type de texte : article

contexte : l'aide internationale aux pays en développement

destinataire : les lecteurs du journal ou du magazine

but : expliquer un principe des relations internationales, l'aide publique au développement, et faire réfléchir le lecteur à l'efficacité de l'APD

2 Lisez

Cette activité teste la compréhension du texte.

Réponse

1 **A**, 2 **D**, 3 **B**, 4 **B**, 5 **B**

3 Lisez

Réponse

1 les pays les plus pauvres, 2 les projets, 3 indicateur, 4 l'APD

Activités supplémentaires :

📄 *Voir Fiche d'activité 90*

Dites si les phrases suivantes sont vraies ou fausses. Appuyez-vous sur l'ensemble de l'article sur l'aide publique au développement (APD). Justifiez vos réponses en utilisant des mots tirés de l'article.

1 Les différences entre les pays pauvres et les pays riches sont assez grandes. **FAUX** (sont énormes)

2 Les habitants du Malawi sont aussi pauvres que les habitants du Luxembourg. **FAUX** (Les habitants du Luxembourg sont 500 fois plus riches que les habitants du Malawi.)

3 Les pays riches aident les pays pauvres depuis la fin de la Deuxième Guerre mondiale. **VRAI** (après la Seconde Guerre mondiale, les pays les plus développés ont accepté la nécessité d'aider les plus pauvres)

4 Tous les pays développés ne font pas ce que l'ONU leur demande. **VRAI** (peu de pays respectent cet objectif)

5 L'APD sait toujours ce que les pays pauvres font de l'argent qu'ils ont reçu des pays développés. **FAUX** (on ne sait pas comment l'argent est dépensé)

6 Grâce à l'APD, on voit / remarque de nombreux changements dans les pays pauvres. **FAUX** (elle ne change pas grand-chose)

📄 *Voir Fiche d'activité 91*

Relisez l'article sur l'aide publique au développement (APD). Trouvez dans l'article les mots qui ont le même sens que les mots ou expressions suivants.

1	le nom donné à des personnes qui vivent dans un pays ou une ville	5	être utilisé pour
2	avancés	6	payer
3	le besoin	7	un endroit où il y a des avions
4	secourir	8	un combat
		9	pas beaucoup
		10	pour terminer

Réponse

1 habitants, 2 développés, 3 la nécessité, 4 aider, 5 servir à, 6 financer, 7 aéroport, 8 lutte, 9 peu, 10 en conclusion

Le commerce équitable, une vision différente

4 Parlez

Activité à deux : les élèves engagent une discussion sur le commerce équitable. Avant la discussion, ils peuvent faire quelques recherches sur Internet sur le commerce équitable et partager ensuite le fruit de leurs recherches avec leur partenaire.

5 Lisez

1 Cette activité teste la compréhension du texte.

Réponse

A, B, D, E

2 Cette activité permet aux élèves d'élargir leur vocabulaire. Ils peuvent ensuite écrire des définitions pour d'autres mots du texte et demander à leur partenaire de trouver le mot dans le texte.

Réponse

1 but, 2 lutter contre, 3 améliorer, 4 assurer, 5 la vente, 6 artisanaux, 7 produits alimentaires, 8 fait pression sur

3 Cette activité teste aussi la compréhension du texte.

Réponse

1 J, 2 A, 3 C, 4 H

Grammaire en contexte

Les connecteurs logiques : présentation, conclusion

Rappelez aux élèves l'importance des connecteurs logiques, surtout dans les tâches d'expression écrite.

📖 Cahier d'exercices 10/3

Cet exercice permet aux élèves de consolider les connecteurs logiques.

Réponse

1 donc, 2 D'un autre côté, 3 De plus, 4 mais, 5 par contre, 6 Grâce au, 7 mais aussi, 8 En conclusion

6 Parlez

Les élèves répondent aux questions en justifiant leurs réponses et engagent une discussion de classe sur l'APD et le commerce équitable. Ceci leur permet d'exprimer leurs opinions sur la question et d'utiliser le vocabulaire qu'ils viennent d'apprendre.

Activité supplémentaire à deux : les élèves expliquent les différences entre les deux associations, puis disent laquelle pour eux est la plus importante et pourquoi. (Artisans du Monde : mouvement français, produits artisanaux, magasins spécialisés ; Fairtrade Max Havelaar : mouvement international, produits agricoles, magasins et supermarchés ordinaires.)

7 Écrivez

Cette activité donne la possibilité aux élèves de s'entraîner à l'épreuve d'expression écrite et de mettre en pratique le vocabulaire qu'ils viennent d'apprendre. Rappelez aux élèves d'utiliser les conventions appropriées pour ce type de texte.

C. *La guerre : la terreur et l'espoir*

1 Mise en route

Les élèves identifient les expressions familières utilisées par Marion.

Réponse

j'en ai marre ; ce qui me révolte

....

Activité supplémentaire pour tester la compréhension générale du blog de Marion : Les élèves identifient le sujet du blog de Marion et écrivent une phrase pour résumer chacune des trois parties.

Réponse possible

Marion parle de la guerre. La violence dans le monde ne s'arrête jamais, et ce sont souvent les enfants qui en souffrent. *L'Enfant multiple* est l'histoire d'un jeune Libanais qui quitte son pays à cause de la guerre et vient vivre en France. Dans le film tchadien *Saison sèche*, Atim est un adolescent traumatisé par la guerre, mais qui découvre le pardon.

Rappel grammaire

Les verbes pronominaux au passé composé

Les élèves révisent le passé composé des verbes pronominaux.

Avant de faire faire l'exercice aux élèves dans le cahier d'exercice, demandez-leur de chercher des verbes pronominaux dans le blog de Marion (au présent : *ils se retrouvent, Il s'appelle [×2], une étrange relation se crée*, et au passé composé : *les chrétiens et les musulmans se sont battus, les populations musulmanes… se sont rebellées*).

Expliquez-leur que le participe passé d'un verbe pronominal s'accorde (comme le participe passé des verbes conjugués avec *avoir* – voir le chapitre 11) avec le complément d'objet direct du verbe seulement quand celui-ci est placé devant le verbe. Exemple : *elles se sont lavées* (COD = se) ; *elles se sont lavé **les mains*** (COD = *mains*). Souvent, ce complément d'objet direct est le pronom réfléchi, mais quelquefois, le pronom réfléchi est complément d'objet indirect, et dans ce cas, il n'y a pas d'accord.

Par contre, le participe passé des verbes purement pronominaux s'accorde avec le sujet (par exemple : *elle s'est exclamée*).

📖 Cahier d'exercices 10/4

Réponse

1   Est-ce que tu t'es battu pendant la guerre ?

2   La famille s'est habituée à sa nouvelle vie.

3   L'attentat s'est produit pendant la nuit.

4   Nous nous sommes retrouvés dans un camp de réfugiés.

5   Est-ce que vous vous êtes réunis l'année dernière ?

6   Les soldats se sont préparés pour le combat.

7   Les réunions se sont terminées le 30 avril.

8   Les frères se sont téléphonés en arrivant au camp.

2   Lisez

Cette activité teste la compréhension du vocabulaire du premier paragraphe du blog de Marion.

Réponse

1 **P**, 2 **K**, 3 **C**, 4 **H**, 5 **N**, 6 **R**, 7 **E**, 8 **D**

3   Lisez et parlez

Activité à deux : les élèves engagent une discussion et expriment leurs opinions sur les points que Marion mentionne dans la première partie de son blog.

4   Lisez

Les élèves démontrent une compréhension de la deuxième partie du blog en remplissant les blancs du résumé.

Réponse

1 Liban, 2 chrétienne, 3 parents, 4 attentat, 5 France, 6 courage, 7 espoir

5   Lisez et parlez

Pour faire cette activité, les élèves doivent relire le texte et se concentrer sur un autre aspect du texte.

Réponse

Sens négatif : en pleine guerre, battus avec férocité, victime, attentat, tués, blessé, il perd, déformé, malheureux

Sens positif : le beau livre, reprendre courage, apporter de la joie, l'espoir qui surmonte tout

6   Lisez et écrivez

Cette activité teste la compréhension du troisième paragraphe.

Réponse

1   **FAUX** (Atim réussit à retrouver l'homme qui a tué son père.)

2   **FAUX** (Nassara… est maintenant boulanger.)

3   **VRAI** (Nassara le prend comme apprenti.)

4   **VRAI** (Atim a un revolver.)

5   **VRAI** (Il a bien l'intention de venger son père en tuant Nassara.)

6   **FAUX** (Une étrange relation se crée entre Atim et Nassara.)

7   **VRAI** (Atim retrouve chez Nassara la présence paternelle qu'il a perdue.)

8   **VRAI** (Il comprend… que le pardon est possible.)

Grammaire en contexte

La voix passive (rappel) ; le participe passé employé comme adjectif

Révisez avec les élèves la voix passive, vue dans le chapitre 2, et faites-leur remarquer que le participe passé peut aussi être employé comme adjectif.

📖 Cahier d'exercices 10/5

Cet exercice permet aux élèves de mettre en pratique le point de grammaire ci-dessus.

Réponse

1   1   Les difficultés sont identifiées par le ministre.

    2   Trois habitants du village sont tués par les soldats.

    3   Plusieurs maisons sont détruites par la bombe.

    4   La population est choquée par la violence.

    5   La femme blessée est aidée par un volontaire.

    6   L'enfant soldat est rejeté par le village.

    7   Le président est surpris par la réaction de la population.

    8   La délégation est reçue par le ministre.

2   1   L'hôpital soigne les soldats blessés.

    2   La psychologue aide les enfants traumatisés.

    3   Le camp accueille les familles terrifiées.

    4   Une scolarité perturbée, c'est un handicap pour l'avenir.

    5   Un pays divisé est difficile à gouverner.

    6   Les populations exclues choisissent parfois la violence.

7 Parlez

Activité à deux : les élèves discutent des ressemblances et des différences entre les expériences d'Omar-Jo et Atim. Ils partagent et justifient ensuite leurs points de vue sur l'histoire d'Atim et Nassara.

Réponse possible

Omar-Jo vient du Liban ; Atim vient du Tchad.

Omar-Jo et Atim sont tous les deux victimes de la guerre.

Atim a perdu son père ; Omar-Jo a perdu ses deux parents.

Pendant la guerre, Omar-Jo est blessé ; Atim n'est pas blessé physiquement, mais il est traumatisé.

Après la guerre, Atim reste au Tchad ; Omar-Jo émigre en France.

Atim cherche la vengeance et veut tuer Nassara ; Omar-Jo aide et soutient Maxime.

Les deux histoires se terminent dans l'espoir, de façon positive.

8 Écrivez

Ces deux activités permettent aux élèves d'exprimer par écrit leurs opinions sur le sujet de la guerre. Encouragez-les à utiliser le vocabulaire qu'ils viennent d'apprendre et la forme adjectivale des participes passés.

Autre activité possible : Imaginez une interview entre vous et Atim ou Omar-Jo et vous, ou encore une conversation entre Omar-Jo et Atim. Écrivez le texte de cette interview ou de cette conversation.

D. *Travailler pour la paix*

Avant de commencer cette section, vous pouvez demander aux élèves de faire des recherches sur Internet sur l'Organisation des Nations Unies et les Casques Bleus, dont on parle dans le premier texte. Ils peuvent aussi faire des recherches sur l'Union européenne et Amnesty International, qui sont mentionnés dans le texte.

Vous pouvez leur donner les informations suivantes sur l'Union européenne.

L'Union européenne est une association regroupant la majorité des États européens, soit plus de 500 millions d'habitants. Au départ simple zone de libre-échange, l'Union européenne a ensuite développé de nombreuses politiques communes, par exemple dans le domaine économique, le domaine social, les droits de l'homme et la politique étrangère. C'est la première puissance économique mondiale. Plus de la moitié des 28 pays de l'Union européenne ont une monnaie commune, l'euro. Le 12 octobre 2012, le prix Nobel de la paix est attribué à l'Union européenne pour « sa contribution à la promotion de la paix, la réconciliation, la démocratie et les droits de l'Homme en Europe ».

1 Lisez

1 Les élèves identifient la catégorie de texte, le type de texte, le destinataire, le contexte et le but.

Réponse

catégorie : texte des médias de masse

type de texte : article

destinataire : les lecteurs du journal ou du magazine

contexte : les relations internationales, le maintien de la paix

but : informer sur les Casques Bleus

2 Cette activité teste la compréhension générale de l'article.

Réponse

1 **E**, 2 **H**, 3 **B**, 4 **F**, 5 **C**

3 Cette activité teste la compréhension du vocabulaire de l'article.

Réponse

1 **J**, 2 **E**, 3 **K**, 4 **D**, 5 **I**, 6 **A**, 7 **B**, 8 **F**

2 Lisez et écrivez

Les activités qui suivent testent une compréhension plus approfondie de l'article.

Réponse

1 1 **FAUX** (reconnaissables à leur casque bleu)

  2 **FAUX** (un Conseil de Sécurité, qui compte cinq membres permanents / une Assemblée Générale, regroupant les représentants de tous les États du monde)

  3 **VRAI** (C'est l'Assemblée Générale qui choisit le Secrétaire Général.)

  4 **VRAI** (Le Conseil de Sécurité peut envoyer des Casques Bleus en mission sur le lieu du conflit.)

  5 **FAUX** (La première intervention a eu lieu en 1948, pendant la guerre israélo-arabe.)

2 1 Il y a eu des massacres de civils.

  2 Utiliser les armes pour se défendre, pas pour attaquer.

  3 À cause de ces massacres, les Casques Bleus utilisent parfois des armes quand la population civile est en danger.

  4 Les Casques Bleus ont reçu le Prix Nobel de la paix.

  5 Une cérémonie a lieu au cimetière de Mouzillon, en France, à la mémoire de ces soldats.

Les élèves peuvent ensuite continuer à faire des recherches sur les Casques Bleus pour savoir par exemple : où ils sont intervenus récemment, quand l'Assemblée Générale de l'ONU s'est réunie pour la dernière fois, le nom du Secrétaire Général actuel de l'ONU. Ils peuvent aussi faire des recherches sur les différentes organisations des Nations Unies comme l'UNHCR, l'Unesco, l'Unicef, le FAO, l'OMS (Organisation Mondiale de la Santé), l'OMI (Organisation Maritime Internationale)…

3 Parlez

Activité à deux : les élèves engagent une discussion sur l'utilité et l'efficacité des Casques Bleus en cas de conflit et donnent aussi leurs opinions sur le sujet de la guerre.

4 Écrivez

Les deux activités permettent aux élèves de s'entraîner pour l'épreuve d'expression écrite. Rappelez-leur d'utiliser les conventions propres aux textes qu'ils vont rédiger.

Avant de faire la seconde activité, ils peuvent engager une discussion de classe pour décider quel serait le type de texte le plus approprié pour l'activité.

La contribution des élèves à un tel événement peut se faire dans le cadre de CAS.

Activité supplémentaire : les élèves peuvent écrire en français une évaluation d'une activité de volontariat qu'ils ont faite pendant l'année dans le cadre de CAS.

E. *Les jeunes veulent changer le monde*

1 Parlez

Activité à deux : avant de lire le texte, les élèves partagent leurs idées sur les façons de changer le monde et de contribuer à la paix.

2 Lisez

Les activités qui suivent testent la compréhension du texte.

Réponse

1 C, 2 B, 3 C, 4 A

3 Lisez

Réponse

1   1 Cécile, 2 Cécile et Simon, 3 Khadija, 4 Simon, 5 Philippe

2   1 H, 2 A, 3 B, 4 L, 5 M, 6 G, 7 C, 8 K, 9 F

Rappel grammaire

Les verbes en *-ir*

Les élèves révisent les conjugaisons des verbes réguliers en *-ir*. Identifiez avec eux tous les exemples dans les textes aux sections D et E du chapitre 10, et demandez-leur de noter pour chacun l'infinitif et le participe présent.

Réponse

Section D : agissent – agir – agissant ; rétablir – rétablissant ; choisit – choisir – choisissant ; réussissent – réussir – réussissant ; remplissant – remplir

Section E : choisir – choisissant ; se réunira – se réunir – se réunissant ; a choisie – choisir – choisissant ; réfléchit – réfléchir – réfléchissant ; réagissent – réagir – réagissant ; ai saisi – saisir – saisissant ; élargir – élargissant ; suis parti – partir – partant ; a élargi – élargir – élargissant

Faites remarquer aux élèves que tous les verbes en *-ir* ne sont pas réguliers, par exemple *sortir, partir, venir, tenir*. Les verbes qui se composent d'un préfixe + *venir* se conjuguent comme *venir*, par exemple : *devenir, provenir, revenir, se souvenir*. Il en est de même pour les verbes qui se composent d'un préfixe + *tenir*, par exemple : *obtenir, retenir, soutenir*.

infinitif	présent	imparfait	futur	passé composé	participe présent
par**tir**	je par**s**	je part**ais**	je part**irai**	je suis parti	par**tant**
sor**tir**	je sor**s**	je sort**ais**	je sort**irai**	je suis sorti	sor**tant**
ven**ir**	je vien**s**	je ven**ais**	je vien**drai**	je suis venu	ven**ant**
ten**ir**	je tien**s**	je ten**ais**	je tien**drai**	je suis venu	ten**ant**

Demandez ensuite aux élèves d'en trouver des exemples dans les textes de ce chapitre : *deviennent plus équitables* (Artisans du Monde, section B), *afin de maintenir / les Casques Bleus sont intervenus* (section D), *En novembre, je pars / je viens d'obtenir* (Cécile, section E), *Je suis parti* (Simon, section E).

📖 Cahier d'exercices 10/6

Ces exercices permettent aux élèves de consolider les verbes en *-ir* aux temps de l'indicatif.

Vous pouvez ensuite demander aux élèves d'expliquer le choix du temps dans chacune des phrases.

Réponse

1 1 Les Casques Bleus viennent de nombreux pays différents.

2 Il y a deux ans, j'ai choisi de partir comme VIF.

3 En partant en Tunisie, je veux découvrir une culture différente.

4 Si je pouvais, je saisirais l'occasion de voyager à l'étranger.

5 Autrefois, on ne réfléchissait pas aux moyens d'éviter la guerre.

6 En participant au forum international l'année prochaine, vous élargirez vos horizons.

7 Il y a un mois, nous avons réussi à stopper les combats.

8 En se réunissant à Strasbourg, les jeunes peuvent échanger des points de vue.

9 Les Casques Bleus ont rétabli la paix et ils peuvent maintenant quitter le pays.

10 Aujourd'hui, la réunion finit à 17 heures, puis le bureau ferme.

2 Réponse personnelle de l'élève. Encouragez les élèves à utiliser dans leurs phrases le vocabulaire qu'ils ont appris dans ce chapitre.

4 Lisez et écrivez

Cette activité teste la compréhension du texte.

Réponse

1 Pour participer aux ateliers de discussion du Forum de la Jeunesse du Conseil de l'Europe.

2 De la démocratie, de l'emploi des jeunes, des situations de conflit, du développement durable.

3 Elle travaillera comme auxiliaire d'enseignement dans un collège.

4 Elle veut élargir ses horizons, élargir les horizons d'autres personnes, apprendre la tolérance, apprendre à connaître et à apprécier ses voisins pour empêcher les conflits à l'avenir.

5 Il a été très bien reçu (les habitants ont organisé une grande fête), il a gardé contact avec un garçon de son âge et il a élargi ses horizons.

5 Écrivez

Cette activité permet aux élèves de s'entraîner à l'épreuve d'expression écrite de l'examen, où ils devront aussi choisir le type de texte le plus approprié à l'activité. Rappelez-leur de respecter les conventions du type de texte choisi.

F. *Écouter et comprendre*

Les élèves réviseront les liaisons et les élisions, l'interrogation et la négation.

1 Faire attention aux sons similaires

Les élèves écoutent les phrases et, pour chacune, choisissent l'option qu'ils entendent.

◄)) Audio

1 Ils restent chez eux, sans aider les plus pauvres.

2 Il y a cent ans, il y avait autant de guerres.

3 On ira plus souvent chez les petits commerçants.

4 Dans dix ans, il y aura moins de pauvreté.

5 C'est un grand hôpital.

6 Vous savez comment il s'appelle ?

7 Sa visite, elle ne s'en souvient pas.

8 Les réseaux sociaux ? Je n'y vais pas souvent.

Réponse

1 **A**, 2 **A**, 3 **A**, 4 **B**, 5 **A**, 6 **A**, 7 **A**, 8 **A**

2 Les liaisons et les élisions

Les élèves écoutent l'enregistrement et remplacent chaque blanc dans le texte par un mot qu'ils entendent. Rappelez-leur de faire attention aux liaisons et aux élisions.

◄)) Audio

Le Haut-Commissariat pour les réfugiés, c'est l'agence des Nations Unies qui vient en aide aux réfugiés. C'est un problème très ancien. Depuis toujours, on accorde l'asile aux femmes, aux hommes et aux enfants déplacés par le conflit.

À la fin 2016, on comptait 65 millions de personnes dans le monde qui ont été chassées de leur pays. Près de la moitié sont âgées de moins de 18 ans.

Il y a également 10 millions d'apatrides, c'est-à-dire des personnes privées de nationalité et d'accès à des droits élémentaires, tels que l'éducation, les hôpitaux, l'emploi et la liberté de circulation. Elles ont peu d'espoir de retourner dans leur pays d'origine.

Réponse

1 agence, 2 Nations Unies, 3 vient en aide, 4 très ancien, 5 on accorde, 6 l'asile, 7 aux hommes, 8 aux enfants, 9 ont été, 10 sont âgées, 11 l'éducation, 12 les hôpitaux, 13 l'emploi, 14 Elles ont, 15 d'espoir, 16 d'origine

3 Les mots interrogatifs

Les élèves écoutent les questions et les relient à la bonne réponse.

🔊 Audio

1 Quel est le pays le plus riche ?

2 Pourquoi le Luxembourg est-il un pays riche ?

3 Comment s'appellent les habitants du Luxembourg ?

4 Combien de langues parle-t-on au Luxembourg ?

5 Qui est le grand-duc Henri ?

6 Quand le Luxembourg est-il devenu indépendant ?

7 Où se trouve le Pont Adolphe ?

8 Est-ce qu'il y a un port au Luxembourg ?

9 Qu'est-ce que la Cour de justice de l'Union européenne ?

Réponse

1 **D**, 2 **G**, 3 **E**, 4 **H**, 5 **C**, 6 **B**, 7 **A**, 8 **F**, 9 **I**

4 Les formes négatives

Les élèves écoutent chaque paire de phrases, notent laquelle des deux est à la forme négative et identifient les mots de négation.

🔊 Audio

1 On souffre de malnutrition en France.
Personne ne souffre de malnutrition en France.

2 Il n'y a plus de pauvreté infantile en France.
Il y a plus de pauvreté infantile en France.

3 Certains enfants ne peuvent ni répondre à une invitation ni inviter des amis.
Certain enfants peuvent répondre à une invitation et inviter des amis.

4 Ces enfants partent en voyage scolaire.
Ces enfants ne partent jamais en voyage scolaire.

5 Les familles ont des revenus suffisants.
Les familles n'ont pas de revenus suffisants.

6 On ne peut rien faire contre la pauvreté infantile.
On peut faire quelque chose contre la pauvreté infantile.

7 Il y a des solutions à la pauvreté.
Il n'y a aucune solution à la pauvreté.

Réponse

1	seconde ; personne ne	5	seconde ; ne... pas
2	première ; ne... plus	6	première ; ne... rien
3	première ; ne... ni... ni	7	seconde ; ne... aucun(e)
4	seconde ; ne... jamais		

5 Écoutez

1 Les élèves écoutent l'enregistrement et choisissent la bonne option pour terminer chacune des phrases. Rappelez-leur de bien faire attention aux élisions, aux liaisons et aux formes interrogatives et négatives.

2 Ils réécoutent l'enregistrement en lisant la transcription et vérifient leurs réponses.

🔊 Audio

Lucas	Madame, les pays riches dépensent beaucoup d'argent pour aider les pays pauvres. Pourquoi est-ce qu'on a besoin en plus du commerce équitable ?
Khadija	Merci pour ta question, Lucas. C'est vrai, les pays développés financent des projets dans les pays les moins riches, par exemple des ponts, des hôpitaux, des écoles… On appelle ça l'aide publique au développement.
Lucas	Combien est-ce que les pays développés dépensent en aide publique ?
Khadija	En principe, ils devraient donner presque un pour cent de leur revenu à l'aide au développement. Cependant, dans la pratique, ils donnent bien moins et ce n'est pas assez. C'est même très insuffisant.
Lucas	Comment est-ce que le commerce équitable peut aider ces pays, alors ?
Khadija	Aucune solution n'est parfaite mais le commerce équitable permet aux agriculteurs et aux artisans de vendre leurs produits à des prix plus élevés et de mieux gagner leur vie. Dans les années 1950, personne ne pratiquait ce type d'échange mais depuis dix ans, il s'est rapidement développé.

Réponse

1 **C**, 2 **A**, 3 **C**, 4 **A**, 5 **B**

G. *À l'écoute : faites vos preuves !*

1 Écoutez

1 Les élèves écoutent l'enregistrement et choisissent la bonne option pour terminer chacune des phrases.

2 Les élèves réécoutent l'enregistrement en lisant la transcription et vérifient leurs réponses. Puis, sur la transcription ils entourent les liaisons, les mots interrogatifs et les formes négatives.

🔊 Audio

Olivier	Annelies, tu es belge mais tes parents viennent du Rwanda, c'est ça ?
Annelies	Oui. Ma mère est belge mais mon père est d'origine rwandaise. Ils sont arrivés comme réfugiés en 1994*.
Olivier	Pourquoi est-ce que ta famille s'est réfugiée en Belgique ?
Annelies	Parce qu'il y avait une guerre civile au Rwanda. La situation était très dangereuse. Ils étaient menacés et ils ont décidé de revenir en Belgique, le pays d'origine de ma mère.
Olivier	Où est-ce qu'ils sont allés en Belgique? Ici, à Bruxelles ?
Annelies	Non. Pour commencer, ils se sont installés à Anvers. Plus tard, ils ont trouvé du travail ici à Bruxelles.
Olivier	Est-ce qu'ils avaient des amis ou de la famille ici ?
Annelies	Non. Au début ils ne connaissaient personne, mais ensuite ils se sont bien adaptés à la vie en Belgique et ils se sont vite sentis chez eux. Personnellement, je trouve qu'en Belgique, les étrangers sont bien accueillis. Je n'ai jamais entendu de remarques racistes, par exemple.

*1994 est prononcé *mille neuf cent nonante quatre* dans l'enregistrement, car c'est une personne belge qui parle.

Réponse

1 **C**, 2 **B**, 3 **A**, 4 **B**, 5 **A**

2 Écoutez

1 Les élèves écoutent la première partie de l'enregistrement et choisissent les **quatre** affirmations vraies.

2 Ils écoutent le reste de l'enregistrement et répondent aux questions.

3 Les élèves réécoutent l'enregistrement en lisant la transcription et vérifient leurs réponses. Puis, sur la transcription ils entourent les liaisons, les mots interrogatifs et les formes négatives.

🔊 Audio

Première partie

Qu'est-ce que Amnesty International, le président Barack Obama, l'Union européenne et Malala Yousafzai ont en commun ? Ces personnes et ces organisations ont toutes reçu le prix Nobel de la Paix. Ce prix est une récompense prestigieuse donnée à ceux qui travaillent pour la paix, en prévenant les conflits ou en y mettant fin.

Amnesty International, par exemple, a reçu le prix Nobel de la Paix en 1977. Avant, c'était juste une petite organisation de défense des droits de l'homme qui n'était pas vraiment connue. Après, elle s'est vite développée. Elle compte maintenant environ sept millions de membres dans le monde entier.

On connaît bien Barack Obama, président des États-Unis de 2008 à 2016. En 2009, on lui a donné le prix Nobel de la Paix à cause de ses efforts extraordinaires pour renforcer la coopération entre les peuples.

Deuxième partie

Trois ans plus tard, en 2012, c'est l'Union européenne qui est récompensée pour ses actions en faveur de la paix et de la réconciliation, la démocratie et les droits de l'homme en Europe. En plus, l'Union européenne distribue beaucoup d'aide humanitaire et d'aide au développement, surtout en Afrique.

Et Malala Yousafzai, qui est-ce ? En 2012, personne n'avait entendu parler de cette écolière pakistanaise. En octobre, elle est attaquée et gravement blessée par des terroristes opposés à l'éducation des filles. Transportée dans un hôpital en Angleterre et bien soignée, elle guérit et reprend ensuite ses études. Depuis, elle n'arrête jamais de voyager et de faire des conférences pour défendre le droit des filles à aller à l'école. En 2013, elle fait même un discours à l'Organisation des Nations Unies à New York. En 2014, elle est la plus jeune personne à recevoir le prix Nobel de la Paix.

Je voudrais finir avec deux citations de Malala :

« L'éducation n'est ni orientale, ni occidentale, elle est humaine. »

« Avec des armes, on peut tuer des terroristes ; avec l'éducation, on peut tuer le terrorisme. »

Réponse

1 Affirmations vraies : **A, C, E, H**

2 1 2012, 2 la paix, la réconciliation, la démocratie, les droits de l'homme, 3 des terroristes (opposés à l'éducation des filles), 4 elle a repris ses études / étudié, 5 l'organisation des Nations Unies à New York, 6 le terrorisme

3 Écoutez

1 Les élèves écoutent la première partie de l'enregistrement et remplacent le blanc dans chacune des phrases par un mot du texte.

2 Ils écoutent la deuxième partie de l'enregistrement et répondent aux questions.

3 Les élèves réécoutent l'enregistrement en lisant la transcription et vérifient leurs réponses. Puis, sur la transcription ils entourent les liaisons, les mots interrogatifs et les formes négatives.

◀)) Audio

Première partie

Je vais vous parler de mon expérience l'été dernier. Je voulais partir à l'étranger mais je voulais aussi faire quelque chose d'utile, alors je me suis inscrite à l'association *Main dans la main*. L'association est dirigée par des bénévoles, des Français et des Africains, qui connaissent bien l'Afrique. Au mois de juillet, je suis donc partie avec un groupe d'une vingtaine de jeunes. Au départ, je ne connaissais personne dans le groupe mais je me suis vite fait des amis.

L'association a choisi le Niger parce que c'est un pays avec une population en pleine croissance. L'objectif, c'était d'aider à construire une école dans le village de Tagadez pour les jeunes de 12 à 16 ans qui veulent apprendre un métier, par exemple cuisinier, ou mécanicien, ou charpentier…

Deuxième partie

Pendant trois semaines, nous avons donc travaillé dans ce village et nous avons dormi sous la tente. Les conditions de vie étaient très simples. Par exemple, il n'y avait ni eau courante ni réseau électrique. L'eau à Tagadez vient de la rivière et elle est ensuite filtrée. L'électricité est produite par des panneaux solaires. Heureusement, il y a beaucoup de soleil au Niger ! Les briques pour construire l'école sont fabriquées avec des matériaux locaux. Physiquement, c'était difficile pour moi. Je n'avais jamais fait de travail aussi dur mais je me suis bien adaptée et j'ai réussi à travailler cinq ou six heures par jour, comme les autres.

Alors voici mes conseils : pendant les vacances, soyez aventureux, partez à l'étranger ! Mais ne passez pas votre temps à l'hôtel ou à la piscine, parce que vous ne rencontrerez pas les gens du pays. Mobilisez-vous pour une activité intéressante, par exemple nettoyer des plages polluées. N'ayez pas peur des nouvelles expériences. Faites du travail physique, élargissez vos horizons. Vous découvrirez des gens accueillants, chaleureux et vous vous ferez des amis.

Réponse

1 1 bénévoles, 2 groupe, 3 la population, 4 apprendre un métier

2 1 sous la tente / dans une tente, 2 du soleil / de panneaux solaires, 3 des briques / des matériaux locaux, 4 cinq ou six, 5 à l'hôtel / à la piscine, 6 nettoyer des plages (polluées)

Révisions

Solidarité internationale

1 Parlez

Cette activité permet aux élèves de s'entraîner à l'épreuve de l'examen oral.

Réponse possible

On voit des enfants africains, peut-être des écoliers, qui sourient au photographe. Ils lèvent les bras ; ils ont l'air heureux.

La scène se passe peut-être en Afrique, peut-être dans une école.

Les enfants ont à la main des sacs en plastique de l'Unicef (et aussi du maïs). Les sacs en plastique contiennent peut-être des fournitures scolaires. L'Unicef est une organisation de l'ONU qui s'occupe du bien-être des enfants.

2 Imaginez

Cette activité donne la possibilité aux élèves de s'entraîner à la conversation et aussi d'utiliser leur imagination. Encouragez-les à utiliser le vocabulaire et les structures qu'ils ont appris dans ce chapitre.

3 Écrivez

Cette activité permet aux élèves de continuer à s'entraîner à l'expression écrite tout en étant créatifs avec le vocabulaire nouveau qu'ils ont appris.

Point de réflexion

Les élèves engagent une discussion sur la question :

« Qui peut résoudre les problèmes mondiaux ? Les gouvernements, les ONG ou les individus ? »

Encouragez-les à considérer les points suivants :

Quels sont les problèmes mondiaux ? Les guerres, les conflits armés, les inégalités de revenus, les inégalités de développement entre les pays, les violations des droits de l'homme.

Quelles sont les solutions ? L'action des gouvernements, l'action des ONG, L'action de chaque individu, le développement durable.

Cahier d'exercices 10/7

Rappel grammaire

Les exercices supplémentaires permettent aux élèves de consolider les points de grammaire couverts dans ce chapitre.

Les verbes pronominaux au passé composé

1   Les élèves complètent chaque phrase en conjuguant le verbe entre parenthèses au passé composé.

Réponse

1   Vous vous êtes mobilisées rapidement, les filles !

2   Nous nous sommes étonné(e)s de cette violence.

3   Marion s'est révoltée contre la guerre.

4   Comment est-ce que tu t'es blessé, Omar-Jo ?

5   Des associations humanitaires se sont créées.

6   Quand on a tué son père, est-ce que Atim s'est vengé ?

Les verbes en *-ir*

2   Les élèves révisent la conjugaison des verbes en *-ir* et complètent ensuite la grille avec les formes verbales listées.

Ils peuvent ensuite ajouter dans chaque case les bonnes formes de *choisir*, *partir* et *tenir*, qui ont la même conjugaison que *finir*, *sortir* et *venir*.

La voix passive

3   Les élèves identifient si les verbes dans le texte sont à la voix active (A) ou la voix passive (P) ; ils identifient aussi les verbes pronominaux (PR) et les verbes de mouvement (M).

Réponse

J'ai lu [A] un livre sur la guerre civile au Rwanda. C'est l'histoire de Paul, un garçon qui est enlevé [P] par des soldats et qui est forcé [P] à se battre. À la fin de la guerre, il est rejeté [P] par sa famille et il est obligé [P] de quitter son village pour aller à Kigali, la capitale. Il est traumatisé [P] par son expérience mais il est aidé [P] par une femme qui a perdu [A] son fils à la guerre et qui traite [A] Paul comme son enfant.

J'ai aimé [A] ce livre parce qu'il m'a rappelé [A] l'histoire de mon grand-père pendant la Seconde Guerre mondiale. Mon grand-père n'est pas devenu [A + M] enfant soldat, mais quand les soldats ennemis sont arrivés [A + M] dans sa ville, en 1942, son frère et lui se sont enfuis [A + PR] et ils se sont réfugiés [A + PR] dans une ferme où on les a aidés [A] et protégés [A].

Réponse

	réguliers (*finir...*)	irréguliers (*sortir...*)	irréguliers (*venir...*)
présent	il *finit* il *choisit* elles finissent elles choisissent	elle sort elle part ils sortent ils partent	il vient il tient elles viennent elles tiennent
imparfait	je finissais je choisissais	je sortais je partais	je venais je tenais
futur	nous finirons nous choisirons	nous sortirons nous partirons	nous viendrons nous tiendrons
participe présent	finissant choisissant	sortant partant	venant tenant
participe passé	fini choisi	sorti parti	venu tenu

11 Nouvelles technologies : le meilleur et le pire

Thème et sujets	**Ingéniosité humaine** Technologie Médias Divertissements
Aspects couverts	Avant et après Internet L'informatique à l'école Les réseaux sociaux Les relations virtuelles Les jeux interactifs en ligne
Grammaire	Les styles direct et indirect Les phrases avec *si* (rappel) Exprimer la durée : *depuis (que), pendant (que)* Le double infinitif : *(se) faire* + infinitif L'accord du participe passé (rappel)
Textes	**Réceptifs** Poster, conversation, articles, blog, quiz, interview, tweet, critiques de jeux **Productifs** Bulle, présentation, lettre, dialogue, SMS, tweet, dépliant, critique, blog / invitation / affiche, annonce / e-mail / message sur réseau social, annonce / discours / article, journal intime / brochure / e-mail
Coin IB	**Théorie de la connaissance** • L'homme fait-il évoluer la technologie ou le développement des technologies change-t-il l'homme ? • Les technologies nouvelles ont-elles changé le monde pour le pire ou le meilleur ? • Imaginez le monde du XXIIᵉ siècle. **Créativité, action, service (CAS)** • Préparez et distribuez un dépliant aux utilisateurs francophones du club informatique de votre lycée pour les alerter des avantages et des dangers des jeux en ligne, ainsi que des précautions à prendre. • Apprenez à d'autres à se servir d'un ordinateur ou à utiliser Internet et informez-les des dangers. **Point de réflexion** • Internet est-il l'invention la plus importante du XXᵉ siècle ? **Examen oral individuel** • Décrire des photos • Discuter des avantages et des dangers des nouvelles technologies • Discuter de l'influence des technologies nouvelles sur sa vie quotidienne **Épreuve d'expression écrite** • Rédiger des bulles, une présentation, une lettre, un dialogue, un SMS, un tweet, le texte d'un dépliant, une critique, un blog / une invitation / une affiche, une annonce / un e-mail / un message sur réseau social, une annonce / un discours / un article, une page d'un journal intime / une brochure / un e-mail

Ce chapitre a trait au thème *Ingéniosité humaine* et couvre les sujets se rapportant à la technologie, les médias et les divertissements. Les textes portent sur la vie avant et après Internet, l'informatique à l'école, les dangers en ligne, les réseaux sociaux, les blogs et les jeux interactifs en ligne ainsi que les relations virtuelles entre cybernautes.

Sur le plan grammatical, les élèves apprendront la différence entre le style direct et le style indirect, le double infinitif avec *faire*, et la différence entre *depuis* et *pendant*. Ils réviseront les structures avec *si* et l'accord du participe passé.

Ils développeront leurs compétences productives et interactives en utilisant le vocabulaire et la grammaire appris dans différentes activités orales ou écrites. Ils pourront aussi s'entraîner aux épreuves écrites et orales de l'examen et avoir des discussions sur les bienfaits et les méfaits des technologies nouvelles et leur influence sur la vie quotidienne.

1 Mise en route

Les élèves identifient le type d'image et engagent ensuite une conversation sur l'affiche et l'importance de son message.

Réponse

1   **B**

2   Réponse possible : Le cyberharcèlement n'est pas uniquement virtuel ; il fait mal aux victimes dans la vie réelle. Il faut dénoncer le cyberharcèlement parce que c'est grave et qu'il fait des victimes (certains jeunes sont poussés au suicide).

2 Écrivez

Après avoir inventé des bulles pour chaque personne sur l'affiche, les élèves les comparent à celles des autres élèves de la classe. Cette activité leur permet d'approfondir le sujet en étant créatifs.

3 Parlez

Activité de classe : en regardant la photo, les élèves identifient les utilisations possibles d'Internet et discutent ensemble de la façon dont ils utilisent Internet et disent s'ils pourraient s'en passer.

A. *Internet n'a pas toujours existé !*

Être ado avant Internet, c'était comment ?

1 Compréhension

Pour montrer leur compréhension en général du vocabulaire dans le texte, les élèves nomment les objets et classent les photos dans l'ordre où elles sont mentionnées dans le texte.

Réponse

1 **H** la télé, 2 **C** le magnétoscope, 3 **G** la chaîne hifi, 4 **F** le baladeur, 5 **A** le magnétophone, 6 **B** le téléphone, 7 **D** l'appareil photo, 8 **E** l'encyclopédie

2 Compréhension

Cette activité demande une lecture plus approfondie du texte.

Réponse

1   **FAUX** (tes grands-parents n'en avaient pas encore à l'époque)

2   **FAUX** (J'écoutais des CD sur une chaîne hifi ou un baladeur.)

3   **VRAI** (Est-ce que tu avais un portable ?)

4   **FAUX** (je n'ai eu mon premier téléphone portable qu'à la fin des années 90 !)

5   **VRAI** (qu'est-ce que tu faisais pour communiquer avec tes copains qui étaient loin ?)

6   **FAUX** (On arrivait à ne pas se perdre de vue)

7   **VRAI** (On s'envoyait des photos papier, prises sur un appareil photo avec une pellicule)

8   **VRAI** (Difficilement et lentement ! / Cela pouvait prendre des jours !)

9   **VRAI** (C'est vrai, tu as sans doute raison)

Grammaire en contexte

Les styles direct et indirect

Il est important de familiariser les élèves avec les styles direct et indirect parce qu'ils sont couramment utilisés et figurent parfois dans les textes de la compréhension écrite de l'examen. Entraînez-les aussi à employer ces deux styles dans leurs rédactions.

3 Lisez et parlez

1   Activité à deux : les élèves inventent des questions sur le texte qu'ils posent à leur partenaire.

2   Expliquez aux élèves le style direct et indirect et dites-leur de répondre à nouveau aux questions de leur partenaire mais cette fois en utilisant le style indirect.

Cahier d'exercices 11/1

Cet exercice permet de consolider le style direct et le style indirect.

Réponse

1   1   Léo précise que ce n'est pas lui qui envoie des messages étranges.

2   La prof de géo nous dit que nous pouvons faire des recherches sur Internet.

3   Elle explique que par contre, nous ne devons pas aller sur notre réseau social.

4   Le policier me prévient que je prends des risques en allant sur ce forum.

5   Katya raconte que quand elle était plus jeune, elle avait un ordi mais ses parents contrôlaient tout ce qu'elle faisait sur Internet.

6   Elle affirme que mes parents devraient faire la même chose pour ma petite sœur.

7   Lucien et Léa annoncent qu'ils vont fermer leur blog.

8   Ils expliquent qu'ils sont devenus trop accros et qu'ils préfèrent arrêter.

2 1 Ma grand-mère me répète souvent que les jeunes de sa génération n'avaient pas Internet.

2 Elle ajoute toujours que nous, les jeunes de maintenant, nous avons beaucoup de chance.

3 Hier soir, elle m'a dit qu'elle n'avait jamais eu de portable.

4 Elle a ajouté qu'elle aimerait bien aller sur un réseau social.

5 Elle a dit qu'un jour, elle s'inscrirait et qu'elle contacterait tous ses amis.

6 Alors, je lui ai expliqué qu'elle ne pourrait pas les contacter parce qu'elle n'avait ni ordinateur, ni portable.

Faites remarquer aux élèves qu'ils peuvent utiliser d'autres verbes introductifs que *dire*, comme par exemple : *admettre, affirmer, ajouter, annoncer, assurer, confirmer, déclarer, expliquer, préciser, prévenir, raconter, répondre.*

4 Écrivez et parlez

1 Les élèves font une enquête auprès de leurs parents et grands-parents ou auprès des professeurs plus âgés pour savoir comment était leur vie avant Internet. Ils prennent des notes et présentent ensuite les réponses au reste de la classe. Ceux qui trouvent les présentations difficiles peuvent écrire le texte de la présentation et le lire ensuite à la classe.

2 Activité de classe : les élèves discutent de leurs résultats et expriment leurs opinions sur les changements apportés par Internet.

Rappel grammaire

Les phrases avec *si*

Faites réviser aux élèves le conditionnel et la structure avec *si*.

5 Parlez

Activité à deux : les élèves imaginent leur vie sans Internet et font une liste de ses bienfaits et de ses méfaits. Encouragez-les à faire des phrases avec *si* comme dans l'exemple.

Pour aller plus loin, ils peuvent ensuite écrire une liste de questions qu'ils posent à leur partenaire. Par exemple :

Que ferais-tu si tu ne pouvais pas utiliser Internet pour faire tes devoirs ?

Que ferais-tu si tu ne pouvais pas parler avec tes amis sur un réseau social ?

Que ferais-tu si tu ne pouvais pas regarder des films en ligne ?

Que ferais-tu si tu ne pouvais pas télécharger ta musique préférée ?

Que ferais-tu si ton ordinateur tombait en panne ?

Que ferais-tu si on te volait ton portable ?

Activités supplémentaires :

 Voir Fiche d'activité 92

Relevez dans le texte « Être ado avant Internet, c'était comment ? » tous les verbes à l'imparfait. Donnez leur infinitif et indiquez pour chaque verbe s'il est régulier ou irrégulier.

Réponse

verbe dans le texte	infinitif	régulier ou irrégulier
c'était	être	irrégulier
personne n'avait	avoir	irrégulier
qui avait	avoir	irrégulier
tu faisais	faire	irrégulier
tu devais	devoir	irrégulier
il n'y avait pas	avoir	irrégulier
tu étais	être	irrégulier
Je ne m'ennuyais pas	s'ennuyer	régulier
rien n'existait	exister	régulier
tu faisais	faire	irrégulier
existait	exister	régulier
il n'y avait que	avoir	irrégulier
je lisais	lire	irrégulier
je voyais	voir	irrégulier
J'avais	avoir	irrégulier
enregistrait	enregistrer	régulier
n'en avaient pas	avoir	irrégulier
on les regardait	regarder	régulier
venait	venir	irrégulier
il fallait	falloir	irrégulier
n'existait pas	exister	régulier
j'écoutais	écouter	régulier

verbe dans le texte	infinitif	régulier ou irrégulier
j'enregistrais	enregistrer	régulier
tu avais	avoir	irrégulier
il fallait (× 3)	falloir	irrégulier
avaient	avoir	irrégulier
tu faisais	faire	irrégulier
étaient	être	irrégulier
on s'écrivait	s'écrire	irrégulier
On arrivait	arriver	régulier
On s'envoyait	envoyer	régulier
s'informait-on	s'informer	régulier
Il y avait	avoir	irrégulier
qu'on achetait	acheter	régulier
on empruntait	emprunter	régulier
contactait	contacter	régulier
avaient	avoir	irrégulier
pouvait	pouvoir	irrégulier
Il y avait	avoir	irrégulier
c'était	être	irrégulier
on n'avait	avoir	irrégulier
le Minitel avait	avoir	irrégulier
permettait	permettre	irrégulier

Voir Fiche d'activité 93

Relisez le texte « Être ado avant Internet, c'était comment ? ». Faites correspondre les mots du texte dans la colonne de gauche aux définitions dans la colonne de droite. Attention : il y a plus de définitions que de mots.

Exemple : 1 B

1 **Internet** ☐
2 réseaux sociaux ☐
3 jeux en ligne ☐
4 magnétoscope ☐
5 cassette vidéo ☐
6 CD ☐
7 baladeur ☐
8 magnétophone ☐
9 cassettes audio ☐
10 portable ☐
11 appareil photo ☐
12 bibliothèque ☐

A disque optique permettant la reproduction de sons
B réseau informatique mondial
C un lieu où on achète des livres
D bande magnétique sur laquelle on enregistre des sons
E un film sur un disque
F une caméra
G un lieu où on peut lire ou emprunter des livres
H un jeu télévisé
I un instrument qui sert à prendre des photos
J un téléphone qui n'est pas fixe
K plateformes d'échange et d'information sur Internet
L appareil permettant d'enregistrer des émissions de télé
M activité ludique sur Internet
N bande magnétique sur laquelle on enregistre des émissions de télé
O appareil permettant d'enregistrer des sons et d'écouter des sons
P un téléviseur
Q petit appareil portatif avec des écouteurs utilisé pour écouter de la musique ou la radio
R un appareil qui permet de voir les choses en plus grand

Réponse

1 **B**, 2 **K**, 3 **M**, 4 **L**, 5 **N**, 6 **A**, 7 **Q**, 8 **O**, 9 **D**, 10 **J**, 11 **I**, 12 **G**

B. *Des technologies au service de l'éducation*

Toutes les activités dans la section qui suit permettent aux élèves de faire des exercices similaires à ceux de l'épreuve de compréhension de l'examen.

L'école sur le portable pour les élèves nomades

1   Lisez et écrivez

Réponse

1   1   l'éducation, 2 l'école, 3 un projet, 4 nomades, 5 leurs enfants

2   **A, D, F, G, I**

Un bus pour l'avenir

2   Lisez et écrivez

Réponse

1   1 **C**, 2 **A**, 3 **E**

2   1 **C**, 2 **D**

3   1 **H**, 2 **B**, 3 **D**

4   1   pour trouver du travail ou continuer leurs études

2   pendant la semaine dans le cadre de leur emploi du temps

3   le grand public : chômeurs, employés du secteur public (hôpitaux, etc.), commerçants

4   de façon à permettre aux gens de s'entraîner pour ne pas oublier

Activités supplémentaires pour permettre aux élèves d'élargir leur vocabulaire :

 Voir Fiche d'activité 94

Trouvez dans le texte **A** (« L'école sur le portable pour les élèves nomades ») les mots qui correspondent aux définitions suivantes.

1   personnes qui n'habitent pas dans un endroit fixe

2   vont à l'école

3   n'était pas appropriée

4   bougent

5   groupes d'animaux

6   à partir de maintenant

7   vivre dans un lieu fixe

8   ne sont pas acceptés

9   dernièrement

10   action d'apprendre

11   renseigner

12   un professeur

13   accueillir

14   près de

Réponse

1 nomades, 2 sont scolarisés, 3 ne convenait pas, 4 se déplacent, 5 troupeaux, 6 désormais, 7 être sédentaire, 8 sont rejetés, 9 récemment, 10 apprentissage, 11 informer, 12 un enseignant, 13 recevoir, 14 à proximité de

 Voir Fiche d'activité 95

Trouvez dans le texte **B** (« Un bus pour l'avenir ») les mots qui correspondent aux définitions suivantes.

1   but

2   endroits où enseignent des professeurs

3   endroits où travaillent des médecins

4   endroits où on va pour signaler un crime

5   personnes

6   se servir de

7   emploi

8   poursuivre

9   donner la possibilité

10   sans payer

11   durant

12   accessible

13   personnes sans emploi

14   personnes qui vendent

15   s'améliorer

16   ambulant

17   transformé

18   des choses qu'on lit

19   leçons

20   succès

Réponse

1 objectif, 2 lycées, 3 hôpitaux, 4 gendarmeries, 5 gens, 6 utiliser, 7 travail, 8 continuer, 9 permettre, 10 gratuitement, 11 pendant, 12 ouverte, 13 chômeurs, 14 commerçants, 15 se perfectionner, 16 itinérant, 17 aménagé, 18 livres, 19 cours, 20 réussite

3 Parlez

Cette activité de classe permet aux élèves d'exprimer leurs opinions sur le texte.

Activités supplémentaires :

1 Demandez aux élèves de relever les phrases avec un verbe à la voix passive et d'en identifier le temps.

Réponse

Texte A

très peu d'enfants sont scolarisés (présent)

ils sont souvent rejetés par les populations locales (présent)

qui a été réalisé par un homme d'affaires sénégalais (passé composé)

le système est relié au GPS (présent)

Texte B

cette formation est ouverte au grand public (présent)

Un grand bus itinérant a été aménagé (passé composé)

2 Rappelez aux élèves que lorsque deux verbes se suivent, le second est à l'infinitif (sauf si le premier est l'auxiliaire *être* ou *avoir*) et que le verbe qui suit une préposition est aussi à l'infinitif. Demandez-leur ensuite de relever des exemples dans les textes.

Réponse

Texte A

voudraient désormais envoyer (deux verbes qui se suivent)

pour pouvoir y aller (deux verbes qui se suivent)

il faut être (deux verbes qui se suivent)

ils ne peuvent pas se sédentariser (deux verbes qui se suivent)

d'informer (préposition + infinitif)

peut les recevoir (deux verbes qui se suivent)

Texte B

d'initier (préposition + infinitif)

savent s'en servir (deux verbes qui se suivent)

doivent désormais savoir utiliser (deux / trois verbes qui se suivent)

s'ils veulent trouver... ou continuer (deux verbes qui se suivent)

de se former (préposition + infinitif)

peuvent venir s'initier ou se perfectionner (deux / **trois** verbes qui se suivent)

Il peut accueillir (deux verbes qui se suivent)

de reconnaître (préposition + infinitif)

à permettre (préposition + infinitif)

de s'entraîner (préposition + infinitif)

pour ne pas oublier (préposition + infinitif)

C. *Quand trop, c'est trop !*

Témoignage de Louane, une jeune accro d'Internet

1 Lisez, écrivez et parlez

Activité à deux : les élèves écrivent les réponses aux questions, puis les comparent et en discutent avec un(e) camarade.

Réponse

1 Parce qu'elle avait perdu son téléphone.

2 Parce qu'elle avait fait une crise d'angoisse et qu'elle n'allait pas bien.

3 Les gens laissaient des commentaires, ils la trouvaient formidable, ça la flattait.

4 Ils ont gardé son téléphone et son ordinateur portables et l'ont surveillée quand elle faisait ses devoirs.

5 Elle se sentait isolée.

6 C'était du temps perdu en bêtises.

7 À lire des livres, à sortir son chien et reprendre plaisir à être avec sa famille.

8 Elle s'inquiétait moins de ce qu'ils disaient ou pensaient d'elle.

9 Elle se rendait compte que ce n'était pas vital et qu'elle pouvait vivre sans.

10 Elle a coupé les relevés automatiques des mails, elle ferme les pages des réseaux sociaux quand elle travaille sur Internet.

2 Lisez et écrivez

1 Cette activité permet de revoir les styles direct et indirect. Dites aux élèves de faire bien attention d'utiliser le temps approprié.

Réponse

(ligne 15) ils disaient que j'étais formidable / ils disaient : « Tu es formidable ! »

(ligne 17) le docteur a dit que je devrais faire une expérice / Il a dit : « Tu devrais faire une expérience »

(ligne 22) ils m'ont dit que si je voulais, ils me surveilleraient / ils m'ont dit : « Si tu veux, on te surveillera »

(ligne 38) je lui ai dit que maintenant, je suivais ses conseils / je lui ai dit : « Maintenant, je suis vos conseils... »

2 Cette activité permet de réviser les pronoms personnels. Expliquez aux élèves que le participe passé des verbes qui se conjuguent avec l'auxiliaire *avoir* s'accorde avec le complément d'objet direct quand celui-ci est placé avant le verbe.

Réponse

1 mon portable, 2 messages, 3 le docteur

3 Lisez et écrivez

Avant de faire faire l'activité de compréhension aux élèves, expliquez-leur la différence entre *depuis* et *pendant*.

Réponse

1 **F**, 2 **E**, 3 **B**, 4 **C**, 5 **D**

Grammaire en contexte

Exprimer la durée : *depuis (que), pendant (que)*

Demandez aux élèves d'inventer des phrases avec *depuis* et *pendant*.

Cahier d'exercices 11/2

Cet exercice permet de consolider l'utilisation de *depuis* et *pendant*.

Réponse

1 pendant, 2 pendant, 3 Depuis, 4 Depuis que, 5 pendant que, 6 pendant

4 Écrivez

Cette l'activité permet aux élèves de s'entraîner à l'épreuve d'expression écrite de l'examen et d'utiliser le vocabulaire du texte ainsi qu'une variété de temps au passé.

Réponse possible

15 janvier 20XX

Monsieur Dujardin,

Je vous écris pour vous parler de ma fille, Louane. Elle nous inquiétait depuis plusieurs semaines parce qu'elle avait souvent mal à la tête et elle dormait mal. Puis, le 21 septembre, elle a fait une crise d'angoisse parce qu'elle avait perdu son portable. On lui a dit qu'elle devait voir un docteur parce qu'elle était devenue accro d'Internet. Le docteur lui a conseillé de se déconnecter des réseaux sociaux. Elle nous donnait son portable et son ordinateur à garder le soir et on la surveillait pendant qu'elle travaillait sur Internet.

Elle se sentait très isolée au début, mais elle a ensuite réalisé qu'elle perdait du temps sur les réseaux sociaux. Elle est devenue plus zen et a recommencé à être plus souvent avec nous. Depuis janvier, elle fait attention et n'est plus accro.

Veuillez agréer monsieur, l'expression de mes sentiments les meilleurs.

Hélène Lesage

5 Écrivez

Activité à deux : les élèves écrivent les conversations entre Louane et son médecin. Puis, l'élève A joue le rôle de Louane et l'élève B celui du médecin, et ensuite ils inversent les rôles.

6 Lisez et parlez

Activité à deux : les élèves font le test pour trouver s'ils sont accros ou pas aux nouvelles technologies. Ils peuvent ensuite discuter des résultats avec leur partenaire ou le reste de la classe. Puis, ils inventent d'autres phrases pour le test qu'ils proposent au reste de la classe pour voir leurs réactions.

Pour qu'ils révisent la négation, vous pouvez demander aux élèves de mettre les phrases à la forme négative. Par exemple :

1 Je ne regarde jamais mon portable ou ma tablette dès que je me lève.

2 Je ne panique pas quand je n'ai pas de signal sur mon portable, etc.

....

Activités supplémentaires :

 Voir Fiche d'activité 96

Lisez les deux premiers paragraphes du « Témoignage de Louane » et remplissez les blancs dans le résumé ci-dessous avec un des mots de la liste. Attention : il y a plus de mots que de blancs.

Le 21 septembre, Louane a [1] son portable et cela l'a rendue [2] car elle avait mal à la tête et elle ne pouvait plus [3]. Elle s'est alors rendu compte qu'elle avait une [4] et elle est allée voir un [5]. Elle [6] beaucoup de temps sur Internet parce qu'elle n'avait pas peur de [7] en ligne et elle aimait lire ce qu'on [8] sur elle.

addiction – disait – dormir – flattait – internaute – jouait – malade – médecin – passait – perdu – problème – retrouvé – se connecter – s'exprimer – sortir – timide

Réponse

1 perdu, 2 malade, 3 dormir, 4 addiction, 5 médecin, 6 passait, 7 s'exprimer, 8 disait

....

 Voir Fiche d'activité 97

Lisez le troisième paragraphe du « Témoignage de Louane ». Associez chaque mot tiré du texte dans la colonne de gauche à un mot dans la colonne de droite qui a un sens opposé. Attention : il y a plus de mots dans la colonne de droite que dans la colonne de gauche.

Exemple : 1 M

1	*mieux*	☐	**A**	avec
2	déconnecter	☐	**B**	communiquer
3	début	☐	**C**	commencement
4	vie	☐	**D**	connecter
5	sans	☐	**E**	débuté
6	commencé	☐	**F**	fin
7	portable	☐	**G**	fini
8	soir	☐	**H**	fixe
			I	matin
			J	mobile
			K	mort
			L	naissance
			M	*plus mal*
			N	sur

Réponse

1 **M**, 2 **D**, 3 **F**, 4 **K**, 5 **A**, 6 **G**, 7 **H**, 8 **I**

📄 *Voir Fiche d'activité 98*

Lisez le quatrième paragraphe du « Témoignage de Louane ». Associez chaque expression prise du texte dans la colonne de gauche à une expression dans la colonne de droite qui a le même sens. Attention : il y a plus d'expressions dans la colonne de droite que dans la colonne de gauche.

Exemple : 1 F

1	*dur*	☐	**A**	arrive
2	isolée	☐	**B**	au cours
3	se passe	☐	**C**	bibliothèque
4	au courant	☐	**D**	choses stupides
5	bêtises	☐	**E**	influence négative
6	lire des livres	☐	**F**	*difficile*
7	sortir	☐	**G**	fort
8	pression	☐	**H**	histoires
			I	informée
			J	la lecture
			K	partir
			L	promener
			M	seule
			N	tension
			O	unique

Réponse

1 **F**, 2 **M**, 3 **A**, 4 **I**, 5 **D**, 6 **J**, 7 **L**, 8 **E**

📄 *Voir Fiche d'activité 99*

Lisez le cinquième paragraphe du « Témoignage de Louane » et dites si les phrases suivantes sont vraies ou fausses. Justifiez vos réponses avec des mots du paragraphe.

1 En janvier, Louane s'est à nouveau servie de son portable. **VRAI** (je l'ai allumé, mi-janvier)

2 Louane a répondu à tous ses messages. **FAUX** (Je les ai tous effacés)

3 Louane ne pouvait pas vivre sans ses messages. **FAUX** (J'avais très bien vécu sans les messages)

4 Louane est très reconnaissante à son médecin. **VRAI** (Je l'ai remercié)

5 Louane ne répond plus à ses mails dès qu'ils arrivent. **VRAI** (j'ai coupé les relevés automatiques des mails)

6 Louane trouve difficile de ne pas aller sur les réseaux sociaux quand elle travaille sur Internet. **FAUX** (je ferme les pages des réseaux sociaux quand je travaille sur Internet)

7 Louane est guérie de son addiction. **VRAI** (je ne suis plus accro)

D. *Les dangers du net*

Le cyberharcèlement

1   Compréhension

Cette activité teste la compréhension générale du texte.

Réponse

1 **C**, 2 **F**, 3 **A**, 4 **E**

2   Lisez et écrivez

Cette activité demande une compréhension plus approfondie du texte.

Réponse

1 **FAUX** (elle n'a plus aucun refuge, même pas à la maison)

2 **VRAI** (le harceleur peut faire souffrir sa victime encore plus que si elle était en face de lui)

3 **FAUX** (il n'est pas facile pour leurs camarades de les aider)

4 **VRAI** (La victime connaît donc un état d'insécurité 24 heures sur 24, 7 jours sur 7 et elle se sent encore plus isolée et vulnérable.)

5 **VRAI** (ne pas partager son mot de passe)

6 **FAUX** (ne pas allumer sa webcam avec des inconnus)

7 **VRAI** (sauvegardez et imprimez les menaces)

Grammaire en contexte

Le double infinitif : *(se) faire* + infinitif

Après leur avoir expliqué les structures avec *faire*, vous pouvez demander aux élèves de relever toutes les expressions dans le texte (dans les réponses aux questions 1 et 2) qui contiennent cette structure (*se faire insulter, se faire menacer, se faire pirater, se faire voler, ne fait qu'augmenter, se faire harceler, faire passer, faire souffrir, faire disparaître*). Vous pouvez ensuite leur demander d'inventer des phrases du même genre.

📖 Cahier d'exercices 11/3

Cet exercice permet de consolider le point grammatical que les élèves viennent d'apprendre.

Réponse

1 1 Mes grands-parents font mettre un grand écran dans le salon.

    2 Ma grand-mère fait installer une webcam.

    3 Mes grands-parents font réparer l'ordinateur immédiatement.

    4 Mes grands-parents font venir un réparateur chez eux.

2 1 se fait remarquer

    2 te feras harceler / vas te faire harceler

    3 s'est fait expulser

    4 se faisait passer

3 Lisez et parlez

Activité à deux : les élèves fournissent une réponse personnelle aux questions de l'exercice 1, qu'ils partagent avec un(e) camarade.

4 Écrivez

Cette activité permet de s'entraîner à utiliser par écrit le vocabulaire du texte et à poser des questions.

5 Lisez et écrivez

Cette activité entraîne les élèves à s'exprimer de façon concise.

6 Parlez et écrivez

Cette rédaction donne la possibilité aux élèves de s'entraîner à l'épreuve écrite de l'examen. Rappelez aux élèves qu'un dépliant doit avoir un titre et des intertitres.

E. *Internet, c'est aussi pour s'amuser !*

1 Compréhension

Les élèves identifient le type de texte, puis indiquent si les critiques sont positives ou négatives.

Réponse

1 type de texte : des critiques

2 La critique **A** est positive et la critique **B** est négative.

2 Lisez

Les élèves identifient le texte de Julie en faisant particulièrement attention aux formes grammaticales utilisées dans le texte.

Réponse

Le texte **B**, à cause des accords qui indiquent que l'auteur est féminin : je suis allé**e**, ne m'a pas impressionné**e**, je me serais moins ennuyé**e**, m'avait prévenu**e**

3 Parlez

Cette activité permet aux élèves de relever les opinions de Julie et de Yohan et de les exprimer en utilisant le style indirect ainsi que les verbes introductifs, par exemple *dire que, expliquer que, ajouter que.*

Réponse

	Julie	Yohan
le scénario	pas drôle	passionnant
le graphisme	pas très sophistiqué	impressionnant
la personnalisation	pas possible	payer quelques euros pour des accessoires et des costumes
les missions	répétitives	simples et des fois décevantes
la version multijoueurs	pas impressionnée, je me suis ennuyée	plus complexes et vraiment passionnantes

Rappel grammaire

L'accord du participe passé

Expliquez aux élèves l'accord du participe passé des verbes conjugués avec les auxiliaires *être* et *avoir*. Vous pouvez ensuite demander aux élèves de relever tous les verbes au passé composé dans les textes de Julie et Yohan et d'expliquer l'accord ou le non-accord du participe passé de ces verbes.

Réponse

Verbes au passé composé dans le texte **A** : Je l'ai essayé (COD *l'* placé avant le verbe est masculin singulier), je les ai personnalisés (s'accorde avec le COD *les* qui est placé avant le verbe), j'ai dépensé (pas de COD), l'avatar que j'ai créé (le COD *avatar* placé avant le verbe est masculin singulier), j'ai participé (pas de COD), j'ai aussi collaboré (pas de COD), des joueurs que j'ai rencontrés (s'accorde avec le COD *joueurs* qui est placé avant le verbe), les missions que j'ai réalisées (s'accorde avec le COD *missions* qui est placé avant le verbe), ne m'ont pas déçu (COD *m'* placé avant le verbe est masculin singulier)

Verbes au passé composé dans le texte **B** : je n'ai pas trouvé le scénario (COD est placé après le verbe), les missions que j'ai faites (s'accorde avec le COD *missions* qui est placé avant le verbe et qui est féminin pluriel), Je suis allée (s'accorde avec le sujet), je les ai vite toutes découvertes (s'accorde avec le COD *les* qui est placé avant le verbe et qui est féminin pluriel), Je ne l'ai pas personnalisé (s'accorde avec le COD *l'* qui est placé avant le verbe), La partie que j'ai faite (s'accorde avec le COD *partie* qui est placé avant le verbe), ne m'a pas impressionnée (s'accorde avec le COD *m'* qui est placé avant le verbe), Je me suis demandé (ne s'accorde pas puisque le complément *me* est COI).

Cahier d'exercices 11/4

Cet exercice permet aux élèves de mettre en pratique les règles qu'ils viennent d'apprendre.

Réponse

1 joué, 2 offerts, 3 ennuyée, 4 préférés, 5 allées, 6 acheté, 7 rencontrés, 8 impressionnée

4   Parlez

Cette activité permet aux élèves de s'entraîner à manipuler les verbes.

Réponse

« Même si vous n'êtes pas fan de l'univers médiéval, vous aimerez ce jeu de rôle. **Julie et moi** l'**avons** essayé récemment et il est maintenant gratuit, sauf si vous voulez personnaliser vos personnages : dans ce cas, il faut aller dans le magasin en ligne. **Nous, nous** les **avons** personnalisés avec des accessoires et des costumes, pour lesquels **nous avons** dépensé quelques euros. Avec les avatars que **nous avons créés**, **nous avons** participé à beaucoup de missions. Elles étaient assez simples et des fois décevantes mais **nous avons** aussi collaboré avec des joueurs que **nous avons** rencontrés en ligne, et les missions que **nous avons** réalisées avec eux ne **nous** ont pas **déçus** : elles étaient plus complexes et intéressantes. Le scénario est passionnant et le graphisme est impressionnant pour un jeu gratuit. Alors, n'hésitez pas ! »

« **Yohan et moi pensions** que ce jeu allait être original parce que c'est une parodie de super héros : le

personnage du départ est le contraire d'un héros, mais de mission en mission, il devient un super héros. L'idée **nous** semblait bonne, mais finalement, **nous n'avons** pas trouvé le scénario très drôle. En plus, les missions que **nous avons** faites étaient très répétitives. **Nous sommes allés** dans les différentes zones du jeu, mais comme il n'y en a pas beaucoup, **nous les avons** vite toutes découvertes. Le héros n'était pas super non plus. **Nous ne l'avons** pas personnalisé parce que ce n'était pas possible et le graphisme n'est pas très sophistiqué. La partie que **nous avons** faite avec d'autres joueurs ne **nous** a pas **impressionnés** non plus : s'il y avait eu plus de participants, **nous nous serions moins ennuyés**. **Nous nous sommes** même demandé s'il y avait d'autres joueurs en ligne ! Un copain **nous** avait **prévenus** que ce jeu n'était pas super. Heureusement, il est gratuit ! Alors, jouez-y, mais seulement si vous n'avez rien d'autre à faire ! »

5   Écrivez

Les élèves s'entraînent à l'expression écrite en écrivant la critique d'un jeu vidéo ou d'un autre type de jeu qu'ils connaissent. S'ils n'aiment pas les jeux, ils peuvent écrire la critique d'un film. Rappelez-leur d'utiliser les conventions propres à ce type de texte.

Activités supplémentaires :

 Voir Fiche d'activité 100

Chacun des mots suivants se rapporte à un élément dans le texte **A** (« Le Seigneur des Châteaux »). Indiquez à qui ou à quoi chaque mot se rapporte.

Dans la phrase...	le mot...	se rapporte à...
1 Je l'ai essayé (ligne 2)	« l' »	
2 je les ai personnalisés (ligne 4)	« les »	
3 Avec l'avatar que j'ai créé (ligne 6)	« que »	
4 j'ai réalisées avec eux (lignes 8–9)	« eux »	
5 elles étaient plus complexes (ligne 9)	« elles »	

Réponse

1 jeu, 2 personnages, 3 avatar, 4 joueurs, 5 missions

 Voir Fiche d'activité 101

Lisez le texte **B** (« De Zéro à Héros »). Associez chaque expression tirée du texte dans la colonne de gauche à une expression dans la colonne de droite qui a le même sens. Attention : il y a plus d'expressions dans la colonne de droite que dans la colonne de gauche.

Exemple : 1 I

1	*parodie*	☐	**A**	ami
			B	amusant
2	départ	☐	**C**	cher
			D	commencement
3	contraire	☐	**E**	complexe
4	finalement	☐	**F**	difficile
			G	embarquement
5	drôle	☐	**H**	en fin de compte
6	vite	☐	**I**	*imitation*
7	sophistiqué	☐	**J**	intéressant
			K	joueur
8	copain	☐	**L**	opposé
9	gratuit	☐	**M**	par contre
			N	pour rien
10	seulement	☐	**O**	puis
			P	rapide
			Q	rapidement
			R	uniquement

Réponse

1 **I**, 2 **D**, 3 **L**, 4 **H**, 5 **B**, 6 **Q**, 7 **E**, 8 **A**, 9 **N**, 10 **R**

F. *Les nouvelles technologies : les avantages et les inconvénients*

1 Lisez et parlez

Activité à deux : les élèves identifient les énoncés positifs et négatifs et justifient leur choix.

Réponse

Énoncés négatifs : 2, 4, 5, 7, 9, 11, 13, 15, 18, 19

Énoncés positifs : 1, 3, 6, 8, 10, 12, 14, 16, 17, 20

2 Écrivez

Cette activité permet aux élèves de mettre en pratique le vocabulaire qu'ils ont appris et d'exprimer leurs opinions en inventant d'autres graffitis pour le mur des opinions.

3 Écrivez

Les tâches dans cette section sont semblables à celles de l'épreuve d'expression écrite. Rappelez aux élèves qu'il est important d'utiliser les conventions appropriées à la tâche choisie et de développer les points de la question. Les élèves qui désirent plus d'entraînement peuvent faire toutes les tâches.

G. *Écouter et comprendre*

Dans cette section, les élèves réviseront les stratégies apprises dans les chapitres précédents.

Avant de faire les activités, les élèves peuvent discuter en groupe des problèmes qu'ils rencontrent dans les compréhensions orales et des stratégies qu'ils peuvent employer pour les résoudre.

1 Utiliser les mots qu'on comprend pour deviner le sens des autres

Les élèves identifient dans l'enregistrement les mots qui ne sont pas français et en devinent la signification.

🔊 Audio

1
– Tu aimes les fraderax, toi ?
– Moi oui, surtout les fraderax qu'on joue en ligne avec d'autres joueurs.
– Tu joues à des fraderax gratuits ?
– Oui, je ne veux pas payer pour jouer.

2
– Tu vas souvent sur les réseaux sociaux ?
– Non, je n'y vais plus parce que j'ai été victime d'un frimirox.
– Ah bon ! C'était qui, ce frimirox ?
– Je ne sais pas, il était resté anonyme. Je crois que c'était un garçon du lycée.
– Quelle horreur. Pourquoi tu ne m'as rien dit ?
– Le frimirox m'a fait peur, il m'a dit de ne rien dire à personne sinon il postait des horreurs sur moi.

3
– Oh non ! Où est mon okirix ? J'ai perdu mon okirix ! J'ai tout dans mon okirix, mes photos, les numéros de mes copains, des applis… Aide-moi, je dois absolument le retrouver.
– Tu as l'air un peu trop accro à ton okirix, non ?
– J'en ai besoin pour aller sur les réseaux sociaux, pour tchatter avec mes copains, prendre des photos. Et puis si quelqu'un m'appelle ? Mon okirix, c'est vital, sans mon okirix je suis complètement déconnecté.

4
– Qu'est-ce qu'on fait ce soir ? On regarde un peu de patarax ?
– Bof, il n'y a jamais rien de bien à la patarax.
– Si ! Regarde : il y a *Star Wars* sur la chaîne 10, juste après les informations.
– Bon, d'accord, on regarde *Star Wars* à la patarax ce soir !

Réponse

1   jeux vidéo (joue en ligne / d'autres joueurs)

2   cyberharceleur (victime de, resté anonyme, m'a fait peur)

3   portable (photos, les numéros de mes copains, des applis, pour aller sur les réseaux sociaux, pour tchatter avec mes copains, prendre des photos)

4   télévision (chaîne 10, juste après les informations)

2   Utiliser ses connaissances en grammaire / ses connaissances générales

Les élèves repèrent les mots listés et répondent aux questions pour chacun des mots.

🔊 Audio

1

– Paris, c'est vraiment une glukirox ville. Sa tour, la tour Eiffel, est vraiment glukirox aussi, si haute, si élégante.

– Bof, moi je ne trouve pas la tour Eiffel glukirox du tout, je la trouve horrible, en fait. On dirait un pylône électrique ! Par contre, l'avenue des Champs-Élysées, je la trouve extrêmement glukirox, avec ses magasins chics, et cet Arc de Triomphe magnifique sur la place.

2

– J'adore la France, surtout pour sa plotirax, tous ces plats régionaux sont un délice, non ?

– C'est vrai que la plotirax française est célèbre. C'est bien meilleur que ce qu'on mange sur notre planète...

– Oui, j'aime surtout les plats comme la quiche lorraine, la salade niçoise, miam ! Avant de repartir, je vais acheter un livre de plotirax française.

3

– Tu veux kamirox avec moi ? Apparemment, ce jeu en ligne est super.

– Non, je n'aime pas kamirox. D'ailleurs, je ne kamirox jamais en ligne parce qu'on ne sait jamais avec qui on kamirox.

– Ok, je vais kamirox sans toi !

Réponse

1   a adjectif, b Paris, tour Eiffel, l'avenue des Champs-Élysées, c belle (antonyme : horrible ; synonyme : magnifique)

2   a nom, b plats régionaux, la quiche lorraine, la salade niçoise, c la cuisine

3   a verbe, b jeu en ligne, c jouer

3   Ajuster ce qu'on comprend pour que ce soit logique dans le contexte

Les élèves écoutent la première partie de chaque conversation (A) et devinent la signification des mots inconnus qu'ils entendent. Puis ils écoutent la deuxième partie (B) et ajustent leur interprétation.

🔊 Audio

1

A   – Personnellement, je trouve ce chmirax super. Pas toi ?

– Bof, je n'aime pas trop ce genre de chmirax, avec des scénarios compliqués, plein d'effets spéciaux et des personnages bizarres.

– Bein, c'est un chmirax basé sur la science-fiction, c'est normal.

B   – Je n'aime pas regarder ce genre de chmirax parce qu'en général, ils sont très longs et je ne comprends rien à l'histoire.

– Moi, j'adore les chmirax de science-fiction, surtout quand je vais les voir en salle, sur un grand écran. C'est mieux qu'à la télé.

2

A   – J'ai téléchargé des pluricrox sur mon ordi et maintenant, je ne les trouve plus. Je crois que je les ai toutes perdues.

– Quelles pluricrox ?

– Et bien toutes les pluricrox prises pendant ma fête d'anniversaire – tu sais, les pluricrox quand on dansait et quand on mangeait le gâteau, tout ça.

B   – Ah zut, j'aurais bien aimé les écouter encore, elle était super ta playlist.

– Oui, c'était mes pluricrox préférées, tu sais comme j'aime les pluricrox de ce chanteur !

– Oui, Stromae, il est génial. Et bien tant pis, tu peux les écouter sur YouTube.

3

A   – Je blimix absolument les réseaux sociaux. J'y vais tous les jours pour discuter avec mes amis parce que c'est là que je peux me connecter avec eux.

– Imagine, comment les jeunes faisaient avant les réseaux sociaux, hein ! Difficile d'imaginer la vie sans Internet.

B   – Je blimix Internet !

– Ah bon, pourquoi ?

– Parce qu'à mon avis, c'est toxique pour les jeunes. Je préférerais rencontrer mes amis chez moi ou au parc plutôt que sur les réseaux sociaux. Je blimix les réseaux sociaux parce que je les trouve dangereux pour les jeunes en fait.

Réponse

1 A jeu ; B film (regarder ; voir en salle, sur un grand écran)

2 A photos ; B chansons (écouter, playlist, chanteur)

3 A j'adore / j'aime ; B Je n'aime pas / Je déteste (toxique pour les jeunes, je préférerais rencontrer mes amis chez moi ou au parc plutôt que sur les réseaux sociaux, je les trouve dangereux)

4   Les opinions positives et négatives

1 Les élèves identifient si les opinions exprimées sont positives ou négatives ou entre les deux.

2 Les élèves réécoutent et complètent les opinions avec les mots-clés manquants, puis lisent la transcription pour vérifier leurs réponses.

🔊 Audio

1 Personnellement, je trouve que les jeunes passent **trop de temps** sur les réseaux sociaux.

2 **Grâce aux** réseaux sociaux, il est possible de **rester en contact** avec beaucoup de gens **qu'on ne voit pas** souvent.

3 Moi je trouve que c'est **une des meilleures inventions** du XXᵉ siècle.

4 **J'adore discuter** avec mes amis sur les réseaux sociaux, **mais je** réalise aussi qu'on **risque de devenir accro**.

5 Je pense que c'est **à cause des** réseaux sociaux que les jeunes sont de plus en plus **stressés**.

6 **Je déteste** les réseaux sociaux, c'est **une perte de temps** à mon avis, **mais** je comprends ce qui peut **attirer** les jeunes, comme **la facilité de communiquer** entre eux et **d'échanger leurs photos**, par exemple.

7 Pour moi, ça **dépend** : si on on fait **un usage modéré** des réseaux sociaux, **c'est bien. Par contre**, si on **passe plusieurs heures par jour** devant son écran de portable, **ce n'est pas sain**.

8 **Certaines personnes** trouvent que les réseaux sociaux sont **utiles**, comme par exemple pour des groupes de discussion, et **d'autres** trouvent que **le risque de** cyberharcèlement est **trop grand**.

9 **Je ne pense pas que** les réseaux sociaux soient **une bonne chose** pour les enfants et en plus, ça les **empêche de faire** des activités physiques.

10 **Je doute** que les réseaux sociaux soient **une mauvaise chose**.

11 **Je suis d'accord avec** ceux qui disent que les réseaux sociaux ont changé **la notion de vie privée**, et que les gens **ne savent plus** se protéger.

Réponse

2 P – Grâce aux ; 3 P – une des meilleures ; 4 P/N – J'adore discuter, mais, on risque, accro ; 5 N – à cause de, stressés ; 6 P/N – Je déteste, perte de temps, mais,

attirer ; 7 P/N – ça dépend, c'est bien, Par contre, pas sain ; 8 P/N – certaines personnes, utiles, d'autres, le risque est trop grand ; 9 N – je ne pense pas que ce soit une bonne chose, et en plus ça les empêche… ; 10 P – je doute que, une mauvaise chose ; 11 N – je suis d'accord avec ceux, gens ne savent plus se protéger

2 Voir en caractères gras dans la transcription.

5   Les stratégies pour écouter et comprendre

Les élèves discutent en groupe des stratégies qu'ils ont apprises pour améliorer leur compréhension.

H. *À l'écoute : faites vos preuves !*

1   Écoutez

1 Les élèves écoutent et choisissent la bonne option pour compléter chaque phrase.

2 Ils réécoutent l'enregistrement en lisant la transcription et vérifient leurs réponses.

🔊 Audio

Bonjour ! Aujourd'hui, je voudrais vous parler du défi « Dix jours sans écran ». Quelques mots d'abord sur le contexte. Une famille possède en moyenne 10 écrans devant lesquels les enfants et les jeunes passent entre quatre et cinq heures par jour. C'est énorme ! Notre défi, c'est de résister à la tentation d'utiliser un écran, que ce soit portable, tablette, télévision ou jeux vidéo, pendant une période de 10 jours, du 15 au 24 mai. Par contre, on exclut du défi les écrans d'ordinateur qu'on utilise pour le travail, dans les locaux scolaires. Vous pourrez donc continuer à faire vos recherches et vos devoirs en ligne.

Alors, pourquoi ce défi ? Parce que de nombreuses études scientifiques ont prouvé qu'un usage trop fréquent et excessif des écrans perturbe le développement des jeunes. Il peut les déconnecter de la réalité, les isoler des autres et diminuer leurs capacités d'attention et de concentration. L'idée du défi n'est pas de se déconnecter complètement, mais d'apprendre à contrôler l'utilisation qu'on fait des écrans. Alors, allez-vous le relever ?

Réponse

1 B, 2 C, 3 A, 4 A, 5 B

2   Écoutez

1 Les élèves écoutent la première partie de l'enregistrement et répondent aux questions.

2 Ils écoutent la deuxième partie de l'enregistrement et cochent la bonne option dans la grille pour chacune des affirmations.

3 Ils réécoutent l'enregistrement en lisant la transcription et vérifient leurs réponses.

🔊 Audio

Première partie

Samira Qu'est-ce que tu penses du défi « Dix jours sans écran », Enzo ? Ne pas utiliser d'écran pendant dix jours ?

Enzo Je suis d'accord que passer quatre ou cinq heures tous les jours devant un écran, c'est beaucoup trop, donc c'est une bonne initiative d'encourager les jeunes à se limiter. Par contre, pour moi personnellement, ça n'est pas nécessaire. Je n'y passe pas autant de temps. Et toi, Samira ?

Samira Je ne sais pas, je n'ai jamais compté. Le matin dans le bus, une demi-heure sur ma tablette à jouer à des jeux vidéo. Pendant la pause au lycée, encore une demi-heure sur le portable. Le soir dans le bus, une demi-heure sur les réseaux sociaux…

Enzo Et le soir, chez toi ?

Samira C'est vrai, j'aime bien regarder la télé après mes devoirs. En moyenne deux heures, peut-être. Donc en tout, trois heures et demi ou quatre heures par jour.

Ah, excuse-moi…

Deuxième partie

Samira Ce n'est rien, ça peut attendre…

Si je ne pouvais plus regarder mon portable, ça serait horrible !

Enzo Oui, à moi aussi, mon portable me manquerait beaucoup. C'est quand même bien pratique pour prévenir quand on va être en retard. Aussi, mon frère vient de partir au Canada. On s'appelle sur Skype après le lycée, vers 17 heures, parce que pour lui, c'est l'heure de la pause déjeuner.

Samira Ah oui, sympa ! Par contre, je ne suis pas d'accord quand on dit que l'usage des écrans, ça isole forcément. Chez nous, c'est plutôt l'inverse. Bien sûr, j'ai une télé dans ma chambre, mais on a aussi un grand écran plasma dans le séjour et on regarde beaucoup la télé en famille. Des films, des jeux, des émissions sur la nature… Avec mes parents, ça n'est pas toujours facile de parler, mais devant la télé, on rigole bien ensemble. Alors, tu vas le faire, le défi ?

Enzo Je pense que oui, juste pour voir. Et toi ?

Samira Eh bien, moi aussi.

Réponse

1   1 bonne initiative, 2 parce qu'il passe moins de quatre à cinq heures devant un écran, 3 joue à des jeux vidéo (sur sa tablette), 4 son / le portable, 5 le soir (dans le bus), 6 deux heures

2   1 les deux, 2 Enzo, 3 Samira, 4 Samira, 5 les deux

3   Écoutez

1   Les élèves écoutent la première partie de l'enregistrement et choisissent les **cinq** affirmations vraies.

2   Les élèves écoutent la deuxième partie de l'enregistrement et répondent aux questions.

3   Les élèvent réécoutent l'enregistrement en lisant la transcription et vérifient leurs réponses.

🔊 Audio

Première partie

Interviewer Asante Diop, vous étudiez le rôle des nouvelles technologies dans le développement du continent africain. Dans quels domaines voit-on des succès ?

Asante Les réseaux de téléphones mobiles sont très importants en Afrique. Depuis quelques années, ces réseaux facilitent l'accès à Internet. Ces nouvelles TIC – T, I, C, les technologies d'information et de communication – se développent énormément et permettent l'innovation économique. Il y a l'exemple de l'application de petites annonces, qui s'appelle *CoinAfrique*, et qui a beaucoup de succès.

Interviewer Qu'est-ce que c'est exactement, *CoinAfrique* ?

Asante C'est une application de petites annonces qui met en contact des acheteurs et des vendeurs, et des gens ordinaires ou des professionnels. En Afrique francophone, il y a environ 50 millions de personnes qui ont un smartphone. Dans trois ans, il y en aura sans doute 100 millions. Le potentiel pour les applications commerciales est donc considérable.

Suite page suivante

Deuxième partie

Interviewer	En Afrique, les TIC jouent-elles un rôle important dans la médecine et la santé ?
Asante	Oui, tout à fait. Les populations sont parfois très éloignées des hôpitaux et des médecins spécialistes. Les TIC permettent de mettre en rapport les médecins et les malades, même à distance.
Interviewer	Vous pouvez nous donner un exemple ?
Asante	Certainement. À l'hôpital de Bamako, au Mali, le professeur Ousmane Diallo, spécialiste des maladies de la peau, reçoit des photos de malades sur son ordinateur ou son téléphone portable. Il les examine, puis il fait un diagnostic. Ainsi, grâce aux TIC, des malades qui habitent loin de Bamako profitent des conseils d'un spécialiste.
Interviewer	Et dans un domaine tout différent, quels sont les avantages des nouvelles technologies pour l'éducation ?
Asante	Il y a beaucoup d'avantages, pour les écoles primaires et les écoles secondaires. Voici un exemple intéressant pour le secondaire : on a équipé deux collèges à côté de Niamey, la capitale du Niger, de tablettes contenant des livres de cours numérisés, des dictionnaires et des livres de lecture. Les enseignants et les élèves, qui avaient très peu de livres papier avant, étaient enthousiastes et les résultats scolaires se sont vite améliorés.
Interviewer	Merci, Asante Diop, pour ce tour d'horizon encourageant !

Réponse

1 A, C, D, F, I

2 1 des photos de malades, 2 loin de Bamako / loin de l'hôpital, 3 secondaire / collège, 4 des tablettes, 5 livres de cours numérisés / dictionnaires / livres de lecture, 6 enthousiastes / très contents

Révisions

Un monde connecté

1 Parlez

Cette activité permet de s'entraîner à l'examen oral individuel.

Réponse possible

1 Ce sont une mère et son enfant.

2 Ces personnes sont dans la cuisine / la salle à manger (elles sont assises à table et on voit des assiettes, des tasses et des biscuits).

3 Elles sourient et font signe à la personne qui parle avec elles sur la tablette, sans doute le père de l'enfant et le partenaire / mari de la femme.

4 Elles utilisent une connexion vidéo pour parler au père de l'enfant. Il est probablement en voyage pour son travail.

5 Elle illustre bien le titre parce que, malgré la distance qui les sépare physiquement, les membres de la famille sont réunis par la technologie.

Vous pouvez demander aux élèves de mentionner le thème de cette photo et de décrire ce qui se passe et les personnes sur la photo. Vous pouvez aussi les inviter à imaginer la conversation entre elles et à expliquer pourquoi elles utilisent Internet pour communiquer. Vous pouvez ensuite avoir une discussion sur les avantages et les inconvénients d'être connecté. Vous pouvez aussi demander aux élèves d'inventer d'autres questions qu'ils posent à leur partenaire.

2 Imaginez

Les élèves utilisent leur imagination pour expliquer ce qui se passe sur le dessin et inventer une légende pour l'accompagner.

Point de réflexion

Les élèves engagent une discussion sur la question :

« Internet est-il l'invention la plus importante du XXe siècle ? »

Encouragez-les à considérer les points suivants :

Internet a-t-il changé notre vie quotidienne ? A-t-il affecté les relations humaines ? A-t-il aidé la science, l'éducation, etc. ? Les avantages l'emportent-ils sur les inconvénients ?

Cahier d'exercices 11/5

Rappel grammaire

Les exercices supplémentaires permettent aux élèves de consolider les points de grammaire couverts dans ce chapitre.

Les phrases avec *si*

1 Les élèves complètent les blancs dans l'encadré avec l'un des temps listés.

Réponse

1 futur, 2 imparfait, 3 conditionnel passé

2 Les élèves transforment chaque phrase en utilisant *si* + présent.

Réponse

1 sait, trouvera, 2 dispose, pourra, 3 faudra, veut, 4 est, devras

3 Les élèves transforment chaque phrase en utilisant *si* + imparfait.

Réponse

1 possédait, communiquerait, 2 aurais, voulais, 3 partageaient, aurait, 4 étaient, seraient

4 Les élèves transforment chaque phrase en utilisant *si* + plus-que-parfait.

Réponse

1 avaient eu, auraient lu, 2 se serait développée, avait inventé, 3 aurait eu, avait su, 4 aurais acheté, avait été

5 Les élèves écrivent deux phrases pour chacune des formules.

 Cahier d'exercices

Révisions de grammaire : Chapitres 10 et 11

Les exercices suivants permettent aux élèves de consolider les points de grammaire couverts dans les chapitres 10 et 11.

1 Les élèves complètent l'encadré avec le temps qui convient (conditionnel présent et passé, imparfait et plus-que-parfait).

2 Les élèves complètent l'encadré avec le verbe au temps approprié.

Réponse

1 1 imparfait, 2 plus-que-parfait, 3 conditionnel présent, 4 conditionnel passé

2 1 qu'elle ne se déconnecterait jamais, 2 qu'elle ne s'était jamais déconnectée, 3 qu'elle ne se déconnecterait jamais, 4 qu'elle ne se serait jamais déconnectée

3 Les élèves mettent les phrases au style indirect et font chaque fois les changements nécessaires.

Réponse

1 Les enfants des migrants ont expliqué qu'ils se sont retrouvés séparés de leur famille. C'était horrible.

2 Le jeune homme a déclaré qu'il s'engageait dans la politique pour améliorer la vie de son pays.

3 La mère a dit qu'elle s'était souvent inquiétée pour l'état mental de son fils, trop accro aux jeux vidéo.

4 Le policier a dit que les jeunes auraient moins de problèmes de harcèlement s'ils se protégeaient mieux en ligne.

Faites vos preuves !

1 Les élèves surlignent dans le texte les mots qui illustrent les 10 points de grammaire listés dans la grille de l'activité 3.

Réponse

Monsieur le Maire, Mesdames et Messieurs les conseillers,

Tout d'abord, je voudrais vous remercier d'avoir accepté de m'écouter. Je voudrais vous parler d'un projet important pour moi depuis que j'ai parlé aux jeunes réfugiés que j'ai rencontrés grâce à mon association *Entr'aide*.

J'ai été choqué par ce qu'ils nous ont dit : ils se font beaucoup insulter parce qu'ils ne parlent pas français. Ils ont expliqué qu'ils aimeraient bien l'apprendre mais qu'ils ne trouvaient personne pour les aider. Avec mes amis de l'association, nous nous sommes réunis et nous avons pensé, comme ils ont tous un portable, que nous pourrions créer une application pour apprendre le français et que la mairie pourrait aider à la financer.

En conclusion, ce serait formidable si vous acceptiez de sponsoriser ce projet, né d'une envie d'aider ces jeunes qui ont déjà tellement souffert.

S'il vous plaît, considérez notre idée !

Je vous remercie de votre attention.

2 Les élèves remplacent chaque blanc dans le discours d'Émeline avec un mot de l'encadré.

Réponse

1 Premièrement, 2 installés, 3 rencontrés, 4 Depuis qu', 5 organiserait, 6 sont donnés, 7 nous sommes intéressés, 8 apprendre, 9 si, 10 aidez

3 Sur une feuille, les élèves écrivent leur propre discours pour présenter leur idée d'application pour aider les réfugiés à apprendre leur langue. Ils marquent un point à chaque fois qu'ils utilisent un point de grammaire de la liste.

12　Faites vos preuves !

Thème et sujet	**Organisation sociale** Problèmes sociaux
Aspects couverts	La discrimination Les stéréotypes et préjugés Les sans-abri Le chômage
Compétences pour l'examen	Compréhension écrite Expression écrite Expression orale

Le but de ce chapitre est de préparer les élèves aux différentes épreuves de l'examen en leur faisant comprendre ce qu'il faut faire et en leur donnant quelques conseils et des exercices pratiques.

1　Mise en route

Les élèves regardent l'image et écrivent quelques notes en préparation d'une discussion.

2　Écrivez et parlez

Activité à deux : les élèves préparent des questions qu'ils échangent avec une autre paire et répondent aux questions de l'autre paire.

A. *Comment bien répondre à des questions sur des textes écrits*

Les jeunes Québécois face aux problèmes sociaux

Cette section va aider les élèves à comprendre un texte dans son ensemble, à comprendre le vocabulaire d'après le contexte et à identifier les mots et la grammaire qui changent le sens.

1　Comprendre un texte dans son ensemble

Les élèves montrent leur compréhension globale du texte en choisissant la phrase qui résume mieux le texte et en expliquant ce qui les a aidés à faire ce choix.

Réponse

B Il est clair que les jeunes Québécois s'intéressent aux problèmes sociaux, et pas seulement ceux des jeunes : William est prêt à aider tous les sans-abri et la photo montre un sans-abri qui n'est pas jeune.

2　Comprendre le vocabulaire et utiliser le contexte

1　Cette activité rappelle aux élèves d'avoir recours, lorsqu'ils ne connaissent pas un mot, à des mots de la même famille qu'ils connaissent, pour en déduire le sens.

Réponse

solution – résolu ; lecture – lecteurs ; bénévole – bénévolat ; pauvre – pauvreté ; temps – temporaire ; vendre – vente

2　Cette activité rappelle aux élèves que pour déduire le sens d'un mot qu'ils ne connaissent pas, ils peuvent avoir recours au contexte.

Réponse

1 réglé, 2 de tous les jours, 3 absence, 4 personnes sans logement, 5 grandeur

3　Identifier les mots et la grammaire qui changent le sens

Cette activité rappelle aux élèves qu'il faut faire attention aux mots et aux structures grammaticales qui peuvent changer le sens des mots qu'ils connaissent, comme par exemple la forme négative ou le temps des verbes.

1　Les élèves choisissent l'affirmation vraie pour les paragraphes 1, 2 et 6 et relèvent les mots négatifs.

Réponse

Paragraphe 1 **B** – on **n'a pas** résolu les problèmes

Paragraphe 2 **A** – si **personne ne** se mobilise, **rien ne** va changer

Paragraphe 6 **B** – l'éducation publique **n'est jamais** payante

2　Les élèves choisissent l'affirmation vraie pour les paragraphes 2, 3 et 4 et indiquent le temps des verbes.

Réponse

Paragraphe 2 **B** – futur proche

Paragraphe 3 **A** – passé composé

Paragraphe 4 **A** – passé composé

Expliquer et lutter contre le racisme

Dans cette section, les exercices vont apprendre aux élèves à sélectionner les informations importantes et à fournir des réponses courtes et pertinentes.

4　Sélectionner les informations clés

1　Travail à deux : les élèves posent des questions à leur partenaire sur les paragraphes 1–4, en utilisant les mots interrogatifs listés.

2　Les élèves remplissent chaque blanc du texte avec un mot approprié de la liste.

Réponse

2　1 observer, 2 population, 3 aptitudes, 4 attitude

5　Donner une justification courte et pertinente

1　Les élèves identifient le mot interrogatif dans les questions 1 et 2, puis choisissent la bonne réponse. Ils répondent ensuite à la troisième question.

Réponse

1　mot interrogatif : quand

　　option **A** : imprécise, ne répond pas à la question

　　option **B** : répond brièvement à la question

　　option **C** : ne répond pas à la question

2　mot interrogatif : que

　　option **A** : répond brièvement à la question

　　option **B** : ne répond pas à la question

　　option **C** : ne répond pas à la question

3　mot interrogatif : quelles

　　réponse : les Juifs dans l'Allemagne nazie et les Tutsis au Rwanda en 1994

2　Ces activités permettent aux élèves d'apprendre à donner une justification à une question vrai / faux.

Réponse

1　**B** – Dans les options **A** et **C**, la famine et le changement climatique ne sont pas pertinents.

2　**A** VRAI – nous sommes tous concernés, **B** FAUX – ils risquent de le devenir

Cahier d'exercices 12/1

La compréhension écrite

Ces exercices permettent aux élèves de s'entraîner à l'épreuve de compréhension écrite.

1　Cet exercice teste la compréhension du vocabulaire.

Réponse

1 l'association, 2 accueillent, 3 renseignent, 4 soutiennent, 5 patients

2　Cet exercice teste la compréhension du second paragraphe du texte.

Réponse

1　VRAI : les personnes âgées à l'hôpital… étaient perdues

2　FAUX : mettre les uns et les autres en rapport

3　VRAI : ils découvrent l'empathie

3　Cet exercice teste la compréhension du troisième paragraphe du texte.

Réponse

1　six mois

2　se réveiller, être présentable, bien s'exprimer, arriver à l'heure

3　un petit stage

4　30

4　Cet exercice teste la compréhension du quatrième paragraphe du texte.

Réponse

C et **D**

B. *Comment écrire une bonne rédaction*

Dans cette section, les élèves apprendront comment écrire une bonne rédaction.

1　Choisir la tâche et bien comprendre les propositions

1　Les élèves réfléchissent, puis engagent une discussion sur les raisons pour lesquelles ils ont sélectionné une tâche parmi les différentes options. Par exemple : intérêt porté au sujet choisi, étendue du vocabulaire connu sur le sujet, meilleure connaissance des conventions d'un certain type de texte, etc.

2　Les élèves choisissent une tâche **A** et une tâche **B** et les traduisent dans la langue d'instruction du lycée, puis en discutent avec d'autres élèves pour vérifier qu'ils ont bien compris la tâche.

2 Choisir le type de texte et ses conventions

1 Les élèves doivent réfléchir aux types de textes listés dans l'encadré vert, à ceux qui appartiennent uniquement à une catégorie, à ceux qui appartiennent à deux ou à toutes les catégories – et les inscrire aux bons endroits dans le diagramme de Venn.

Réponse

Textes personnels :

une carte (postale), un journal intime, un message ou une note

Textes professionnels :

une lettre de motivation, un rapport officiel

Textes des médias de masse :

une annonce, un article, une critique

Textes personnels + Textes professionnels :

une invitation / un faire-part, un e-mail (formel / informel), une lettre (formelle / informelle)

Textes professionnels + Textes des médias de masse :

une brochure / un dépliant / une affiche, un entretien, un discours / une présentation, des instructions / un guide

Textes personnels + Textes professionnels + Textes des médias de masse :

un blog, un message sur réseau social

2 Cette activité encourage les élèves à réfléchir aux implications de leur choix de type de texte et aux conventions qui s'y attachent. Pour les conventions sur chaque type de texte, voir l'appendice.

3 Cette activité entraîne les élèves à sélectionner le type de texte qui convient le mieux au sujet choisi. Ils engagent ensuite une discussion avec leur partenaire sur leur choix de type de texte.

Réponse

1 convient le mieux :

Tâche A : 1 un message (sur son portable) ; 2 un journal intime ; 3 un e-mail

Tâche B : 1 une lettre ; 2 un discours ; 3 un article

2 acceptable mais pas le mieux :

Tâche A : 1 une carte postale ; 2 un message sur réseau social ; 3 une invitation

Tâche B : 1 un e-mail ; 2 une affiche ; 3 un blog

3 ne convient pas du tout :

Tâche A : 1 une invitation ; 2 une carte postale ; 3 un journal intime

Tâche B : 1 un article ; 2 une critique ; 3 un rapport officiel

4 Les élèves engagent une discussion avec leur partenaire sur leur choix de type de texte.

5 Les élèves sélectionnent le type de texte approprié pour les tâches **A** et **B** qu'ils ont choisies.

3 Planifier et développer le message

Pour écrire un texte cohérent et clair qui couvre bien le sujet, il faut rappeler aux élèves l'importance de faire un plan pour organiser leurs idées, de développer de façon détaillée chaque point de la question et d'utiliser des connecteurs logiques pour relier leurs paragraphes.

1 Les élèves étudient les notes d'Élisabeth et retrouvent les phrases qui correspondent à chaque élément du plan (1–8).

Réponse

1 **A**, 2 **C**, 3 **G**, 4a **E**, 4b **I**, 5a **D**, 5b **F**, 6 **H**, 7 **J**, 8 **B**

2 Les élèves préparent un plan pour les deux tâches qu'ils ont choisies, puis rédigent leur texte.

4 Vérifier son texte

Il faut rappeler aux élèves l'importance de la langue dans la notation de l'expression écrite. Pour éviter de nombreuses fautes d'étourderie, il est donc important de toujours bien relire la rédaction avant de la rendre. Il est recommandé de faire plusieurs lectures, chacune dans un but différent : pour vérifier l'orthographe, les accords, les verbes, les pronoms, etc.

1 Les élèves identifient les 10 fautes de langue dans l'e-mail d'Amélie.

Réponse

J'ai ~~vue~~ *vu* l'annonce pour les bénévoles pour la Nuit des Sans-Abri et je voudrais participer.

J'ai déjà ~~participer~~ *participé* l'année dernière avec mon groupe de musique, ~~que~~ *qui* avait joué de la musique pendant ~~tout~~ *toute* la nuit pour les visiteurs de la soirée ! Nous ~~les~~ *leur* avons joué des chansons ~~traditioneles~~ *traditionnelles* québécoises.

~~Cet~~ *Cette* année, si c'était possible, je ~~serai~~ *serais* ~~intéressé~~ *intéressée* d'aider à la cantine pour servir les repas aux personnes sans-abri. Je n'ai pas d'expérience ~~alors~~ *mais / par contre* j'ai plein d'enthousiasme !

2 Les élèves relisent leurs deux rédactions pour vérifier qu'ils n'ont pas fait de fautes.

Cahier d'exercices 12/2

L'expression écrite

Ces exercices permettent aux élèves de s'entraîner à l'épreuve d'expression écrite en mettant en pratique ce qu'ils ont appris.

1 Les élèves indiquent le type de texte le plus approprié, acceptable et inapproprié à la tâche.

Réponse

le plus approprié : journal intime

acceptable : un entretien

ne convient pas : une invitation

2 Les élèves cochent dans la grille les bonnes conventions pour un journal intime.

Réponse

un titre	
une introduction	
le nom de l'auteur	
une date	✔
une formule d'appel	✔
des questions et des réponses	
une salutation finale	✔
l'utilisation de « je »	✔
l'utilisation de « tu » ou « vous »	
un registre familier	✔
un registre formel	
un ton qui reflète les sentiments de l'auteur	✔
un ton neutre	

3 Les élèves complètent le plan de rédaction en recopiant les éléments de l'encadré au bon endroit.

Réponse

a formule d'appel, b Cher Journal, c aider à distribuer des repas, d en plus, e discuter avec les sans-abri, f découvrir la vie des sans-abri, g par conséquent, h donner l'envie de continuer à aider, i nuit fatigante mais enrichissante; j salutation finale; k à demain !

4 Les élèves complètent le texte de Simon, en respectant les conventions et son plan.

Réponse possible

Le 21 octobre

Cher Journal,

Hier soir, je suis allé aider comme bénévole à la Nuit des Sans-Abri. C'était une expérience fantastique et je vais m'en souvenir toute ma vie ! En effet, j'ai aidé à distribuer des repas chauds comme de la soupe et des pizzas dans la cantine organisée par une association d'entraide. En plus, j'ai beaucoup discuté avec les sans-abri qui m'ont raconté pourquoi ils devaient dormir dehors. J'ai trouvé fascinant de découvrir la vie de ces sans-abri mais j'ai aussi trouvé ça très triste et très émouvant. Ça m'a vraiment beaucoup touché et par conséquent, ça m'a donné l'envie de continuer à aider. Dès demain, je vais devenir membre de l'association d'entraide et travailler comme bénévole le week-end. La Nuit des Sans-Abri était une nuit fatigante mais très enrichissante.

À demain !

Simon

5 Les élèves rédigent leur propre texte.

C. *Comment faire une bonne présentation orale*

1 Sélectionner le stimulus visuel

Les élèves discutent avec leur partenaire leurs critères de sélection du stimulus visuel. Ils choisissent une des photos 1–6 de la section D.

2 Bien utiliser le temps de préparation

Les activités aideront les élèves à bien organiser leur temps de préparation à l'examen oral.

1 Les élèves relient les expressions utiles pour développer chaque partie du plan suggéré pour la présentation.

Réponse

1 **A**, 2 **F**, 3 **B**, 4 **G**, 5 **C**, 6 **D**, 7 **E**

2 Les élèves classent dans l'ordre les points d'Amélie.

Réponse

1 **a**, 2 **e**, 3 **b**, 4 **c**, 5 **g**, 6 **d**, 7 **f**

3 Les élèves font leur plan et préparent leurs points pour la présentation du stimulus visuel qu'ils ont choisi dans l'activité 1.

4 Les élèves font leur présentation orale. Rappelez-leur l'importance de la prononciation et de l'intonation.

Comme pour l'expression écrite, il est aussi important de faire un plan pour l'examen oral. Ce document montre aux élèves la démarche à suivre.

Faire un plan

1 <u>Phrase d'introduction</u>

La photo que j'ai sous les yeux parle de... + *thème* /

J'ai choisi la photo qui traite de... + *thème*

2 <u>Phrase de présentation générale</u>

Sur cette photo, il y a... / on voit...

Ça semble être... / Ça a l'air d'être...

Il est possible que ce soit... (*subjonctif*)

3 <u>Description plus précise</u>

Au premier plan, on voit...

Au second plan / À l'arrière-plan,...

À droite (de) / gauche (de)...

Devant / Derrière...

4 <u>Où et quand (probabilités)</u>

La scène se passe à / en (*endroit / moment*) parce que... (*détails culturels si appropriés*)

Il est possible que ce soit (*subjonctif*) en (+ *moment / endroit*)...

Je crois que / J'imagine que... + *indicatif*

Je ne crois pas que / pense pas que... + *subjonctif*

5 <u>Qui, quoi, pourquoi (probabilités)</u>

Les gens / jeunes / personnes ont l'air + *adjectif* / ont l'air de + *infinitif*

Ils sont + *adjectifs*

Ils portent + *vêtements*

Ils ont l'air de + *infinitif*

Ils sont en train de + *infinitif*

Ils viennent (juste) de + infinitif

Ils sont sur le point de + *infinitif*

Avant cette scène, ils étaient / ils devaient sans doute... + *infinitif*

6 <u>Établir des liens avec les cultures francophones</u>

Cette image me fait penser à... En effet...

Tout comme en (*pays*),...

Contrairement à la situation en / au (*pays*),...

7 <u>Vos impressions personnelles</u>

Ce qui me surprend / m'étonne sur cette photo, c'est (que)...

Ce qui m'intéresse sur cette photo, c'est...

Cette photo me parle parce que...

 Cahier d'exercices 12/3

La présentation de la photo

1 Les élèves identifient la photo choisie par Lucie (photo **A**).

2 Les élèves complètent la présentation de Lucie.

Réponse possible

J'ai choisi la photo qui traite de harcèlement au collège.

Sur cette photo, il y a deux garçons et une adulte.

Au premier plan, on voit deux garçons : celui qui est le plus grand des deux harcèle un autre garçon sans doute plus jeune.

Au second plan, on voit une adulte, qui doit être professeur. Elle arrive en courant.

La scène se passe dans un lycée, probablement entre deux cours ou à la récréation.

Un des garçons est en train de frapper l'autre. Le plus jeune essaie de se défendre mais le harceleur est plus fort.

La prof est sur le point de stopper la bagarre. C'est très important que les profs empêchent les harceleurs de faire peur à leurs victimes.

Cette image me fait penser au problème de harcèlement qui existe dans les établissements scolaires français. En effet, c'est un problème dont les journaux et les magazines parlent assez souvent.

Tout comme en France, il y a des problèmes de harcèlement ici aussi.

Cette photo me parle parce que moi, j'ai déjà été harcelée et je sais que c'est un problème très grave. En outre, c'est un problème de plus en plus souvent aggravé par les réseaux sociaux. Un harceleur peut harceler sa victime jusque chez elle et cela peut avoir des conséquences très graves, comme le suicide de certains jeunes.

3 Les élèves préparent des notes pour l'autre photo.

4 Les élèves écrivent une présentation pour la seconde photo.

D. *Comment bien répondre à des questions orales*

Ces activités permettront aux élèves d'améliorer leur participation aux conversations qui suivent la présentation.

1 Réfléchir aux questions qui vont suivre la présentation

Durant la préparation, les élèves peuvent réfléchir aux questions qu'on pourra leur poser lors de la conversation.

1 À deux, les élèves imaginent des questions possibles sur le thème du stimulus visuel 1.

2 Les élèves échangent leurs questions avec une autre paire d'élèves et répondent oralement à leurs questions.

2 Donner des réponses pertinentes et bien développées aux questions sur d'autres thèmes

Conseillez aux élèves de bien écouter les questions pour identifier le temps des verbes et comprendre les mots interrogatifs et de toujours développer leurs réponses.

1 À deux, les élèves préparent des réponses aux questions suggérées sur les différents thèmes. Ils les comparent ensuite avec celles de leur partenaire et considèrent si la réponse inclue les points listés.

2 En groupes, les élèves ajoutent des questions sous chaque thème, puis ils échangent leurs questions et y répondent.

Révisions

Comment bien réviser

Cette section offre quelques conseils pratiques pour la révision.

Les élèves peuvent continuer à s'entraîner en faisant les exercices dans leur cahier d'exercices.

 Cahier d'exercices 12/4

Rappel grammaire

L'utilisation des temps

Cet exercice permet aux élèves de réviser les temps.

Réponse

1 présent : écris

2 passé composé : a souffert ; présent : se déplace ; passé composé : est restée

3 conditionnel présent : changerions

4 subjonctif présent : sois

5 imparfait : faisais

6 plus-que-parfait : avaient été

7 futur simple : auront

8 imparfait : dormait ; passé composé : a aidé

Appendice : Conseils pour l'examen

Durant leurs deux années d'études, les élèves étudieront les cinq thèmes du programme du français *ab initio* : *Identités, Expériences, Ingéniosité humaine, Organisation sociale* et *Partage de la planète*. Ils développeront aussi leur compréhension conceptuelle (destinataire, contexte, but, sens et variation) qui est à la base du nouveau programme car elle fait le lien entre l'acquisition de langues et les approches de l'enseignement et de l'apprentissage, le tronc commun du Programme du diplôme et la sensibilité internationale. Les élèves satisferont les exigences des approches de l'enseignement et de l'apprentissage en développant non seulement leurs compétences réceptives, productives et interactives, mais aussi des compétences de pensée, de recherche, de communication, d'autogestion et sociales.

L'épreuve d'expression écrite

L'épreuve d'expression écrite vise à évaluer la capacité des élèves à s'exprimer correctement par écrit dans divers buts en utilisant des conventions, une présentation, un registre, un style et un langage appropriés à la tâche. En effet dans cette épreuve, les candidats doivent montrer, par l'usage qu'ils font du type de texte, du registre et du style, qu'ils comprennent et savent appliquer les concepts de destinataire, de contexte, de but, de sens et de variation.

1 Pour avoir une bonne note au critère A (langue)

Il faut choisir le type de texte approprié à la tâche et utiliser les conventions propres à ce type de texte. Il est aussi important de respecter les règles de grammaire, d'utiliser correctement une variété de structures simples et complexes, de même qu'un vocabulaire varié se rapportant au thème de la tâche. Le registre doit être adapté à la tâche. Il est indispensable de bien relire le travail fini pour s'assurer que la langue est correcte et la communication claire ; plusieurs lectures sont conseillées pour vérifier si les verbes sont bien conjugués, si les adjectifs sont à la bonne place et s'ils ont été bien accordés avec le nom qu'ils décrivent, si le genre et le nombre des noms sont corrects et si le bon registre a été maintenu.

2 Pour avoir une bonne note au critère B (message)

Il est conseillé d'écrire au moins le minimum de mots requis (70 mots) car il faut non seulement transmettre toutes les informations pertinentes, mais aussi les développer. La rédaction doit avoir une structure logique et cohérente (comme par exemple des paragraphes, un enchaînement logique, etc.) et contenir une variété de connecteurs simples et complexes (par exemple, des connecteurs simples comme *et, mais, puis, aussi, quand,* et des connecteurs complexes comme *d'abord, premièrement, ensuite, d'ailleurs, si, qui*).

3 Pour avoir une bonne note au critère C (compréhension conceptuelle)

Il faut utiliser un type de texte approprié à la tâche et les conventions propres à ce type de texte (voir les conventions qui suivent pour la présentation des différents types de textes).

4 Conseils pour les professeurs

Familiarisez les élèves avec le vocabulaire des énoncés et les différents styles de présentation.

Entraînez les élèves à écrire des phrases complexes et à utiliser une variété de structures simples et complexes, de même qu'une gamme de connecteurs logiques simples et complexes.

Encouragez-les à élargir leur vocabulaire.

Aidez-les à acquérir une bonne maîtrise des principaux temps de l'indicatif (présent, futur proche, futur, imparfait et passé composé).

Apprenez-leur à bien utiliser la forme interrogative et négative, les adjectifs et les pronoms.

Rappelez-leur qu'ils doivent fournir toutes les informations requises dans l'énoncé et développer leurs réponses, surtout dans la rédaction longue.

Conventions pour la présentation des différents types de textes

1 Un courriel / un e-mail à un(e) ami(e)

Pour satisfaire les exigences de format, il faut une formule d'appel et au moins une des caractéristiques suivantes : date, salutation finale, signature (prénom), sujet.

Le registre sera familier (deuxième personne du singulier) car on s'adresse à un(e) ami(e), et le ton sera chaleureux et enthousiaste.

2 Une annonce

Pour satisfaire les exigences de format, il faut un titre ou une première phrase qui accroche l'attention du lecteur.

Le registre sera impersonnel ou formel et le style sera informatif.

3 Une affiche

Pour satisfaire les exigences de format, il faut un titre visuellement distinct et au moins une des caractéristiques suivantes : sous-titres, typographie différente, encadrements, illustrations.

Le registre sera impersonnel ou formel et le ton persuasif.

4 Un blog

Pour satisfaire les exigences de format, il faut indiquer la date, l'heure et le nom de l'auteur.

Le registre sera formel ou informel selon le destinataire et le ton reflètera les sentiments de l'auteur (par exemple, triste, fâché, enthousiaste...).

5 Un prospectus ou un dépliant

Pour satisfaire les exigences de format, il faut un titre visuellement distinct et au moins une des caractéristiques suivantes : sous-titres, liste à puces, typographie différente, encadrements, colonnes, illustrations.

Le registre sera impersonnel ou formel et le ton persuasif.

6 Un message ou une note

Pour satisfaire les exigences de format, il faut une formule d'appel et au moins une des caractéristiques suivantes : salutation finale, signature (par exemple, le prénom de l'auteur).

Le registre et le ton dépendront de la personne à qui s'adresse le message.

7 Une invitation

Pour satisfaire les exigences de format, il faut indiquer le nom de la / des personne(s) invitée(s) et le nom de la personne qui invite.

Le registre sera formel ou informel ; cela dépendra du type d'invitation et des invités. Le ton sera courtois.

8 Une carte postale

Pour satisfaire les exigences de format, il faut une formule d'appel et au moins une des caractéristiques suivantes : salutation finale, signature (par exemple, le prénom de l'auteur), paragraphes.

Le registre et le ton dépendront de la personne à qui s'adresse la carte postale. Le ton sera chaleureux et enthousiaste.

9 Un message publié sur un réseau social

Pour satisfaire les exigences de format, il faut indiquer l'heure, la date et le nom de l'auteur.

Le registre et le ton dépendront de la personne à qui s'adresse le message : informel pour un(e) ami(e) et neutre ou formel pour des personnes qu'on ne connaît pas. Le ton dépendra également du destinataire : chaleureux pour un(e) ami(e), et courtois pour des personnes qu'on ne connaît pas.

10 Une page de journal intime

Pour satisfaire les exigences de format, il faut une date et / ou une formule d'appel appropriée (par exemple, « Cher journal ») et au moins une des caractéristiques suivantes : utilisation de la première personne du singulier, salutation finale appropriée.

Le registre sera familier et le ton reflètera les sentiments de l'auteur.

11 Un rapport

Pour satisfaire les exigences de format, il faut un en-tête (par exemple, l'objet, une référence, un titre, ou encore « à l'attention de » ou « de la part de ») et au moins une des caractéristiques suivantes : brève introduction, date, recommandation / conclusion.

Le registre sera formel ou impersonnel et le ton objectif.

12 Une brochure

Pour satisfaire les exigences de format, il faut un titre visuellement distinct et au moins une des caractéristiques suivantes : intertitres, liste à puces, texte rédigé en colonnes, coordonnées, formules exclamatives.

Le registre sera formel ou impersonnel et le ton enthousiaste et persuasif.

13 Une lettre formelle ou une lettre informelle

Pour satisfaire les exigences de format, il faut une formule d'appel appropriée et au moins une des caractéristiques suivantes : date, salutation finale appropriée, signature.

Pour la lettre formelle, le registre sera bien entendu formel, et le ton poli et courtois ; pour la lettre informelle, le registre sera familier et le ton reflètera les sentiments de l'auteur.

14 Un article

Pour satisfaire les exigences de format, il faut un titre visuellement distinct et au moins une des caractéristiques suivantes : sous-titres, nom ou initiales de l'auteur, nom du journal, date de publication, texte rédigé en colonnes.

Le registre sera formel et le ton neutre et impersonnel.

15 Un entretien / Une interview

Pour satisfaire les exigences de format, il faut des questions et des réponses, un titre et au moins une des caractéristiques suivantes : nom ou initiales de l'auteur, date.

Le candidat utilisera la première personne du singulier et la deuxième personne du singulier ou du pluriel selon la personne interviewée, mais il ne faut surtout pas mélanger *tu* et *vous*.

16 Un discours / Une présentation

Pour satisfaire les exigences de format, il faut indiquer à qui s'adresse le discours ou la présentation (par exemple, *Mes chers camarades*, *Bonjour tout le monde*) et au moins une des caractéristiques suivantes : introduction, conclusion, phrase de clôture appropriée, un procédé rhétorique (par exemple, une question, une exclamation).

Le registre sera formel et le ton neutre.

L'examen oral individuel

L'examen oral vise à évaluer de façon sommative les compétences verbales interactives des élèves.

Conseils pour l'examen oral (pour le professeur)

Il est important de choisir des stimuli visuels appropriés. Un bon stimulus visuel est en couleur et reflète la culture francophone ; il convient à l'âge des élèves et est en rapport avec l'un des cinq thèmes prescrits dans le programme *ab initio* et les cultures associées à la langue française. Il permettra à l'élève de décrire des personnes, une scène, une situation ou de raconter une histoire, de montrer sa sensibilité internationale et de donner une interprétation personnelle de la scène ou de la situation, puis d'avoir une conversation avec l'examinateur. Par conséquent, un simple paysage, un monument, un gros plan sur une personne ou un objet ne sont pas des stimuli appropriés. Choisissez plutôt des images en couleur sur lesquelles figurent plusieurs personnes en train de faire des activités différentes. L'élève ne doit pas l'avoir vu ou déjà décrit avant l'examen.

La présentation du stimulus visuel, qui ne doit pas durer plus de deux minutes ou être interrompue, doit être suivie d'une conversation d'environ trois à quatre minutes avec le professeur, qui posera des questions ouvertes sur le stimulus visuel et le thème qu'il illustre. Durant ce temps, le professeur invitera l'élève à développer les observations faites dans la présentation, l'encouragera à faire des liens et des comparaisons avec d'autres expériences culturelles et à montrer sa compréhension ou son appréciation de la ou des cultures associées à la langue française.

La conversation générale qui suit doit durer entre trois et quatre minutes et doit porter sur au moins un autre des cinq thèmes du programme *ab initio*. Il est important d'indiquer clairement le passage d'une partie à une autre (par exemple, *Maintenant, je vais vous poser des questions sur la photo. / Nous allons passer maintenant à la troisième partie et je vais vous poser des questions un peu plus générales*). Surtout, ne dépassez pas le temps imparti de 10 minutes car tout ce qui dépasse les 10 minutes ne sera pas pris en considération dans la note.

Il est conseillé de poser des questions ouvertes pour permettre aux élèves de parler franchement et de développer leurs réponses. Donnez aussi l'occasion aux élèves d'utiliser une variété de temps et de structures ainsi que des opinions. Les questions doivent être adaptées aux capacités de chaque élève. Il faut donc éviter de poser les mêmes questions à tous les élèves ; cela pourrait aussi donner l'impression que l'examen a été répété en classe. Il faut donner assez de temps à l'élève pour répondre avant de répéter ou reformuler une question ; si l'élève ne comprend pas une question, il est acceptable de la répéter, mais il est préférable de passer à une autre question si l'élève n'arrive toujours pas à la comprendre. Il ne faut surtout pas corriger les fautes de l'élève ou porter un jugement sur ce qu'il / elle dit. Si l'élève est plein d'appréhension ou très nerveux, commencez par lui poser des questions faciles pour le mettre en confiance.

Il est également important de familiariser les élèves avec les critères d'évaluation et de les entraîner en classe à décrire des images et à développer leurs réponses à des questions.

Conseils pour l'examen oral (pour l'élève)

Durant les 15 minutes de préparation, identifiez le sujet du stimulus visuel et faites une liste du vocabulaire que vous connaissez se rapportant à l'image. L'IB vous autorise à utiliser vos notes (une dizaine de lignes) durant l'examen.

Préparez-vous à :
- décrire les personnes sur l'image et l'environnement dans lequel elles se trouvent
- dire où elles sont et ce qu'elles font
- imaginer qui sont ces personnes, ce qu'elles ont fait plus tôt et ce qu'elles feront plus tard (ce qui vous permettra de montrer que vous savez utiliser les temps du présent, du passé et du futur)
- imaginer une conversation entre les personnes sur l'image
- justifier vos points de vue
- faire des liens et des comparaisons avec d'autres expériences culturelles
- montrer votre compréhension ou votre appréciation des cultures associées à la langue française.

Essayez d'anticiper les questions que votre professeur pourra vous poser et de préparer des réponses.

Dans la présentation, il faut d'abord indiquer le thème du stimulus visuel que vous avez choisi, puis faire une courte description et ensuite établir des liens entre le stimulus visuel et le thème du cours dont il relève. Il ne faut donner aucun détail sur votre identité ou celle de votre établissement.

Ne vous inquiétez pas si au bout de deux minutes votre professeur interrompt votre présentation ; il ne fait que suivre les directives de l'IB qui demandent que la présentation ne dépasse pas deux minutes. Durant l'examen, écoutez bien les questions de votre professeur et identifiez le temps des verbes avant d'y répondre. Ne vous contentez pas de réponses courtes. Essayez plutôt de développer vos réponses en fournissant le plus de détails possibles. Ne paniquez pas si vous ne comprenez pas une question. Vous pouvez demander au professeur de la répéter. N'oubliez pas de conjuguer les verbes et essayez d'utiliser une variété de mots de vocabulaire et de structures : c'est le moment de montrer tout ce que vous savez.

Avant l'examen, il est conseillé de s'entraîner à décrire des stimuli visuels et d'apprendre le vocabulaire approprié.

Pour améliorer la prononciation et l'intonation, il est conseillé d'écouter des conversations en français (sur Internet, par exemple), de lire à voix haute et de pratiquer la conversation à deux.

L'épreuve de compréhension orale et écrite

Cette épreuve, qui teste les compétences réceptives de l'élève, repose sur les cinq thèmes du programme *ab initio* : *Identités*, *Expériences*, *Ingéniosité humaine*, *Organisation sociale* et *Partage de la planète*. La compréhension écrite est basée sur trois textes écrits et la compréhension orale sur trois textes audio. Les textes abordent des sujets différents tirés des cinq thèmes prescrits.

L'épreuve de compréhension écrite

Une gamme de compétences de compréhension écrite est évaluée dans cette épreuve :

- la capacité à lire rapidement un texte pour en retirer l'essentiel (lecture survol)

- la capacité à parcourir rapidement un texte pour trouver des informations spécifiques (lecture repérage)

- la capacité à extraire les points importants pour résumer le texte ou une idée (lecture extensive)

- la capacité à sélectionner les détails pertinents d'un texte (lecture intensive)

- la compréhension des structures et des fonctions grammaticales en contexte

- la capacité à déduire le sens des mots à partir du contexte

- la reconnaissance des connecteurs logiques qui rendent le texte cohérent

Voici une liste d'exercices qui figurent souvent dans l'épreuve de compréhension écrite :

- des textes à trous pour vérifier les informations ou les mots de liaison

- des exercices sur la grammaire en contexte

- identification des énoncés corrects

- associer une personne et une phrase

- associer des questions et des réponses (par exemple, dans une interview)

- associer différents paragraphes du texte et les phrases qui les résument

- associer deux moitiés d'une phrase

- associer des mots du texte et des synonymes, des antonymes ou des définitions

- des questions de compréhension à choix multiple

- des questions à réponse brève

- des tableaux à remplir

- vrai ou faux avec justification

- des exercices de vocabulaire

L'épreuve de compréhension orale

Une gamme de compétences de compréhension orale est évaluée dans cette épreuve :

- identifier certains aspects contextuels, tels que le type de texte, le lieu, le destinataire et le but

- reconnaître l'idée principale ou le message général

- écouter dans le but de trouver des détails spécifiques

- utiliser les connaissances de grammaire et de vocabulaire pour comprendre le sens

- faire des déductions qui peuvent être clairement déterminées grâce au passage

Voici une liste d'exercices qui figurent souvent dans l'épreuve de compréhension orale :

- des questions à choix multiple

- des questions à réponse brève

- des exercices visant à reconnaître les affirmations exactes

- des textes à trous

- des exercices visant à associer des affirmations et leur source

Pour avoir une bonne note à l'épreuve de compréhension écrite et orale

Lors de l'examen, le candidat devra répondre correctement aux questions non verbales et sélectionner dans le texte les informations pertinentes pour répondre aux questions verbales.

Il est donc conseillé de :

- faire travailler les élèves sur différents types de textes

- les familiariser avec les consignes

- les entraîner à répondre à tous les types de questions et à sélectionner les informations pertinentes quand ils répondent aux questions

- les aider à consolider régulièrement le vocabulaire de base, les mots interrogatifs, les pronoms et les mots de liaison

- les encourager à élargir leur vocabulaire de façon indépendante

- leur apprendre à déduire le sens des mots d'après le contexte ou à l'aide de leurs connaissances grammaticales et lexicales

- les exposer à une variété d'accents francophones

- les encourager à utiliser Internet ou la radio pour écouter de façon indépendante des textes audio

- les encourager à lire à voix haute des textes en français et à faire des exercices de transcription

- les encourager à converser en français avec leurs camarades et des personnes francophones.

Acknowledgements

Thanks to the following for permission to reproduce images:

Cover: Bernard Jaubert/Getty Images

Please see the Acknowledgements page within the Coursebook for the credits for any audio recordings of texts where transcripts are reproduced within this Teacher's Resource.